Von Ulrich Offenberg

WELTREICHE

ihr Aufstieg, Glanz und Untergang

ROAD UNIVERSITY®
Wissen für unterwegs

2012, München / Grünwald
www.der-wissens-verlag.de

Druck und Bindung: Konrad Triltsch,
Print und digitale Medien GmbH, 97199 Ochsenfurt-Hohestadt
Satz: Schulz Bild & Text, Mainz
Printed in Germany

Inhaltsverzeichnis

Das Entstehen und Vergehen von Weltreichen und Hochkulturen rund um den Globus ist der Pulsschlag einer langen Menschheitsgeschichte.
Im steten Strom der Zeit bilden sie Kristallisations-Zentren, Marksteine, die die großen Kapitel der Historie erkennen lassen. Meist waren es draufgängerische Heerführer und Könige, die durch Eroberungen riesige Territorien und Nachbarvölker zu einem Herrschaftsbereich vereinten.
Aus den Trümmern der Unterworfenen wuchsen mächtige Reiche. Auch ihr Fortbestand und Glanz war immer mit Rivalität und Blut erkauft. Innere Kämpfe, neue vitale Völker oder die Implosion der schieren Größe, die sich auf Dauer nicht mehr selbst trug, brachten den Niedergang und das Ende.
Manchmal währte der Glanz großer Weltreiche 1.000 Jahre, oft nur ein Menschenleben.
Der Themenbogen der frühen Geschichte reicht von den Hochkulturen an Euphrat und Tigris, über die Pharaonen am Nil, Hethiter und Assyrer, Perser, Alexander den Großen, das Imperium Romanum, das Reich der Osmanen, Byzanz, China und die Mongolen unter Dschinghis Khan.
Europäische Seefahrer entdeckten und eroberten neue Kontinente für ihre Könige: Portugiesen, Spanier, die das Reich der Azteken in der Neuen Welt vernichteten. Im Empire der Engländer, die mit ihre Flotte die Weltmeere beherrschten, ging die Sonne nie unter. Das galt auch für das Reich der Habsburger.
Die Neuzeit dominieren die Vereinigten Staaten von Amerika, Russland – und wieder China, der von neuem erwachende Drache. Weltreiche „eroberte“ aber auch der Glaube an einen jenseitigen Herrscher. Christentum und Islam umspannen den ganzen Erdball.

Das Reich der Sumerer

Das Zweistromland oder Mesopotamien, wie die Griechen es nannten, gilt als Wiege der menschlichen Zivilisation. Das Land zwischen den Flüssen Euphrat und Tigris ermöglichte schon früh eine Besiedlung. Mesopotamien umfasste ungefähr die Gebiete des heutigen Palästina, Syriens, des Irak und Kuwait.
Das erste identifizierbare Volk, das dort in der südlichsten Provinz unweit des Persischen Golfs lebte, waren die Sumerer. Woher sie kamen, ist nicht bekannt. Das älteste bekannte Weltreich entstand vor rund 4.500 Jahren zwischen Euphrat und Tigris im heutigen Irak. Davon erhalten sind nur wenige Namen, einige Inschriften und über Generationen weiter getragene Legenden.
„Uruk" war zunächst die mächtigste Stadt Sumers, von ihren als „frühdynastisch" bezeichneten Königen „Enmerkar", „Lugalbanda", „Dumusi" und „Gilgamesch" erzählen zahlreiche Mythen und Epen. Das „Gilgamesch-Epos", das bedeutendste Werk der babylonischen Literatur, berichtet von den Bemühungen des Stadtfürsten von „Uruk", die Unsterblichkeit zu erlangen.
Darin zieht „Gilgamesch" mit seinem Freund „Enkidu" auf Heldentaten aus. Er macht sich auf den Weg zu seinem Ahnherrn „Utnapischtim", um von ihm das Geheimnis des ewigen Lebens zu erhalten. „Utnapischtim" rät ihm, sechs Tage und sieben Nächte zu wachen, doch „Gilgamesch" fällt in einen tiefen Schlaf.
Nach einem weiteren vergeblichen Versuch sieht der Held ein, dass die Unsterblichkeit für Menschen nicht zu erreichen ist, dass seine Taten ihm jedoch unsterblichen Ruhm verschaffen können. Und noch etwas wird im „Gilgamesch"-Epos beschrieben: Eine große Flut, die die Götter geschickt hatten, weil es zu viele Menschen gab und ihr Lärm sie in den Wahnsinn trieb. Es gibt noch andere Mythen über die Sintflut, die alle etwa aus der gleichen Region stammen. Dazu gehört auch die Erzählung aus dem Alten Testament.

Im 27. und Anfang des 26. Jahrhundert vor Chr. war die Stadt „Kisch“ das Machtzentrum in Nordbabylonien mit der so genannten „1. Dynastie nach der Flut“. Von deren Herrschern sind insbesondere die Könige „Etana“ und „Mesilim“ zu nennen. Mit der „1. Dynastie von Ur“ um 2550 vor Chr. verschob sich das Machtzentrum des sumerischen Reiches allerdings wieder nach Süden.
Die Sumerer schufen die Grundlagen für die Religion, sowie Strukturen einer allgemeinen Entwicklung auf den Gebieten der Kultur und Verwaltung. Spätere Eroberer, die weniger hoch entwickelten Gesellschaften angehörten, übernahmen diese Traditionen oder passten sich ihr an. Keine Ausnahme waren dabei sogar die hochmütigen Perser, die, als sie Babylon eroberten, das Ende der mesopotamischen Epoche einleiteten. Selbst die sumerische Sprache, die mit keiner anderen verwandt war, lebte weiter, als das Reich schon längst versunken war.
Der erste in einer langen Reihe von Königen, die mit aller Kraft auf ein Großreich hinarbeiteten, war „Lugalannemundu“, der in der frühen Bronzezeit des 3. Jahrtausends v. Chr. in Akkad, das vermutlich nicht weit entfernt von Babylon lag, regierte. Er soll 90 Jahre auf dem Thron gesessen haben. Möglicherweise umfasst diese Zeitspanne eine ganze Dynastie unter einem einzigen Namen. Späteren Dokumenten zufolge beherrschte dieser sagenhafte König um 2490 v. Chr. weite Teile von Mesopatamien, dem Persischen Golf bis zum Mittelmeer. Wie auch die Herrscher nach ihm ließ er sich als „König der vier Weltgegenden“ titulieren.
Lugalannemundu“ gründete das erste große Staatswesen in Mesopotamien. Er und seine Untertanen waren keine fremden Eroberer, sondern entwickelten eine überlegene Form der Zivilisation, die sie in die Lage versetzte, die an den Grenzen siedelnden Völkerschaften zu unterwerfen. Vermutlich hatte es zuvor bereits Bündnisse zwischen den einzelnen Stadtstaaten gegeben. Unter diesen waren einige mächtiger als andere, und übten eine Art Vorherrschaft aus. Der nächste große Name auf der sumerischen Königs-

liste ist der noch mächtigere „Sargon von Akkad", der 2333 bis 2279 v. Chr. regierte.
Sargon stammte nicht aus einer Königsdynastie. Vermutlich stieg er Schritt für Schritt in hohe Ämter wie Mundschenk oder General auf und verdrängte schließlich die Herren, denen er erst diente. Als er an die Macht gelangt war, konnte ihn niemand mehr stoppen. Etwa um 2300 v. Chr. eroberte er mit einem rund 5000 Mann starken Heer die Nachbarstädte seiner neu gegründeten Hauptstadt Akkad und ließ deren Mauern nieder reißen. Danach weitete Sargon, von der Nachwelt als „der Große" geadelt, als erster großer Eroberer der Geschichte seinen Herrschaftsbereich über ganz Mesopotamien aus. Nach Osten bis in den heutigen Iran, nach Norden bis nach Syrien und vermutlich sogar bis nach Kleinasien. Zu den Städten, die er Inschriften zufolge eroberte, gehörten „Mari" im heutigen Syrien, „Jarmuti" an der Mittelmeerküste und das in Syrien gelegene „Tuttul". Insgesamt soll er 34 siegreiche Schlachten geschlagen und 50 Stadtherrscher gefangen genommen haben. Seine Tochter „Enheduanna" machte er zur Hohepriesterin des Mondgottes „Sin" und begründete damit eine Tradition, nach der dieses Amt immer an die älteste Tochter des jeweiligen Königs fiel.
Akkad war abhängig von den landwirtschaftlichen Erzeugnissen der Bauerndörfer im ganzen Reichsgebiet, das von einem Ring von Festungen umgeben war. Vom Persischen Golf und dem Indischen Ozean fuhren Boote den Euphrat hinauf und löschten im Hafen von Akkad ihre Ladungen: Silber aus anatolischen Minen im Norden, Erze aus Oman, Zinn und Kupfer für die Bronzewaffen der Soldaten sowie Holz und Stein als Baumaterialien. Möglicherweise hatte gerade die Beschaffung dieser Waren ursprünglich den Anstoß zur Ausweitung von Sargons Reich gegeben.
Bereits kurz nach dem Tod des großen Herrschers regte sich Widerstand im Reich. Seine beiden Söhne „Rimusch" und „Manischtuschu" hielten sich jeweils nur für kurze Zeit an der Macht. Sein Enkel „Naram-Sin", ein ebenso geschickter Feldherr

wie sein Großvater, schlug die Aufstände blutig nieder und eroberte Nordsyrien, möglicherweise sogar Teile der Arabischen Halbinsel. Unter seiner Herrschaft hatte das sumerische Reich die größte Ausdehnung in seiner ganzen Geschichte. Als erster König beanspruchte „Naram-Sin" für sich göttlichen Status.
Nach seinem Tod begann der allmähliche Niedergang. Der Nachfolger „Scharkalischarri" schaffte es zwar, das Reich noch 25 Jahre über den Tod seines Vaters hinaus zusammen zu halten, er kämpfte allerdings auf verlorenem Posten. Wahrscheinlich trugen Hungersnöte zusätzlich zum Zerfall des sumerischen Reiches bei. Die Armee wurde durch eindringende „Amoriter" aufgerieben, das Handelsnetz zerstört. Festungen und Vorposten verfielen. Die Amoriter ließen sich in den Städten im Süden nieder und brachten den berühmten König „Hammurabi" hervor. Er regierte 45 Jahre lang, von 1795 – 1750 v. Chr.. Der König ließ erstmals eine Gesetzessammlung zusammenstellen und residierte im neu gegründeten Babylon. Auch wenn die Stadt schon bald ihre Vormachtstellung wieder verlor, büßte sie doch ihre Bedeutung als wichtigstes religiöses und kulturelles Zentrum Mesopotamiens nie ein.
Etwa 200 Jahre, nachdem Sargon mit der Unterwerfung anderer Stadtstaaten in Mesopotamien begonnen hatte, war die Vormachtstellung des Sumerischen Reiches nun gebrochen.

Nur in den Mythen blieb es noch lebendig. Die Geschichte von Sargons Auffindung als Säugling in einem Binsenkörbchen findet sich als Errettung Moses im Alten Testament wieder. Die erst Jahrhunderte später nieder geschriebenen sumerischen Epen schildern Schlachten, Siege und Eroberungen, die ebenso gut Wahrheit wie Legende sein können. Sargon hinterließ wie spätere Eroberer und Reichsgründer nicht nur ein Imperium, sondern auch Mythen und Legenden.

Ägypten – das Geschenk des Nils

Der Großteil der ägyptischen Bevölkerung waren Bauern, Fellachen, die an den Ufern des Nils ihre Felder bestellten. Der Rhythmus des Flusses mit seinen jährlich wiederkehrenden Überschwemmungen war der Taktgeber für das Leben dieser Menschen. Auch wurden sie für die Bauten der Pharaonen, vor allem für ihre aufwändigen Grabanlagen, als Arbeiter heran gezogen.

Für die alten Ägypter galt, dass sich alle Wesen, auch der Pharao und die Götter, an das grundlegende kosmische Prinzip der „ma 'at“ zu halten hatten, personifiziert in „Ma 'at“, der Göttin der Ordnung, Gerechtigkeit und Güte. Die Ordnung des Himmels wurde auch durch den Gott „Re“ verkörpert, der Sonne und zweiten Naturgewalt, die das Leben der Menschen bestimmte. Der Sonnengott, so glaubten die Menschen 3000 Jahre vor der Zeitenwende, fuhr jeden Tag in einem Boot über den Himmel und kehrte durch die Unterwelt an einen Punkt im Osten zurück. Die Fährboote zwischen den Nilufern erinnern an die mythologischen Schiffe.

Auf der Erde sorgte der Pharao für Ordnung. Er war der Mensch gewordene Gott „Horus“, Sohn von „Isis“ und „Osiris“. Dieser wurde von seinem Bruder „Seth“ erschlagen, den die Ägypter mit den Mächten des Bösen und des Chaos gleich setzten. Nach seinem Tod kehrte Osiris als König der Unterwelt zurück. Von hier aus lenkte er die lebensspendenden Hochwasser.

Der Weg in die Zivilisation begann in Ägypten im Vergleich zu anderen Regionen im Vorderen Orient relativ spät. Als sie aber einmal Fuß gefasst hatte, erwies sie sich als dauerhaft und umfasste vom ersten geeinten Reich bis zu ihrem Untergang in frühchristlicher Zeit mehr als drei Jahrtausende.

Während eines Großteils der Frühgeschichte regierten in Ägypten Pharaonen, die zu 31 Dynastien zusammengefasst wurden. Zivilisiertes Leben, also Landwirtschaft und städtische Ansiedlungen, finden sich in Ägypten erst im 6. Jahrtausend v. Chr., ungefähr

2000 Jahre später als in Anatolien, Mesopotamien und Syrien. Gegen Ende des 4. Jahrtausends wurde das Nordreich durch einen aggressiven Rivalen aus Oberägypten angegriffen.
Der Zusammenschluss der beiden Länder wird in der ägyptischen Überlieferung dem legendären Pharao „Menes“ zugeschrieben. Er soll auch die Hauptstadt „Memphis“ gegründet haben.
Vermutlich war es die größte Leistung der frühen ägyptischen Herrscher, nicht nur einen durch Gewalt zusammen gefügten Staat zu beherrschen, sondern auch ein gemeinsames Bewußtstein von Nord und Süd zu schaffen. Das wesentlichste Instrument war dabei die Institution des Königs. Dessen Familie waren die höchsten Ämter vorbehalten. Es gab aber auch ein Beamtentum aus fähigen Untertanen.
Unter Pharao „Snofru“ (ca. 2625 – 2585 v. Chr.), dem Begründer der 4. Dynastie, wuchs das Königsgrab zur Pyramide, vielleicht als Symbol einer Rampe aus Sonnenstrahlen gedacht, die den Pharao zu seinem letzten göttlichen Ziel im Himmel leiten würde. Der Souverän verkörperte nun nicht nur „Horus“, sondern auch den Sonnengott „Re“. Ab der Mitte der 4. Dynastie ergänzte der Titel „Sohn des Re“, die Herrscherwürde.
An der Spitze der Verwaltung stand ein Minister, der Getreidespeicher, Schatzamt, öffentliche Arbeiten, Rechtsprechung und die Beamtenschaft leitete. Anstelle eines stehenden Heeres gab es lokale Miliz-Einheiten. Tempel wurden vom König finanziert.
Die Könige der 5. bis zur 8. Dynastie – ca. 2500 – 2130 v. Chr. – werden gerne die „vergessenen Pharaonen“ des Alten Reiches genannt. Einige von ihnen bauten jedoch in „Sakkara“ und „Abusir“ bemerkenswerte Pyramiden und brachten Neuerungen in die königlichen Grabanlagen ein. Pharao „Unas“ – 2371 – 2350 v. Chr. – ließ als erster die Innenwände seiner Pyramide mit Texten versehen.
Beeindruckend sind zudem die Sonnentempel nördlich von Abusir, die sechs Könige der 5. Dynastie in Anlehnung an den Tempel in Heliopolis errichten ließen.

Gegen Ende des Alten Reiches brach in Ägypten eine Krise aus, die sich seit langem angekündigt hatte. Nach den verschwenderischen Pyramiden der 4. Dynastie wurden die Königsgräber nicht nur kleiner, sondern auch mit weniger Sorgfalt gebaut. Die Finanzierung der Grabmäler königlicher und privater Herren muss die Staatsfinanzen stark belastet haben. Hinzu kam eine fortschreitende Dürre, die am Ende des 3. Jahrtausends den ganzen Nahen Osten traf.

Diese schwerwiegende Krise wirkte sich um 2200 v. Chr., in der langen Regierungszeit von „Neferkare Pepi II.", dem letzten großen Herrscher des Alten Reiches, aus. Nach seinem Tod regierten die Herrscher der 6., gefolgt von der 7. und 8. Dynastie noch in Memphis. Mit dem Tode der letzten Könige in Memphis, um 2130, beanspruchte der Nomarch von Herakleopolis, eine Art Gouverneur, als „Achthoes I." die Macht. Seine Nachfahren der 9. und 10. Dynastie wurden vom Adel in Unterägypten und den Nomarchen in Mittelägypten gestützt.

Nach zwei Generationen meldeten die Herrscher in Theben ihre Ansprüche an.

Es folgte ein erbitterter Machtkampf zwischen den beiden Pharaonen, in dem es den Herakleopolitanern nicht gelang, den Rivalen im Norden auszuschalten. Doch auch die Thebaner waren zu schwach, um sich an die Spitze des Reiches zu stellen. Erst unter „Mentuhotep II." waren sie endlich stark genug. Sie nutzten die Ressourcen Nubiens, um die Parteigänger von Herakleopolis in Mittelägypten zu vernichten. „Mentuhotep" gelang es schließlich um 1980 ganz Ägypten wieder zu vereinigen.

Unter der 11. Dynastie erholte sich Ägypten rasch von den Bürgerkriegen.

Schon bald bestieg eine neue Dynastie den Pharaonen-Thron: „Amenemhet", Minister von „Mentuhotep IV.", strebte auf den Pharaonen-Thron und trat um 1938 als Gründer einer neuen, der 12. Dynastie, auf. Mit „Amenemhet I.", der mit fester Hand regierte, begann das Mittlere Reich und damit eine glanzvolle Epoche des Landes.

Die acht Herrscher dieser Dynastie stellten einen bemerkenswerten Rekord an Regierungszeit, Stabilität und Wohlergehen ihres Volkes auf. Im Durchschnitt regierte jeder mehr als 20 Jahre. Es entstand ein neues, zentralisiertes System, das das Land in zwei große Verwaltungseinheiten teilte. Sie entsprachen in etwa Ober- und Unterägypten unter je einem Minister. Dieses System blieb bis etwa 1000 erhalten und gehörte zu den dauerhaften Errungenschaften in einer Zeit von Frieden und Wohlstand.

Dann folgte allerdings wieder eine Zeit der Wirren. Mehreren Königsfamilien wechselten einander ab. Das Reich konsolidierte sich erst wieder unter den Herrschern der frühen 18. Dynastie. Unter den Königen wie „Ahmose“, dem Dynastiegründer, und „Thutmosis I.“ wurden die Grenzen nach Norden vorgeschoben. Berühmt wurde „Hatschepsut“, die schöne Pharaonin, die fast 20 Jahre herrschte und deren Tempelanlage bei Luxor zu den eindrucksvollsten Bauten der Antike zählt.

Ein ehemaliger General mit dem Namen „Haremhab“ wurde um 1319 neuer Pharao. Es folgte ihm sein Minister „Ramses I.“ nach, der die 19. Dynastie begründete. „Sethos I.“ und vor allem „Ramses II.“ sicherten Ägypten mit einer starken, neu organisierten Armee die frühere Vormachtstellung. Die Bauwut dieses großen Pharaos, der es geschickt verstanden hat, sich nach der „Schlacht bei Kadesch“, bei der er nur knapp der Gefangennahme durch die „Hethiter“ entgangen war, als großer Feldherr feiern zu lassen, war legendär. Seine Monumente waren immer größer und wuchtiger als alles bisher da gewesene. Seine Tempel wuchsen zu Städten, seine Statuen zu Türmen: Bereits Bestehendes, das seinen Gefallen fand, nahm er ohne Skrupel für sich in Anspruch. 76 Jahre regierte er. Nach seinem Tod wurde das Land wieder von Invasionen fremder Völker und Bürgerkriegen heimgesucht.

„Sethnacht“, ein von hohen Beamten unterstützter Herrscher, begründete die 20. Dynastie. Sein Sohn „Ramses III.“, der letzte große Kriegerpharao des Neuen Reiches, warf zwei libysche Invasionsheere zurück und hielt einen erneuten Ansturm der berüchtigten „Seevölker" auf, die in jener Zeit zum Schrecken der Mittelmeer-Länder geworden waren. Seine Nachfolger, von „Ramses IV." bis „Ramses XI.", regierten eine befriedete Nation, in der die Erbfolge reibungslos vollzogen wurde und es keine Bürgerkriege gab.

Dennoch war die 20. Dynastie eine Zeit des Niedergangs für das Reich und dessen Einheit. Von der ägyptischen Vorherrschaft in Asien war nichts mehr zu spüren. Im Süden erstarkten die „Nubier".

In dieser Periode der Schwäche fiel Ägypten in den Einflussbereich seiner einstigen Kolonie, des nubischen „Kusch", das mittlerweile ein reicher und militärisch starker Staat geworden war. Dessen Herrscher griffen nach dem geistigen Mutterland. Unter ihrem König „Pianchi" drangen die Kuschiten bis Memphis vor.

Das Delta blieb zwar unabhängig, dessen Könige und Fürsten unterwarfen sich allerdings der nubischen Oberhoheit. Pinachis Bruder und Nachfolger „Schabaka" führte schließlich die nubische Eroberung ganz Ägyptens zu Ende. Die Kuschitenkönige, die 25. Herrscher-Dynastie, sahen sich gerne als Pharaonen in der großen Tradition ihrer berühmten Vorgänger, konnten diesem Anspruch aber nicht gerecht werden. Schon bald unterlagen die Emporkömmlinge aus dem Süden dem Druck aus dem Niltal und dem Einfall einer neuen Großmacht, die im Nahen Osten entstanden war: den „Assyern".

Das führte zu einem Ringen, das ein halbes Jahrhundert dauern sollte. Memphis wechselte mehrmals den Besitzer und sogar Theben wurde geplündert. Als Sieger ging ein ägyptisierter Lokalherrscher aus dem Magnat im Nil-Delta hervor, den die Nubier zwar unterworfen, aber nicht ausgeschaltet hatten. „Psammetich", der Herrscher von „Sais", überlistete seine ehemaligen Herren, Assyrer und Nubier, geschickt und gründete die 26. Dynastie. Als „Psammetich I." bestieg er den Pharaonen-Thron. Unter ihm und seinen Nachkommen spielte Ägypten zum letzten Mal eine Großmachtrolle.

Trotz einer geschickten Diplomatie mussten die Ägypter aber in der Abfolge hilflos mit ansehen, wie die meisten ihrer Verbündeten vom persischen König „Kyros' dem Großen" – 550 – 529 v. Chr. – unterworfen wurden. Ägypten teilte dieses Schicksal, als Kyros' Sohn „Kambyses II." kurzen Prozess mit dem letzten saitischen Herrscher „Psammetich III." machte. Das Land am Nil zeigte sich allerdings als Provinz eines anderen Reiches renitent. Eine Rebellion brachte ihm 404 v. Chr. wieder die Unabhängigkeit.
Fast 60 Jahre lang – von der 28. bis zur 30. Dynastie – blieb Ägypten frei. Es folgte eine kurze, zweite Besetzung durch die Perser. Diese endete, als die makedonischen Streitkräfte „Alexander des Großen" die ungeliebten Besatzer schlugen und Ägypten okkupierten.
Während des 2. Jahrhunderts v. Chr. blieb das Land in der Hand der neuen Nachfolger Alexanders, der jung mit 32 Jahren verstorben war. Die „Ptolemäer" etablierten die 33. Dynastie. „Ptolemäus I." residierte in der neuen Hauptstadt „Alexandria". Nach dem Tod der letzten Ptolemäer-Herrscherin „Kleopatra VII." wurde das fruchtbare Land am Nil dann eine Provinz des Römischen Reiches. So lange, bis es der arabische General „Amr ibn el-As" 642 n. Chr. handstreichartig für Allah und seinen Kalifen eroberte.

Noch heute dokumentieren gewaltige Pyramiden in Gizeh und Sakkara die Macht und den Reichtum der Pharaonen. Die meisten der Steinmonumente wurden innerhalb eines Zeitraumes von nur 900 Jahren von der 3. bis zur 12. Dynastie gebaut. Die größten von ihnen, die „Pyramiden von Gizeh", stammen aus den etwa 75 Jahren, in den die Pharaonen „Cheops" und seine Söhne „Chephren" und „Mykerinos" auf dem Thron saßen.
Die Zahl der Arbeiter, die für die Cheopspyramide gebraucht wurden, ist schwer vorstellbar. Ein ungeheurer Aufwand, der sich bei

den Begräbnis-Riten fortsetzte und seine Begründung im Glauben an ein Weiterleben im Jenseits findet: Die Bauten, Rituale und Gebete sollten das Leben und den Status einer Person auch nach dem Tod erhalten. Dieser Glaube verlor erst in der römischen Zeit seine Bedeutung, als der Alltag für die meisten Ägypter so bedrückend wurde, dass sie gar nicht mehr den Wunsch verspürten, ihr Leben nach dem Tod fortzusetzen.
Im Mittelpunkt der ägyptischen Vorstellung von der Unterwelt stand ein göttliches Gericht, geleitet von „Osiris". Die Seele musste vor ihn und sein Gefolge von 42 Richtern treten. Das Herz des Verstorbenen wurde gegen die Feder von „Ma´at", Göttin der Wahrheit, Harmonie und Gerechtigkeit, aufgewogen. Nur wenn Herz und Feder im Gleichgewicht waren, konnte der Tote gesegnet und zu einem spirituellen Wesen werden.
Das Christentum, im späten 1. Jahrhundert n. Chr. vom Evangelisten „Markus" nach Ägypten gebracht, verdrängte in den nächsten 200 Jahren schließlich den Glauben an die alten Götter. Die ägyptischen Christen, auch „Kopten" genannt, zerstörten unzählige historische Denkmäler aus der Vorgeschichte. Sie vernichteten damit aber auch Beweise ihrer eigenen großartigen Kultur und Geschichte. Das einst so mächtige Volk am Nil, über viele Jahrhunderte von seinen Nachbarn beneidet, bewundert und gefürchtet, und auch zeitweise unterworfen, sollte fortan nur noch einen Platz in den hinteren Reihen des Welttheaters finden.

Die Hethiter – das Volk der 1000 Götter

Wie so viele Völker des Altertums sind auch die Hethiter nach dem Untergang ihres Reiches in Vergessenheit geraten. Bis in die Neuzeit waren sie nur durch einige Erwähnungen aus der Bibel ein Begriff und wurden als unbedeutende Volksgruppe im syrisch-palästinischen Raum genannt. Dabei erstreckte sich ihr Herrschaftsgebiet vor allem in der heutigen Türkei bis weit in den Süden Syriens hinein.

„**Und David zeugte Salomo aus der Frau des Urias**“ schreibt der Evangelist „Matthäus“ im Stammbaum Jesu. Der Name der Frau ist gut bekannt: „Bat-Seba“. Der besitzergreifende König der Juden ließ den gehörnten Hethiter-Offizier Urias umbringen, um Bat-Seba seinen Harem einverleiben zu können. Das störte allerdings die Beziehungen der beiden Reiche nicht. Rüsteten sie doch gegen einen gemeinsamen Feind, der sie gleichermaßen bedrohte: Die „Assyrer“.

Während die Geschichte der Juden durch das „Alte Testament“ überliefert wurde, blieb das Schicksal der Hethiter lange Zeit im Dunkeln. Nur spärlich stießen Archäologen auf Hinweise dieses geheimnisvollen Volkes.

Im ersten Viertel des 2. Jahrtausends vor der Zeitenwende wurde Zentralanatolien von Königen in Stadtstaaten regiert. In dieser etwa 200 Jahre andauernden Epoche unterhielten die Provinzherrscher Handels- und kulturelle Beziehungen mit den Vertretern der alten Hochkulturen im Nahen Osten. Korrespondiert wurde in assyrischer Keilschrift. Die meisten dieser Städte waren mit monumentalen Stadtmauern, Palästen und Tempeln ausgestattet.

„Nesa“, das heutige „Kültepe“, war die erste Hauptstadt des Hethiterstaates. Der Legende nach, die auf Keilschrifttafeln aus dem 16. Jahrhundert v. Chr. nieder geschrieben wurde, gebar die Königin von Nesa in einem einzigen Jahr 30 Söhne. Sie war entsetzt über diese Widernatürlichkeit, dichtete Körbe mit Fett ab, legte ihre Söhne hinein und ließ sie in den Fluss gleiten. Die Strömung brachte die Knaben zum Meer und weiter in das Land „Zalpa“.

Dort nahmen die Götter die Neugeborenen auf und zogen sie groß. Wie nun die Jahre vergingen, gebar die Königin wieder, dieses Mal 30 Töchter. Diese zog sie selbst groß. Weiter berichtet der uralte Text, dass die 30 Söhne, als sie erwachsen waren, nach „Nesa“ zurück kamen. Die Götter schenkten ihnen ein anderes Wesen, so dass ihre Mutter sie nicht erkannte und ihnen ihre 30 Töchter zur Frau gab. Der jüngste der Söhne erkannte aber, dass es die eigenen Schwestern waren und warnte seine Brüder davor, die

Frauen anzurühren. Hier bricht der historische Text ab. Dem Gründermythos nach können aber die 30 Söhne und 30 Töchter als die Stammeltern der Hethiter gelten.
Zalpa liegt an der Mündung des „Halys“ am Schwarzen Meer, Nesa dagegen am Oberlauf dieses Flusses. Will man hinter diesem Mythos eine Anspielung auf historische Gegebenheiten vermuten, so kann es sich bei der Rückwanderung der 30 Söhne von Zalpa in ihren Geburtsort um den Hinweis auf eine Besiedelung handeln. Eroberungszüge von Völkern wurden auf diese Weise moralisch gerechtfertigt. Es kann daher durchaus sein, dass die ersten Hethiter von der Küste des Schwarzen Meeres aufbrachen und ins Innere Anatoliens, nach „Nesa“, gewandert sind und sich dort ansiedelten. Eine andere Quelle zur Vorgeschichte der Hethiter ist der sprachliche Aufbau ihrer Personen- und Götternamen. Die Menschen verständigten sich in einer indogermanischen Sprache. „Wasser“ hieß bei ihnen „wadar“ und „sieben“ „siptam“. Die indogermanische Sprachfamilie hatte sich aus den Weiten nördlich des Schwarzen Meeres, unter anderem in Richtung Westeuropa und Indien ausgebreitet.
Der oberste Herr des Götterhimmels war „Djeus“, der Gott des lichten Taghimmels. Die Ähnlichkeit zum griechischen „Zeus“, zum lateinischen „Jupiter“ und zum alt-indischen „Dyaus“ ist gewiss nicht zufällig. Seine Söhne waren ein Zwillingspaar, die „Dioskuren“. Dann gab es da die junge Göttin „Ausos“, die Morgenröte, ein recht freizügiges Mädchen. Sie soll die Tochter des Sonnengottes „Saweljos“ gewesen sein. Die Dioskuren entführten sie auf ihrem Wagen.
Außerhalb dieser Familien existierten noch andere Götter, wie der Wettergott „Perkwunos“ oder der Vegetationsgott „Suwaliyatt“. Er fungierte auch als Bote des Wettergottes, so wie im griechischen „Hermes“ als Bote des Zeus. Verehrungswürdig waren auch die „Damnassra“-Gottheiten, Beschützerinnen des Hauses, deren Name von „dom“ – also Haus abgeleitet ist.

Während des 17. und 16. Jahrhunderts v. Chr. hatten sich die Hethiter in Anatolien als führende Macht etabliert. Ein kriegerischer Herrscher mit dem Namen „Labarna", der seine Residenz in „Hattusa" nahm und sich fortan „der von Hattusa" – „Hattusili" – nannte, war die treibende Kraft eines hethitischen Großreiches geworden. Nachdem „Hattusili" eine ganze Anzahl von Orten in Zentralen-Anatolien unterworfen hatte, war die Überquerung des Taurus eine neue Herausforderung.
Südlich des Gebirgszuges lagen die reichen nordsyrischen Anbaugebiete mit dem Zentrum „Aleppo", in dem es zudem ein bedeutendes Heiligtum des hoch verehrten Wettergottes gab. So soll es nach einer Überlieferung sogar der Allgewaltige selbst gewesen sein, der den hethitischen Kriegern bei der Überschreitung des Gebirges half. Durch diesen siegreichen Feldzug gewann „Hattusili" an Ansehen und Macht. Der hethitische Einfluss dehnte sich nachfolgend bis in das nördliche Mesopotamien aus, wobei es zu erbitterten Kämpfen mit den „Hurritern" kam, ein bereits seit dem 3. Jahrtausend v. Chr. bezeugtes, von Südostkleinasien und Nordsyrien bis nach Obermesopotamien verbreitetes Volk, mit dessen Staatsgründungen sich die Hethiter immer wieder auseinander setzen mussten.
Zu seinem Nachfolger bestimmte Hattusili den noch jungen „Mursili I.". Ihm gelang es, die Hauptstadt des Königreichs „Jamhad", – Halab" – zu erobern. Hethitische Truppen marschierten sogar bis nach Babylon, der einstigen Residenzstadt des Königs „Hammurapi". Wer diese legendäre Stadt eroberte, konnte zweifellos einen bedeutenden Zuwachs an Prestige verbuchen. Doch lange konnte sich der König nicht in seinem kriegerischen Ruhm sonnen: Bei einer Verschwörung, an der sich auch sein Schwager „Hantili" beteiligte, wurde er ermordet.
Auf den Mord an „Mursili I." folgten innerdynastische Auseinandersetzungen. Erst König „Telipinu" gelang es Jahrzehnte später, wieder Stärke zu demonstrieren. Er berief in Hattusa eine Ratsversammlung ein und verkündete eine Reihe von Reformen. Diese

hatten vor allem das Ziel, das Königshaus vor weiteren Morden zu schützen, eine Thronfolgeregelung festzulegen und die Einigkeit an der Spitze des Staates zu fördern.
Einem Gremium, dem so genannten „panku“, wurde eine wichtige Rolle übertragen. Es sollte bei Bluttaten innerhalb des Königshauses die Bestrafung der Schuldigen veranlassen, nicht aber Rache an deren Familien und „ihren“ Häusern, also Verwandten, nehmen. Außerdem sollte es auch an der Rechtsprechung über die verschiedenen Würdenträger beteiligt sein.
Neben diesen Maßnahmen zum Schutze des Königtums wurde auch die Versorgung der Städte mit Wasser und Getreide neu geregelt. Betrug bei der Ablieferung der Ernte sollte mit dem Tode geahndet werden. Zur Vermeidung einer Zersplitterung von Familienbesitz wurde untersagt, Erben vorzeitig ihre Anteile auszuhändigen. Bei einer Bluttat konnte das Familienoberhaupt des Opfers darüber entscheiden, ob der Schuldige mit dem Tode bestraft werden sollte oder nur Ersatz zu leisten hatte.
Mit König „Telipinu“ beginnt das so genannte „Mittlere Reich“. Häufig bezeugt sind jetzt Landschenkungen an Würdenträger, die durch Formulierungen wie diese geschützt werden sollten: „Die Worte des Tabarna, des Großkönigs, sind von Eisen. Sie sind nicht zu verwerfen, nicht zu zerbrechen. Wer sie vertauscht, dem wird man sein Haupt abschlagen.“
So steht es in Keilschrift auf archäologischen Fundstücken.
In einer Zeit innerdynastischer Auseinandersetzungen sollten die jeweiligen Nutznießer der Schenkungen sicher enger an das Königshaus gebunden werden. Diese Kämpfe um die Macht trugen dazu bei, dass die hethitischen Herrscher die Kontrolle über die Gebiete südlich des Taurus wieder verloren. Erst „Tuthalija I.“ scheint die großkönigliche Macht wieder unumschränkt hergestellt zu haben. Dennoch blieb seine Herrschaft im Wesentlichen auf Anatolien beschränkt. Das Obermesopotamische „Mitanni-Reich“ übte weiterhin die Kontrolle über das nördliche Syrien aus,

und die Pharaonen der 18. Dynastie vermochten ihren Einfluss zumindest bis Mittelsyrien zu erhalten.

Erst unter der Herrschaft von „Suppiluliuma I.“ vollzogen sich Veränderungen, die das zuvor auf Anatolien beschränkte hethitische Reich zu einem Imperium werden ließen, zu dem auch Teile Syriens und Mesopotamiens gehörten. Diese neue Phase, auch „Neues Reich“ genannt, wurde durch einen Feldzug des Königs im Gebiet des oberen Euphrat eingeleitet. „Suppiluliuma“ stieß auf keinen nennenswerten Widerstand. Der König von Ugarit, „Niqmadu II.“ stellte sich sogleich unter seinen Schutz. Wichtige Hafenstädte kamen unter hethitische Kontrolle.
Das Heer drang weiter nach Süden vor, besiegte das Land „Nija“ am Orontes, plünderte die Stadt „Qatna“, vermied aber einen Angriff auf die Stadt „Kadesch“, die unter ägyptischer Oberhoheit stand. Der Fürst von Kadesch war aber so unvorsichtig die schützenden Mauern seiner Stadt zu verlassen. In einer offenen Feldschlacht wurde er von den Hethitern besiegt und gefangen genommen. Sein Sohn „Aitaggama“ bestieg daraufhin den Thron von Kadesch.
Durch die erfolgreichen militärischen Aktionen in Syrien war aus dem hethitischen Staat ein Großreich entstanden, das sich mit dem der ägyptischen Pharaonen und dem der Könige von Assur und Babylons auf eine Stufe stellen konnte.

Nach dem frühen Tode des Pharaos „Tutanch-amun“ war in Ägypten ein Machtkampf ausgebrochen. Die junge Witwe des Pharao bat den Hethiterkönig „Suppiluliuma I.“ brieflich um die Entsendung eines seiner Söhne, den sie heiraten wolle, um nicht einen „Diener“ als Gatten nehmen zu müssen. Eine ungeheure, von einer Ägypterin königlichen Geblüts nie zuvor geäußerte Werbung um einen ausländischen Bräutigam. Auch der Hethiter-König war von dieser Hochzeits-Werbung überrascht. Er bat um eine erneute

Bestätigung und schickte schließlich einen seiner Söhne nach Memphis.
Kostbare Zeit war verstrichen. Die Feinde der Pharaonen-Witwe hatten sich formiert. Der Prinz starb auf der Reise an den Nil unter ungeklärten Umständen. Das nahm „Suppiluliuma I." zum Anlass, dem neuen Pharao „Eje" den Krieg zu erklären. Auch wenn es nicht sofort zu direkten Auseinandersetzungen kam, so herrschte doch fortan Feindschaft zwischen diesen beiden Mächten. Die letzten Jahre seiner Regierung verbrachte „Suppiluliuma I." damit, die Position des Königshauses in Anatolien zu verteidigen und zu stärken. Vor allem die stets unruhigen „Kaskäer" im Norden des Reiches hatten die längere Abwesenheit des Großkönigs in Syrien genutzt, um Überfälle auf hethitisches Gebiet zu unternehmen.
Aber auch ein ganz anderes Problem machte dem Großkönig zu schaffen: Eine Epidemie, vermutlich die Beulenpest, war aus Syrien eingeschleppt worden und forderte auch im Königshaus zahlreiche Opfer. Die Seuche wurde von den Untertanen als göttliche Strafe dafür verstanden, dass „Suppiluliuma I." bei seinem Weg auf den Thron sehr skrupellos vorgegangen war. Aus Rache hätten die Götter nicht nur den König sterben lassen, sondern auch seinen Sohn und kurzzeitigen Nachfolger „Arnuwanda II.".
Vor allem dem Gouverneur der wichtigen „Unteren Länder", „Hannutti", sowie dem Fürsten „Pijasili von Karkamis" dürfte es zu verdanken gewesen sein, dass das hethitische Reich nicht schon damals den Angriffen der Nachbarn zum Opfer fiel. Zumal Arnuwandas Nachfolger „Mursili" noch jung war und wenig Erfahrung besaß. Doch der junge König lernte schnell, vergaß nicht den Göttern zu opfern und schlug lokale Aufstände rasch und blutig nieder. Seine zwei Jahrzehnte währende Herrschaft konsolidierte das Reich der Hethiter wieder. Prinz „Muwattalli" konnte ohne größere Schwierigkeiten die Nachfolge seines Vaters „Mursili" antreten.
Auf den Wänden der ägyptischen Tempel in Abydos, Luxor und Abu Simbel sind noch heute Reliefs zu sehen, die eine der berühmtesten Schlachten des orientalischen Altertums zeigen. Sie werden

von hieroglyphischen Texten begleitet, die einen großen Sieg des Pharaos „Ramses II.“ über den Hethiterkönig „Muwattalli“ feiern: Die Schlacht von Kadesch. Trotz eines möglicherweise sehr tapferen Einsatzes des Pharaos waren die Hethiter jedoch nach dem Kampf im Vorteil und damit die eigentlichen Sieger. Das zwischen Hethitern und Ägyptern umstrittene mittelsyrische „Amurru“ gelangte jedenfalls wieder unter hethitische Kontrolle.
War Ägyptens Vordringen in das hethitisch beherrschte Syrien nach der Schlacht von Kadesch zurück gewiesen worden, so gestaltete sich die Situation an der Euphrat-Grenze weniger günstig. Die Assyrer hatten ihren Einfluss in Obermesopotamien ausgeweitet und provozierten damit ganz offen König Muwattalli. Dem Reich der Hethiter schien niemals eine längere Periode des Friedens vergönnt gewesen zu sein.
Vielleicht haben die Expansionsgelüste des assyrischen Reiches dazu geführt, dass „Hattusili III.“, der Enkel von „Muwattalli“, sich nun veranlasst sah, den Ausgleich und einen Frieden mit Ägypten anzustreben. Dort regierte immer noch Pharao „Ramses II.“. Nun schien es an der Zeit, den seit der Regierung „Suppiluliumas I. „bestehenden latenten Kriegszustand mit Ägypten zu beenden. Der Abschluss des berühmten Staatsvertrages wurde von einer in babylonisch-assyrischer Sprache geführten Korrespondenz begleitet, in der beide Seiten ihre Genugtuung über das „brüderliche“ Verhältnis zueinander zum Ausdruck brachten und die aus diesem Anlass fälligen gegenseitigen Geschenke absprachen.
Dies ist der erste internationale Friedensvertrag, der in seinem Wortlaut bekannt ist. Er stellt die Absicht heraus, die frühere Freundschaft zwischen Ägypten und dem hethitischen Reich wieder aufzunehmen und Frieden und Bruderschaft zwischen ihren Königen „auf ewig“ festzuschreiben.
Er enthält schließlich ein Nichtangriffsversprechen, die Zusage gegenseitiger Unterstützung gegen äußere und innere Feinde und eine Garantie des Pharaos für die Thronfolge des Sohnes „Hattusilis III.“. Weiterhin wird die Auslieferung sowohl hochrangiger als

auch einfacher ägyptischer wie hethitischer Gefangener vereinbart, sowie deren Amnestie. Der Vertrag schließt mit einer Liste der Schwurgötter und der Segnung dessen, der den Vertrag einhält, sowie der Verfluchung des Partners, der sich einer Verletzung des Vertrages schuldig macht. Als Krönung dieses Friedensvertrages durfte der Pharao, längst kein junger Mann mehr, auch noch die älteste Tochter des Großkönigs in sein Schlafgemach führen.
Dieser geschickte diplomatische Schachzug stärkte die Position Hattusilis gegenüber seinen Konkurrenten – Assyrien, Babylonien und dem ägäischen „Ahhijawa".
Doch die Atempause war nur von kurzer Dauer. Zwar war der Friedensvertrag mit Ägypten ein Höhepunkt in der Geschichte der hethitischen Diplomatie, aber gleichzeitig war er auch ein Signal der Schwäche und des Niedergangs. Dynastische Fehden verunsicherten die Bevölkerung. Der Großkönig „Arnuwanda III." starb ohne einen Erben zu hinterlassen. In den Provinzen brachen Unruhen aus, lokale Fürsten probten den Aufstand. Die kriegerischen Assyrer drängten die hethitischen Truppen an vielen Orten über den Taurus zurück.
Aus der königlichen Familie bestieg daraufhin ein Mann den Thron, der den ruhmreichen Namen des Begründers des hethitischen Großreiches trug: „Suppiluliuma". Ausgerechnet ihm war es beschieden, das Ende des Imperiums einzuläuten. Allerdings ist bis heute unklar, was wirklich den Untergang dieses Großreiches kurz nach 1200 v. Chr. bewirkte. Wahrscheinlich waren es mehrere Faktoren, die dazu beitrugen.
Hungerrevolten der Bevölkerung und Auseinandersetzungen innerhalb der Aristokratie hatten sich bereits während der letzten hethitischen Großkönige abgezeichnet. Texte aus den letzten Jahrzehnten des Hethiter-Staates bezeugen umfangreiche Importe von Getreide aus Syrien und Ägypten nach Anatolien.
Es scheint aber inzwischen sicher, dass das Ende des hethitischen Reiches in einem größeren Zusammenhang zu sehen ist. Die so genannten „Seevölker" plünderten am Ende der späten Bronzezeit

die Länder und Inseln im Mittelmeer-Raum. Selbst dem mächtigen Ägypten gelang es nur unter größten Anstrengungen, ihre Attacken abzuwehren.
Das geschwächte Reich der Hethiter aber, gebeutelt von Miss-Ernten und erschöpft durch innere Zwistigkeiten, brach unter dem Druck dieser wilden Völker zusammen. Der hethitische Staat in Klein-Asien hörte in kürzester Zeit auf zu bestehen. Er verschwand so gründlich aus dem schriftlichen Gedächtnis der nachfolgenden Jahrtausende, dass er erst durch die Ausgrabungen und Textfunde des 20. Jahrhunderts wieder zu einem Kapitel in der Menschheitsgeschichte werden konnte.

Die Assyrer – die Preußen des Orients

Gegen Ende des 2. Jahrtausends v. Chr. bestieg „Tiglatpileser I.“ den assyrischen Thron. Ein Herrscher, der eine aggressive Expansionspolitik betrieb. Zunächst konzentrierte er sich auf die Feinde im Norden. Doch dann überfiel der babylonische König „Marduknadinachi“ die assyrische Stadt „Ekallate“. Dies war so tollkühn, als würde man einen Löwen am Schwanz ziehen. Die Assyrer straften den südlichen Nachbarn mit verheerenden Feldzügen, im Land brach eine entsetzliche Hungersnot aus.

Was aus dem König wurde, der die Assyrer so gereizt hatte, ist in keiner Urkunde erwähnt.
Aber so richtig bekamen die Völker Mesopotamiens den aggressiven Militarismus der Assyrer erst unter König „Tukultininurta II.“ zu spüren. Sein Sohn und Nachfolger „Assurnassirpal II.“ – er herrschte von 883 – 859 v. Chr. – vollendete, was der Vater begonnen hatte. Unter seiner Herrschaft expandierte das Land im Westen bis ans Mittelmeer und eroberte die Gebiete am Oberlauf des Tigris bis zur Quelle. Der König verlegte seine Residenz in die Stadt „Kalchu“, die „Salamanassar I.“ 400 Jahre zuvor gegründet hatte.

Über weite Teile des 9. Jahrhunderts v. Chr. bestanden – der kriegerischen Vergangenheit zum Trotz – offenbar diplomatische und sogar freundschaftliche Beziehungen zwischen Babylonien und Assyrien. Als gegen Ende des Jahrhunderts eine Revolution Assyrien ins Chaos stürzte, half Babylonien dem neuen König, „Schamschiadad V.“ – 823 – 811 v. Chr. – die Ordnung wieder herzustellen, verlangte dafür aber eine hohe Gegenleistung. Schamschiadad marschierte daraufhin in Babylonien ein, schlug den dreisten Forderer vernichtend und erklärte sich zum neuen Herrscher.
Bei seinen Entscheidungen unterstützte ihn seine Respekt einflößende Gemahlin „Sammuramat“. Unter ihrem griechischen Namen „Semiramis“ wird sie von dem Historiker „Diodor“ im 1. Jahrhundert v. Chr. in seinen Annalen als schöne und kluge Frau gefeiert. Nach dem Tod ihres Mannes 811 v. Chr. regierte sie fünf Jahre lang im Namen ihres minderjährigen Sohnes und gab eigene politische Erklärungen ab, die Vorrang vor denen des jungen Königs hatten. Sie war so angesehen, dass man zu ihrem Andenken eine Stele errichtete.
Die assyrische Gesellschaft war ausgesprochen militant. Assurnassirpals Sohn „Salmanassar III.“ – 859 – 824 v. Chr. – führte während seiner 35jährigen Regentschaft 31 Jahre lang Krieg. Alle wehrfähigen Männer wurden zum Militärdienst heran gezogen. Die Armee bildete das Rückgrat des Staates und prägte seine Struktur und Hierarchie. Vom König erwartete man, dass er sein Heer persönlich in die Schlacht führte. Militärs übernahmen auch die Aufgaben von Provinzstatthaltern und Richtern. Zumindest zu Beginn dieser Periode fanden alle Feldzüge im Sommer statt, nachdem die Ernte eingebracht worden war. Stehende Heere entstanden erst später. Dennoch konnte Assyrien eine bis zu 50.000 Mann starke Armee ins Feld schicken. Wenn die eigene Wehrkraft nicht ausreichte, rekrutierte man Ausländer. Häufig waren das Spezialisten wie Wagenlenker aus Samarien oder Seeleute aus Phönizien.

Die militärische Taktik war simpel und brutal. Sie zielte darauf ab, die assyrischen Truppen zu schonen. Dabei rückten die Assyrer mit einem massiven Truppenaufgebot gegen ein Gebiet vor. Wenn der dortige Herrscher nicht kapitulierte, drängten Gesandte die örtliche Bevölkerung, zu den Assyrern überzulaufen. Wenn diese Taktik fehl schlug, griffen die Assyrer verwundbare Ziele wie Dörfer und Kleinstädte an, zerstörten sie, folterten, vergewaltigten, verstümmelten und verbrannten die Einwohner, streuten Salz auf ihre Felder und entwurzelten die Obstbäume.
Meist genügten solche Maßnahmen, um den Gegner einzuschüchtern und zur Kapitulation zu bewegen. Falls sie einmal doch nicht ausreichten, waren die örtlichen Streitkräfte der assyrischen Militärmaschinerie selten gewachsen. Langwierige Belagerungen, nur mit hohem Kostenaufwand aufrechtzuerhalten, waren in der Regel erst das letzte Mittel. Die Assyrer ließen aber keinen Zweifel daran, dass sie nach dem Fall einer belagerten Stadt keine Gnade walten lassen würden, nicht einmal gegenüber den Kindern.
Massendeportationen sorgten dafür, dass es nach der Eroberung in den jeweiligen Gebieten nicht zu Aufständen kam. Diese Migranten stärkten Assyriens Bevölkerung und Wehrkraft. Deportationen gehörten auch zum üblichen Vorgehen der chaldäischen Könige, die nach dem Fall Assyriens herrschten.
Bei der Thronfolge fiel die Krone nicht zwangsläufig an den ältesten Sohn, sondern an den fähigsten. Sobald der neue König gewählt war, wurde er im Thronfolgerhaus unterrichtet. Er erhielt eine Ausbildung in Kriegskunst und Diplomatie, absolvierte ein anstrengendes körperliches und militärisches Training und lernte Jagen, Schreiben sowie, wenn er sehr begabt war, Fremdsprachen. Unabhängig davon, wo ein König seine Residenz hatte, wurde er in „Assur“, der Stadt der Vorfahren, beigesetzt.
Nach einer vorübergehenden Schwächephase führte „Sargon II.“ – 721 – 705 v. Chr. – das Reich zu neuer Stärke. Die Politik seiner 16jährigen Regierungszeit war von dem erfolgreichen Bemühen geprägt, sein Reich in Ordnung zu bringen. Er konsolidierte die

militärischen Erfolge seines Vaters, zerschlug das armenische Königreich „Urartu“, dehnte sein Herrschaftsgebiet im Osten nach „Elam“ und im Westen in die Levante aus und brachte Assyrien eine Blütezeit, wie das Reich sie zuletzt unter „Assurnassirpal“ erlebt hatte. Die Herrschaft „Saigons II.“ fand ein abruptes Ende, als er 705 v. Chr. auf einem Feldzug in Kleinasien fiel.
Sein Sohn und Nachfolger „Sanherib“ verlegte seine Residenz von Sargons unvollendeter Stadt „Dur-Scharrukin“ nach „Ninive“, das auf eine 3000jährige Geschichte zurück blicken konnte. Mit diesem Schritt konnte er sich von seinem Vater distanzieren, dessen Kriegstod, wie üblich, als schlechtes Omen galt. Vielleicht hatte diese Entscheidung aber auch politische Gründe. Ninive besaß einen hohen Symbolwert für die Armee. Hier hatte „Assurnassirpal“ seine Feldzüge begonnen, und hierher sandten eroberte Länder ihre Tributzahlungen.
Da Sanherib mit Aufständen in der Levante und Judäa zu kämpfen hatte, herrschten in Babylonien für einige Zeit politisch instabile Verhältnisse. Dies versuchte sich der babylonische Regionalfürst „Mardukapaliddina“ zu nutzte zu machen und sich zum Herrscher über Assyrien und Babylonien aufzuschwingen. In zwei Strafaktionen vertrieb „Sanherib“ ihn 700 v. Chr. endgültig und machte seinen ältesten Sohn zum König Babyloniens. Kronprinz „Assurnadinschumi“ regierte sechs Jahre in relativen Frieden.
Die Ostgrenzen wurden aber weiter von den „Elamitern“, ehemalige Verbündete „Mardukapaliddinas“, bedroht. „Sanherib“ ließ von Phöniziern in Ninive eine Flotte bauen, segelte flussabwärts an die Küste des Persischen Golfs, griff die Elamiter an und schlug sie vernichtend. Das genügte jedoch nicht. Denn während „Sanherib“ im Süden kämpfte, wurde sein Sohn in Babylon ermordet und durch einen Marionettenkönig der Elamiter ersetzt. Dieser wurde nach einigen Monaten wiederum von einem König gestürzt, der die Unterstützung der „Aramäer“ hatte. Er hielt sich drei Jahre auf dem Thron, bis „Sanherib“ Babylon 689 v. Chr. stürmte und die Stadt dem Erboden gleich machte.

Triumphierend diktierte der siegreiche König seinen Schreibern: **„Wie ein Wirbelwind griff ich die Stadt an und fiel wie ein Sturm über sie her ... Ich verschonte ihre Bürger nicht, weder Jung noch Alt, und füllte die Straßen mit ihren Leichen ... Ich zerstörte die Stadt und ihre Häuser von den Grundmauern bis zu den Dächern. Mit Feuer brannte ich sie nieder ... damit in Zukunft selbst der Grund ihrer Tempel in Vergessenheit gerät, mit Wasser verwüstete ich sie und verwandelte sie in Weideland**."

Anschließend übernahm er den Königstitel von Babylonien selbst, vertraute aber die Verwaltung des Landes seinem Sohn „Asarhaddon" an.

„Sanherib" wurde 681 v. Chr. von zwei seiner Söhne ermordet.

Nach einem Machtkampf unter seiner Nachkommen trat schließlich „Asarhaddon", den „Sanherib „testamentarisch zu seinem Erben bestimmt hatte, seine Nachfolge an. Der baute Babylon, dessen Zerstörung von den Zeitgenossen als großes Sakrileg empfunden wurde, in alter Pracht wieder auf. Er war mit einer Babylonierin verheiratet und hatte während seiner achtjährigen Amtszeit als Statthalter Babyloniens die Landestraditionen schätzen gelernt. Sein Versöhnungs- und Wiederaufbauprogramm war jedoch auch durch Omen motiviert, die ihm ein schlimmes Schicksal voraus sagten, falls er eine andere Politik verfolgen sollte.

Sobald die Ruhe in Babylonien wieder hergestellt war, griff „Asarhaddon" Ägypten an, das damals gegenüber seinen Glanzzeiten erheblich an Stärke eingebüßt hatte. Nach ersten, spektakulären Erfolgen erkrankte der Herrscher und starb 669 v. Chr., als er mit seinem Heer erneut gegen Ägypten zog, um Pharao „Taharka" aus Memphis zu vertreiben, das dieser zurück erobert hatte, nachdem ihn die Assyrer in früheren Kriegen nach Süden abgedrängt hatten.

„Assarhaddon" hatte zu Lebzeiten seinen jüngeren Sohn „Assurbanipal" zu seinem Nachfolger als König von Assyrien bestimmt. Sein ältester Sohn „Schamaschschumaukin" wurde König von Babylonien. Die beiden Brüder regierten 20 Jahre ihre benachbarten Königreiche offenbar in gutem Einvernehmen. Aber 650 v. Chr. zettelte „Schamaschschumaukin“ dann doch eine Rebellion an. Es folgten zwei Jahre erbitterter Kämpfe, die in langwierigen Belagerungen Babylons und „Borsippas“ durch die Assyrer gipfelten. Babylon stand 648 v. Chr. allein da, von Hunger und Krankheiten gezeichnet. Die Stadt kapitulierte, nachdem sich „Schamaschschumaukin“ in die Flammen seines brennenden Palastes gestürzt hatte.

„Assurbanipal“ diktierte seinem Schreiber nach der Eroberung Babylons: „**Was die Männer angeht, die Böses gegen mich sannen, so riss ich ihnen die Zunge heraus und vernichtete sie vollends. Die anderen erschlug ich bei lebendigem Leib mit eben den Statuen der Schutzgötter, mit denen sie meinen Großvater Sanherib erschlagen hatten – nun endlich als Grabopfer für seine Seele. Ihre Leichen schnitt ich in kleine Stücke und verfütterte sie an Hunde, Schweine, Zibu-Vögel, Geier, an die Vögel des Himmels und die Fische der Meere**.“

Die Stadt wurde, ganz gegen die Gewohnheit der Assyrer, nicht geplündert und niedergebrannt. „Assurbanipal“ setzte einen König namens „Kandalanu“ ein, der in seinem Namen 20 Jahre bis zu seinem Tod 627 v. Chr. regierte. „Assurbanipal“ starb im selben Jahr. Bei seinem Tode herrschten die Assyrer über das größte Imperium, das es bis dahin in Mesopotamien gegeben hatte. Es erstreckte sich von Ägypten bis Elam, vom Persischen Golf bis ans Mittelmeer, dessen Ostküste sie vom Taurus bis an den Nil beherrschten. Es sollte allerdings nur noch 20 Jahre bestehen.

Vier Nachfolger des verstorbenen Großkönigs stritten um die Macht im Staat. Das einstmals so mächtige Reich war so ganz plötzlich in unbedeutende, rivalisierende Kleinstaaten zerfallen. Vorübergehend wurden in Babylonien zwei Assyrer als Herrscher anerkannt, ein General und der vorletzte König des zerfallenen Reichs, „Sinscharischkun“. Der General hieß „Nabopolassar“, war nicht adliger Herkunft, konnte sich aber auf mächtige Stam-

mesverbindungen stützen und entwickelte sich dank seiner Tatkraft bald zum starken Mann im Staate.
Mit Geduld, militärischem Geschick, Entschlossenheit und Diplomatie verschaffte sich „Nabopolassar" eine Vormachtstellung in ganz Südmesopotamien. Nun konzentrierte er sich auf den Norden. Die Bedrohung war so groß, dass sich der ägyptische Pharao „Psammetich I." mit dem assyrischen Herrscher „Sinscharischkun" zusammen tat.
Unbeeindruckt rückte „Nabopolassar" 615 v. Chr. gegen Assur vor. Er wurde zwar zurück geschlagen, allerdings nur bis „Tikrit". Damit verlor er nicht das gesamte eroberte Terrain.
Unerwartete Hilfe erhielt er vom Mederkönig „Chavachschtra", der eigene territoriale Interessen verfolgte. Während die Assyrer „Nabopolassar" in Tikrit belagerten, erfuhren sie, dass der Mederkönig an der Ostgrenze Truppen zusammen zog und traten daraufhin den Rückmarsch an, um dieser neuen Gefahr entgegen zu treten.
Die „Meder" waren ein altiranisches Volk, das um 1000 v. Chr. nach Westen gezogen war und sich im Nordwesten des heutigen Iran nieder gelassen hatte. Nun wollten sie ein eigenes Reich aufbauen und waren ebenso wie „Nabopolassar" daran interessiert, die Reste des Assyrischen Reichs zu zerschlagen. 614 v. Chr. drangen sie von Norden nach Assyrien ein, nahmen unweit von Ninive die Festung „Tarbisu" ein, plünderten Kalchu und eroberten schließlich Assur.
Aber die Assyrer besaßen nach wie vor eine schlagkräftige Armee und starteten einen Gegenangriff. Sie marschierten 613 v. Chr. in Babylonien ein, eroberten Kalchu zurück und setzten die zerstörten Wehranlagen instand. Doch nur kurz konnten sie die Initiative behalten. Die Allianz aus babylonischen, medischen und nun auch skythischen Truppen griff die assyrische Metropole Ninive an und eroberte die Stadt nach dreimonatiger Belagerung. König „Sinscharischkun" starb 612 den Heldentod. Sein Nachfolger, „Assuruballit II.", der praktisch kein Reich mehr besaß, zog sich nach Har-

ran zurück. „Nabopolassar“ verfolgte ihn, nahm die Stadt 610 v. Chr. ein und richtete dort eine Garnison ein. „Assuruballit“ flüchtete weiter nach Westen und wartete auf ägyptische Unterstützung. Die Meder eroberten unterdessen Kleinasien, und die „Skythen“ dehnten ihr Reich bis auf den östlichen Balkan sowie ein Gebiet zwischen Donau und Don aus. Babylonien erhielt Mittelassyrien und die gesamte Region zwischen Babylon und Assur, also ganz Mesopotamien. Höchstwahrscheinlich starb der letzte assyrische Herrscher „Assuruballit“ in dieser Zeit.

Märchenhaftes Babylon

Es waren die Hethiter, die dem altbabylonischen Reich den Todesstoß versetzten. Ihr König „Mursili“ ließ sich jedoch nicht auf Dauer dort nieder, sondern kehrte in seine Heimat zurück. Das Machtvakuum, das er hinterließ, nutzten neue Invasoren aus dem Nordwesten für sich aus, die „Kassiten“. Diese Invasion begann als mehr oder weniger friedliches, stetiges Einsickern. Als die „Kassiten“ sich schließlich etabliert hatten, beherrschten sie annährend 450 Jahre Babylon und sein Umland von „Sippar“ im Norden bis „Ur“ im Süden. Die „Kassiten“ stellten die Dynastie, die von allen am längsten in Mesopotamien herrschte.
Sie brachten ihre eigenen Götter mit, übernahmen aber auch heimische. Die von ihnen eroberten Städte behandelten sie mit Respekt und bauten Nippur, Lasa, Ur und Uruk wieder auf. Sie führten die Pferdezucht ein und brachten eine Technik mit, die spätere assyrische Könige zu einer hohen Kunst weiter entwickelten: Das Flachrelief. Sie entwickelten ein System, Landbesitz zu dokumentieren. Symbolische Grenzsteine mit Inschriften dienten als Besitzurkunden. Sie wurden im Tempel hinterlegt, während der Grundbesitzer eine Kopie aus Ton erhielt.
Doch im Norden wuchs die Macht der Assyrer. Unter König „Tukultinurta“ – 1243 – 1207 v. Chr. – war das Reich stark genug, Babylonien anzugreifen, die Hauptstadt zu plündern und König

„Kaschtiliasch“ als Gefangenen nach Assur zu bringen. „Tukultinurta“ brüstete sich: „Ich trat mit Füßen auf seinen fürstlichen Hals wie auf einen Fußschemel.“ Doch der Triumph des assyrischen Königs war nur von kurzer Dauer. Sein Sohn stürzte ihn. Die Kassiten kehrten zurück und herrschten für weitere 80 Jahre in Babylon.

Ihrer Herrschaft setzten die Elamiter schließlich ein Ende und verschleppten die Götterstatuen von „Sin“ und „Marduk“ nach „Susa“. Erst dem Herrscher „Nebukadnezar I.“ von der neuen Dynastie der „Isin“, die inzwischen die Macht in Babylon übernommen hatte, gelang es rund 500 Jahre später, die Elamiter endgültig zu vertreiben und ein neues, mächtiges Staatsgebilde zu formen. „Nebukadnezar“ plünderte Susa und brachte die geraubten Götter im Triumphzug in die Heimat zurück.

Die Erzählungen des „Buches Daniel“ zeichnen das Bild eines exzentrischen Herrschers. Wie schon seine Vorfahren war „Nebukadnezar“ stolzer auf seine Verdienste als Baumeister als auf seine militärischen Triumphe. Trotzdem vergrößerten die Babylonier unter seiner Herrschaft ihr Reich. Aber auch die Künste und Wissenschaften erlebten während seiner langen Regierungszeit – er herrschte 42 Jahre, von 604 v. bis 562 v. Chr. – eine bisher nicht gekannte Blüte. Die Errungenschaften Babylons in der Architektur, der Astronomie und der Mathematik wirkten weit über die Grenzen des Reiches hinaus. Solche Zeiten hatte das Reich nur selten erlebt. Zudem sorgten die militärischen Erfolge für außenpolitische Stabilität. Eine Mischung aus Strenge und Gerechtigkeit sicherte ihm lange Zeit die Akzeptanz bei dem Großteil seiner Vasallen. Jeder Ansatz von Unabhängigkeitsbestrebung wurde konsequent unterdrückt.

Obwohl er als König viele Neuerungen einführte, war „Nebukadnezar“ auch Erbe einer großen Tradition. Sein Vater, der General „Nabopolassar“ hatte nicht nur das assyrische Joch abgeschüttelt, sondern der Kernregion des Reiches auch Frieden und Stabilität

gebracht. So konnte sich „Nebukadnezar“ von Anfang an auf Eroberungen und den Anschluss neuer Regionen konzentrieren.
Die Meder, die im Norden und Osten des Reiches siedelten, blieben zumindest bis zum Ende seiner Herrschaft mit ihm verbündet. Die nomadischen Araber in den Wüsten stellten keine Gefahr dar. Die Herausforderungen des Reiches lagen im Westen. „Nebukadnezar“ hatte Aram erobert – etwa das heutige Syrien und Jordanien – die Levante und die Mittelmeerregion. Dazu gehörten die Territorien der Phönizier, Moabiter, Ammoniter und Philister sowie Israel. Die Herrscher von Damaskus, Tyros und Sidon waren ihm tributpflichtig.

Der König führte die Tradition einer alljährlichen Reise durch die neu erworbenen Regionen ein. Das diente dazu, Stärke zu demonstrieren und die Menschen daran zu erinnern, wer ihr Herrscher war. Gleichzeitig wurden bei dieser Gelegenheit Steuern und Abgaben kassiert. Außerdem konnten Unruhen im Keim erstickt werden.
Der ägyptische Pharao „Necho“ wollte jeder Gefahr einer babylonischen Expansion begegnen. Es kam zu einem kurzen, blutigen Krieg zwischen den beiden Mächten. Die Auseinandersetzung scheint ergebnislos geendet zu haben, brachte für Babylon dennoch einen Imageschaden. Sofort fühlte sich das Reich Juda unter König „Jojakim“ dazu ermutigt, das fremde Joch abzuschütteln. „Nebukadnezar“ sandte ein Heer nach Jerusalem und belagerte 597 v. Chr. die Hauptstadt der Juden. Der Feldzug dauerte nur drei Monate, dann kapitulierte Israel.
Jojakims Sohn und Erbe „Jojachin“ wurde zusammen mit seiner Armee, seiner Familie und den meisten wichtigen Beamten und militärischen Führern sowie nützlichen Handwerkern nach Babylon verschleppt und dort angesiedelt. Insgesamt etwa 10.000 Bewohner Israels mussten in die so genannte „Babylonische Gefangenschaft“. Deportationen in großem Stil waren damals ein gängiges Mittel, um den Feind zu schwächen. Außerdem brachten

sie frisches Blut und junge Talente nach Babylon. Viele Städte in Juda blieben verlassen zurück. Nach babylonischer Tradition wurden zudem die Schätze des Tempels und des Palastes konfisziert. Nebukadnezars Statthalter in Israel, „Zedekia“, verbündete sich, seine Macht überschätzend, ein Jahrzehnt später mit den Ägyptern und zettelte eine Revolte gegen die babylonische Herrschaft an. Diesmal belagerte das Heer Nebukadnezars Jerusalem 18 Monate lang, bis die Bewohner schließlich, halb verhungert, aufgeben mussten.
Der babylonische König statuierte ein Exempel: Zunächst musste der Aufrührer mit ansehen, wie seine Söhne hingerichtet wurden. Dann blendete man ihn und brachte ihn in Ketten nach Babylon, wo er den Rest seines Lebens in einem Kerker verbrachte. Jerusalem wurde geplündert, die Stadtmauern geschleift, Tempel und Palast in Brand gesetzt. Alle Mitverschwörer Zedekias mussten sterben und ein großer Teil der Bevölkerung wurde nach Babylon verschleppt.
Das babylonische Exil der hebräischen Elite endete mit der Machtübernahme der Perser in Mesopotamien. Als „Kyros der Große“ den Deportierten erlaube, in ihr Heimatland zurückzukehren, nahmen 40.000 von ihnen das Angebot an.
Nebukadnezars Eroberungen im Westen waren zwar imposant, hatten aber im Alten Orient nur eine relative Bedeutung. Er hätte gut daran getan, mehr auf die Gewitterwolken zu achten, die sich an der östlichen Grenze seines Reiches zusammen brauten. Die Bibel berichtet davon, wie der babylonische König Nebukadnezar in einem Traum ein gewaltiges Standbild erblickte, dessen Haupt aus reinem Gold, Brust und Arme aus Silber, Körper und Hüften aus Bronze, Beine und Füße aus Eisen und zum Teil aus Ton gewesen seien. Dieses Standbild wurde, so sah es der König im Traum, von einem Stein zermalmt. Einem Stein, der zu einem großen Berg wurde und die ganze Erde erfüllte. Die Weisen des Reiches deuteten diesen Traum als das unausweichliche Auseinanderbrechen von mächtigen Reichen und das Entstehen neuer Herrschaften.

Der König sah darin einen Fingerzeig seines Gottes und entließ das Volk der Juden aus der so genannten „Babylonischen Gefangenschaft“ in ihre Heimat nach Palästina. Doch damit konnte er sich nicht den ewigen Bestand seines Reiches erkaufen. Babylonien ging genauso unter wie andere Imperien vor und nach ihm.
20 Jahre nach seinem Tod traten die Perser ihren Siegeszug an.

Das Perserreich der Achämeniden

Das Reich der Achämeniden, das bereits seit zwei Jahrhunderten die Nationen des Vorderen und des Mittleren Ostens zu einer großen Staats- und Schicksalsgemeinschaft zusammen geschlossen hatte, imponierte durch seine riesige Ausdehnung, sein unerschöpfliches Menschenpotential und seine märchenhaften materiellen Hilfsquellen. Es war aber ein Koloss auf tönernen Füßen. Der persischen Zentralmacht war es nicht gelungen, die vielen Völker und Stämme miteinander zu einem organischen Ganzen zu verschmelzen und die starken feudalistischen Kräfte zu bändigen. Allerdings sorgten die Hofschranzen in der Hauptstadt „Susa“ dafür, dass dem Herrscher der Welt unangenehme Nachrichten vorenthalten blieben. Immerhin verfügte der König über eine bestens geschulte griechische Söldnerarmee. Eine Truppe, die es mit jedem Gegner aufnehmen konnte.
Im 3. Buch seiner „Gesetze“, seinem letzten und umfangreichsten Dialog, behandelt der griechische Philosoph „Platon“ in der Rückschau auf die geschichtliche Entwicklung der bestehenden Staatsformen auch das Perserreich.
Es verkörpert für ihn die Staatsordnung, die nicht, wie etwa Sparta oder Kreta, für ein ausgewogenes Verhältnis zwischen Einsicht, Freiheit und Eintracht der Bürger sorgte, was ihren Bestand gesichert hätte, sondern die Herrschergewalt über Gebühr steigerte. So wurde aus einer von dem verständigen Regenten „Kyros“ begründeten Monarchie schon unter seinem Sohn „Kambyses“ eine drü-

ckende Despotie. Eine Herrschaftsform, die sich unter „Dareios" und seinem Nachfolger „Xerxes" wiederholte.
Die Ursache dieser unheilvollen Entwicklung vermutete Platon in der Erziehung der Königssöhne durch die Frauen und Eunuchen des Königshauses. Eine Erziehung, die aus ihnen verweichlichte, zucht- und zügellose Menschen machte. Ähnlich wie Platon urteilte auch „Ktesias", der griechische Leibarzt des persischen Großkönigs „Artaxerxes II.".
Wie sind solche griechischen Bilder „persischer Dekadenz" zu erklären und welche Bestätigung finden sie in der iranischen Überlieferung?
Durch alle Zeugnisse zieht sich das Urteil von der Verweichlichung der Perser infolge des um sich greifenden Luxus'. In der Tat ist die Zurschaustellung von Reichtum nicht zu leugnen. Üppige Geschenke an den König waren von besonderer Bedeutung im achämenidischen Herrschaftssystem. Sie machten zum einen Statusunterschiede deutlich, erfüllten ihren Zweck aber auch im Rahmen der Etablierung und Sicherung von Beziehungen zwischen König und Untertanen. Dabei spielten auch Gastmähler und Luxus-Bankette eine wichtige Rolle. Zu diesen Gelegenheiten, die die Macht des Königs sinnbildlich zum Ausdruck bringen sollten, gab wiederum der Herrscher in überreichem Maße Geschenke an die aus, die ihrerseits den König beschenkt oder sich durch besondere Loyalität ausgezeichnet hatten.

Die Heiratspolitik der Achämeniden-Herrscher, zunächst durch Rücksichtnahme auf die Familien des Hochadels – zur Sicherstellung deren Loyalität – bestimmt, hatte sich unter Dareios' Nachfolgern geändert: Die Großkönige waren nun bestrebt, Allianzen innerhalb des Königshauses selbst einzugehen. Verbindungen zum Hochadel wurden nur noch als Belohnung für bereits erwiesene Treue und Dienste geknüpft.
Inzestuöse Ehen, wie etwa angeblich zwischen „Kambyses" und seinen Schwestern oder „Artaxerxes II." und seiner Tochter, haben

die Griechen, die die wichtigsten Quellen für die Nachwelt sind, nachdrücklich verurteilt. Allerdings gibt es auch Hinweise darauf, dass „Kambyses“ nicht seine Voll- sondern seine Halbschwestern „Roxane“ und „Atossa“ heiratete, weil ihm seine Ehefrau „Phaidymie“ keinen Sohn gebären konnte. Auf jeden Fall wollte er verhindern, dass sein Bruder „Bardiya“ und dessen Nachkommen den Thron besteigen konnten.
Vor allem die Verbindung von „Artaxerxes“ mit seiner Tochter „Arosa“, die der Grieche „Plutarch“ heftig kritisierte, wird erst auf den zweiten Blick verständlich. Wenn sie denn überhaupt stattgefunden hat und „Arosa“ nicht einfach die Stellung einer „Frau des Königs“, nicht etwa die „Mutter des Thronfolgers“ einnahm, dann ist das Motiv für diese „Ehe“ in dem Wunsch des Königs zu sehen, nach seinem Tode die Position seiner Erben und insbesondere des Thronfolgers bei Hofe abzusichern.
Natürlich lag es nicht allein an den Hofintrigen und an der verweichlichten Erziehung der Herrscher, dass das Achämidenreich zusammen brach. Trotz aller Bemühungen der Großkönige um Fortführung indigener Traditionen und Respektierung alter Institutionen und Privilegien in den ehemals unabhängigen Reichsteilen waren einschneidende Veränderungen im Status dieser Gebiete und ihrer Bewohner nicht zu vermeiden:
Ägypten und Babylonien etwa nahmen zwar eine besondere Stellung im Reichsganzen ein, hatten aber dennoch ihre außenpolitische Handlungsfreiheit verloren. Sie waren zu Tributleistungen und Heeresfolge verpflichtet und wurden von fremden Königen regiert. Immer wieder versuchten perserfeindliche Angehörige der heimischen Eliten ihr altes Herrschaftssystem erneut zu errichten. Erfolg hatten zumindest die Ägypter, allerdings nur über zwei Generationen.
Ein weiterer Nachteil, der sich verhängnisvoll auswirken sollte, war die mangelnde „Iranisierung“ der unterworfenen Völker. Die Perser blieben die isolierte Elite, eine Vermischung zwischen Eroberern und Unterworfenen fand nicht statt. Die regionalen und

lokalen Adligen des Achämenidenreiches fanden nur sehr begrenzten Zugang zu den höchsten Ämtern, die vornehmlich Angehörigen der persischen Aristokratie vorbehalten blieben.
Perser zu sein und aus Persien zu stammen, zeichnete in besonderer Weise aus. Es gab zwar Nichtperser, die hohe politisch-militärische Positionen ausfüllten, so der karische Dynast „Mausolos" oder das griechische Brüderpaar „Memnon" und „Mentor", doch blieben das Ausnahmen.
Zudem waren etwa Schrift, Sprache und Religion der Perser – anders als bei den Römern – kaum attraktiv genug, um das Netz zwischen Persern und Nichtpersern enger zu knüpfen. Dass in der Vorstellung vieler Ägypter die „Meder" Fremde blieben, dürfte vor allem auch mit der persischen „Exklusivität" zusammen hängen.
Es herrscht kein Zweifel darüber, dass in den Provinzen des iranischen Hochlandes das Prestige des Großkönigs besonders groß war. Dennoch war das Verhältnis zwischen den Großkönigen und der persisch-iranischen Reichselite nicht frei von Spannungen. Weitere Konflikte ergaben sich, wenn die engen Verbindungen zwischen persischen Satrapen und deren Familien sowie den Eliten ihrer Provinzen nicht zum Zweck der Aufrechterhaltung der Reichseinheit genutzt wurden, sondern zur Sicherung eigenmächtiger Positionen.
Die Großkönige versuchten zu allen Zeiten, solchen Tendenzen entgegen zu wirken.
Kennzeichen dieser Politik waren die Vergabe von Titeln, Ämtern, Besitz, Vermögen und Ehrengeschenke an treue Untertanen oder die Aufnahme loyaler Aristokraten in den Kreis der so genannten „Wohltäter" des Königs. Die der Karriere förderliche Königsnähe bewirkte zudem, dass bei Hofe eine Art „Dienstadel" entstand, dem die Loyalität zum Herrscher im Ernstfall wichtiger war, als die zum Clan. Das Konkurrieren um Ämter, Pfründe und die Gunst des Königs erschwerte das aristokratische Aufbegehren. Das Scheitern der blutigen Satrapenaufstände des 4. Jahrhunderts im

Westen ist nicht zuletzt in dieser Konkurrenz der Beteiligten untereinander begründet.
Eine entscheidende strukturelle Schwäche der Perserherrschaft ist allen Großreichen mit monarchistischer Spitze eigen: Obgleich im Iran weder über das Königtum an sich noch über seine Zuweisung an den Achämeniden-Clan gestritten wurde, kam es doch immer wieder zu Thronstreitigkeiten und dynastischen Krisen. Dabei war vor allem die kurze Phase zwischen dem Tod eines Königs und dem Regierungsantritt seines Nachfolgers für alle Achämeniden bedeutsam, die bei der Vergabe der Macht ein Wort mitzureden gedachten. Trat doch der vom Vater bestimmte Nachfolger nicht sogleich die Herrschaft an, sondern erst nach einer gewissen Zeit der Trauer und „Aussetzung gesetzlicher Zustände" sowie nach Erfüllung bestimmter Pflichten, wozu auch die feierliche Bestattung des verstorbenen Königs und die Ausführung der Bestimmungen seines Testaments gehörten.
Eine vom griechischen Arzt „Ktesias", der am persischen Hof in Susa praktizierte, überlieferte Episode beleuchtet diese Krisenzeit näher: Nach dem Tode von „Artaxerxes I." – er starb 424 v. Chr. – beauftragt der Kronprinz „Xerxes" den Funktionär „Bagozaros", die Leichname seines Vaters und seiner Mutter nach Persepolis zu überführen. Der Zug hatte sich noch nicht in Bewegung gesetzt, da starb Xerxes durch die Hand seines Bruders „Sekyndianos". Die Maultiere, die den Katafalk der Eltern ziehen sollten, verweigerten den Dienst und setzten sich erst in Bewegung, als auch die Leiche des jungen „Xerxes" herbei gebracht war. „Sekyndianos" lässt daraufhin den „Bagozaros" unter dem Vorwand hinrichten, er habe ohne sein Einverständnis den Leichnam des verstorbenen Herrschers im Stich gelassen.
Vermutlich empfand „Sekyndianos" das Verhalten des „Bagozaros" als Auflehnung und als Kritik an seiner Legitimation. Jener hatte die Überführung des toten Regenten nicht im Namen seines Nachfolgers statt finden lassen wollen, dessen Recht auf den Thron er bestritt. Ambitionierte Prinzen wie „Kyros der Jüngere" oder

„Sekyndianos“, Königinnen wie „Amestris“ oder „Parysatis“, die die Thronfolge für ihre Söhne sichern und einflussreiche Personen bei Hofe wie „Bagoas“, die ihre Stellung behaupten oder ausbauen wollten, hatten ihren Anteil daran, dass Thronfolge und Herrscherwechsel im Achämenidenreich sich zuweilen zu überaus ernsten Krisen zuspitzen konnten.

Das Perserreich war eine Militärmacht. Wie stand es aber wirklich um seine Kampfkraft? Schon von Beginn ihrer Herrschaft an verpflichteten die Perser griechische Söldnerverbände, wobei jeder Kämpfer freie Kost und Logis und einen Monatssold von einem Gold-Dareios erhielt. Zur Zeit Alexanders waren diese Truppen voll in die Armee des Königs integriert und ihre griechischen Kommandeure – durch Heirat und Aufnahme in den Kreis der „Freunde“ und „Wohltäter“ des Königs – in die Führungsschicht des Reiches aufgestiegen. Allerdings sollte man sich davor hüten, die Verpflichtung von Söldnern als Zeichen des Niedergangs der persischen Macht und Kriegskunst zu werten. Dagegen sprechen die historischen Fakten, etwa die Rückeroberung Ägyptens kurz vor dem Alexanderzug oder die Niederschlagung des Satrapen-Aufstandes im Westen des Reiches.

Der Einsatz von Söldnern war ein Phänomen des 4. Jahrhunderts und gibt allein Auskunft über die Leistungsfähigkeit und Kampfkraft der griechischen „Hopliten“ sowie ihre Motive für den Dienst beim Großkönig. Der hatte gute Gründe und vor allem die notwendigen Mittel, statt der bäuerlichen Bevölkerung, die durch den Militärdienst der Kultivierung des Landes entzogen worden wäre, kampferprobte Söldner anzuwerben.

Wie erklärt sich nun aber der militärische Erfolg „Alexanders des Großen“ über ein Weltreich, das keineswegs in den letzten Zügen lag? Inzwischen ist es für die Historiker eine Tatsache, dass sich der Makedonenkönig nach seinem Übersetzen nach Kleinasien in einer prekären Lage befand: Er besaß vor der Eroberung von „Sardes“ Edelmetallreserven für nicht mehr als drei Monate. Lange Zeit war er auf die Versorgung aus dem eroberten Lande angewiesen, weil die persische Flotte das östliche Mittelmeer kontrollierte. Er musste auf alle Fälle versuchen, die persischen Flottenstützpunkte in Kilikien und Phönikien in seine Hand zu bekommen. Seine Siege am „Granikos" und bei „Issos", die ungefähr zeitgleichen Triumphe des „Antigonos" in Kleinasien und des Königs selbst vor „Tyros" und „Gaza" waren für Alexander existentiell wichtig. Er hätte sich schlichtweg keine Niederlage leisten können.

Es herrscht kein Zweifel darüber, dass Alexander ein herausragender Feldherr war. Sein Heer zeigte sich nicht an Mannschaftsstärke und Kampfmoral, aber in Ausbildung, Taktik und Militärtechnik – vor allem auch auf dem Gebiet des Belagerungswesens – dem Gegner überlegen. Erklärt dies alles seinen Triumph?

Glaubt man dem griechischen Historiker „Arrian", dann stand dem Sohne Philipps ein politisch wie militärisch hoffnungslos überforderter Großkönig „Dareios" gegenüber. Ein König, der ohne Grund in den Schlachten bei „Issos" und „Gaugamela" seine Sache vorschnell verloren gab. Allerdings: Die Flucht vor den Griechen muss nicht unbedingt durch Feigheit bestimmt worden sein. Der Großkönig verlässt das Schlachtfeld, weil nur er die gestörte Ordnung wieder herstellen, nur er den weiteren Widerstand organisieren kann. Sein Tod auf dem Schlachtfeld oder seine Gefangennahme wäre von seinen Untertanen als traumatisch empfunden worden.

Das Urteil der Geschichte ist jedoch eindeutig: Die Flucht des Großkönigs vor dem strahlenden Sieger Alexander gilt als schändlich, sein schmählicher Tod – er wurde von seinen Gefolgsleuten gemeuchelt – als verdient.

Sein makedonischer Gegenspieler versucht in der Folge „Dareios" an großköniglichen Tugenden noch zu übertreffen, den Glanz des Reichsgründers „Gyros" auf sich scheinen zu lassen und die hohen persischen Würdenträger auf seine Seite zu ziehen. All denen, die zu ihm überliefen, bot er ihren bisherigen Vorrechten vergleichba-

re Positionen und Pfründe an. Durch seine Erfolge verschaffte Alexander sich und seiner Politik das nötige Charisma. Nicht überall verfing sein Bemühen, in manchem unterschied er sich von den Perserkönigen, doch seine – nach Brechung anfänglichen Widerstandes – auf Verständigung und Zusammenarbeit mit den Unterworfenen ausgerichtete Politik verschaffte ihm Anerkennung im Osten über seinen Tod hinaus.
Es bedurfte des militärischen Genies Alexanders des Großen, das Achämidenreich zu stürzen. Das Imperium der Perser wies zwar strukturelle Schwächen auf, hätte aber mit großer Sicherheit noch weitere 200 Jahre bestanden, wäre nicht ein jugendlicher Held und Draufgänger, mit allen Tugenden eines Herrschers ausgestattet, darüber hergefallen.

Das Reich Alexanders des Großen

Zur Zeit Alexanders, den die Nachwelt zu Recht den „Großen" nannte, gab es im Bereich des Mittelmeers vier große griechische Gruppen, die zwar politisch voneinander unabhängig, kulturell jedoch eng miteinander verbunden waren. Schifffahrt und Handel sorgten für den Austausch sowohl der materiellen wie der geistigen Güter. Olympia auf der Peloponnes war der Platz, an dem sich seit vielen Jahrhunderten alle vier Jahre die Griechen zum sportlichen Wettkampf trafen.
Die erste und wichtigste Gruppe waren die Griechen des Festlandes. Die Zeit ihrer politischen Größe war allerdings schon vorüber. Die ruhmvollen Schlachten, in denen sie den Zugriff des Persischen Weltreichs auf ihre Unabhängigkeit siegreich abgewehrt hatten, lagen über hundert Jahre zurück. Seit der „Schlacht von Chaironeia" im Jahre 338 v. Chr. war Hellas ein Protektorat Makedoniens. „König Philipp", ihr Bezwinger, war ein milder Herrscher und fasste die Städte des griechischen Festlandes zu einer Liga, dem „Korinthischen Bund" zusammen.

Die zweite Gruppe waren die Griechen an der Westküste Anatoliens. Die Ionischen Städte standen unter der Herrschaft der Perser. Sie unterstützten die Partei der Oligarchen, deren Interessen mit den persischen übereinstimmten. Es herrschte Frieden. Auf sicheren Straßen prosperierte der Handel bis tief nach Asien hinein. Im Hintergrund gab es immer einen Satrapen, der dem Großkönig in Susa für die Ionischen Städte verantwortlich war.
Die dritte große Gruppe griechischer Macht waren die Kolonien an den Küsten des Marmarameeres und des Schwarzen Meeres. Sie standen in komplizierten Vertragsbeziehungen zu den Fürsten des jeweiligen Hinterlandes.
Die vierte Gruppe bildeten die griechischen Kolonien im westlichen Mittelmeer. Im Wesentlichen handelte es sich um die Städte auf Sizilien und in Unteritalien.
Mit diesen Griechen konnten sich König Philipp, später auch sein Sohn Alexander, arrangieren und sie so auch kontrollieren. Der Erbfeind, Persien, das Achämidenreich, stand im Osten. Seine Herrscher versuchten, mit ihrem Gold das makedonische Protektorat über Hellas auszuhöhlen. Mit ihrer Flotte beherrschten sie die Ägäis und konnten die wenigen Häfen Makedoniens blockieren. Sie waren mit „Sparta" verbündet, jener Militärmacht, die jederzeit die griechischen Brüder zum Aufstand gegen die Makedonen aufrufen konnte. Persien bedeutete eine latente Bedrohung. Es war Alexander, der blutjunge Fürst eines kleinen Volkes von Bauern und Hirten, der beschloss, diese Großmacht anzugreifen. Ein wahrhaft kühnes Unterfangen! Wäre er gescheitert, hätte die Weltgeschichte einen anderen Verlauf genommen. Alexanders Sieg über die Perser war ein Sieg des Westens über den Osten. Ein Sieg Europas über Asien. Er bedeutete das Ende des alten Orients, den Anfang des Hellenismus.
Schon im Altertum wurde darüber gestritten, ob die Makedonen Hellenen seien oder nicht. Von den Griechen, die lange hochmütig auf sie herab schauten, wurden sie nicht anerkannt. Nachdem Alexander Persien erobert hatte, behandelten wiederum die Makedo-

nen die Griechen als nicht ebenbürtig. Aber immerhin: Nach zähen Verhandlungen von „Alexander I.“, dem Großvater des späteren Herrschers „Alexander des Großen“, durften die Makedonen an den Olympischen Spielen der Griechen teilnehmen.
Der Feldzug Alexanders gegen die Perser begann mit dem Übersetzen des makedonischen Heeres über den Hellespont im Frühjahr des Jahres 334 v. Chr.. Alexander, König von Makedonien, war gerade einmal 22 Jahre jung. „Daraios III.“, König der Könige, Herr und Gebieter über die Weltmacht Persien, war 46 Jahre alt. Die Ägypter hatten ihn zwei Jahre zuvor, nach der Niederschlagung eines Aufstandes, zähneknirschend auch noch zum Pharao gekrönt. Alexander betrat den Boden Asiens an derselben Stelle, an der „Agamemnon“ mit der Flotte der Achaier gelandet war, um Troja zu erobern.
Der Fluß Granikos, an dessen Ufern die erste Schlacht zwischen den Persern und den Makedonen stattfand, entspringt am Berge „Ida“ und fließt in den „Hellespont“. Es war kein großes Aufgebot, das die Perser den Eindringlingen entgegen stellten. In dieser Schlacht war das Heer Alexanders dem des Gegners zahlenmäßig überlegen. Zudem begingen die Perser eine Menge taktischer Fehler. Alexander keinen. Er siegte. So kostete es ihn keine großen Anstrengungen mehr, Anatolien zu besetzen.
In seinem Entschluss, in das Zentrum der persischen Macht vorzustoßen, wurde Alexander durch die Aktionen seiner Gegner bestärkt. Zu Lande besiegt, taten sie, was aus ihrer Sicht am schnellsten Erfolg versprach – sie griffen von See aus an. Eine Insel der Ägäis nach der anderen fiel in ihre Hände. In Besorgnis erregender Weise näherten sie sich dem empfindlichsten Punkt in Alexanders Position, dem Hellespont. Alexander konnte die Perser zur See nur ausschalten, wenn er sie aller ihrer Häfen im östlichen Mittelmeer beraubte.
Dies war sein Plan, als er im Frühsommer des Jahres 333 v. Chr. das Tauros-Gebirge überschritt. Er marschierte an der Küste Syriens entlang und traf im Herbst 333 auf das persische Reichsheer

unter Führung des Dareios. Es kam zur „Schlacht von Issos". Der persische König der Könige wurde vernichtend geschlagen.
Alexander verzichtete auf eine Verfolgung des flüchtenden Herrschers und marschierte in Richtung Ägypten weiter. Dort gab es keinen Widerstand mehr. Sein erstes großes Ziel war erreicht: der persischen Flotte war die Basis entzogen. Die Krönung dieses triumphalen Sieges war die Gründung von „Alexandreia" in Ägypten. Diese Stadt sollte später die glanzvollste Metropole der hellenistischen Welt werden, ein strahlendes Zentrum der Wissenschaft, der Kunst und des Handels.
Für die Ägypter war der König der Makedonen der Mann, der sie vom Joch der verhassten Perser befreite. Gegenüber der herrschenden Priesterkaste verhielt sich Alexander äußerst klug, opferte im „Ptahtempel" zu Memphis einen Stier, ordnete die Verwaltung und führte ein gerechtes Steuersystem ein.
Der Perserkönig war von seinem Gegner und seinen Erfolgen beeindruckt. Er ließ Alexander ein Friedensangebot von überraschender Großzügigkeit unterbreiten. Dareios bot dem Makedonen-König zehntausend Talente in Gold, die Hand seiner Tochter und als Mitgift Asien bis zum Euphrat. Ein derartiges Friedensangebot von solcher Generosität von einem Herrscher, der zwar zwei Schlachten verloren hatte aber noch nicht besiegt war, ist in der Geschichte einmalig.
Auf dieses Angebot einzugehen, passte aber nicht zu Alexanders Charakter. Zudem wäre der Euphrat eine militärisch fragile Grenze gewesen. So brach Alexander im Sommer 331 erneut gegen Dareios in die Weiten Asiens auf. Bis zum Jahre 325 sollte dieser Kriegszug dauern – sechs lange Jahre voller Schweiß und Blut in den Steppen, verschneiten Gebirgen, Dschungeln und Wüsten des größten Kontinents der Erde. Das Heer zog den „Orontes" hinab nach Norden, dann am Fuße der Berge Armeniens entlang nach Westen. Der Makedone setzte bei „Thapsakos" über den Euphrat, überquerte den Tigris und traf vor Gaugamela erneut auf den Feind. Ohne große Mühe hatten die Perser ein zweites Mal ein

Reichsheer aufgestellt, größer als das, welches vor Issus geschlagen worden war.
Die Mobilisierung der Reitervölker des östlichen Iran, Baktriens und der Sogdiana verschaffte den Persern eine beträchtliche Überlegenheit. Alexanders Armee war noch immer nicht sehr viel größer als am Granikos, ungefähr 40.000 Mann Fußvolk und 7000 Reiter. Wieder wählte Dareios die falsche Taktik und überließ dem Gegner das Gesetz des Handelns. Es war Alexander, der angriff. Der Großkönig ergriff abermals vor dem jugendlichen Helden die Flucht. Und wieder setzte Alexander nicht nach, weil die Schlacht erst halb gewonnen war.
Nach dem Sieg lag ihm Mesopotamien zu Füßen. Babylon öffnete ihm die Tore. Vom Volk umjubelt, ritt er in die Stadt ein. Nach einer kurzen Ruhepause begab sich der Sieger nach Susa. Riesige Schätze wurden in dieser Residenz des persischen Reiches erbeutet. Von nun an verfügte der Makedone über unbegrenzte Mittel. Er ließ große Mengen des Goldes in Münzen schlagen und brachte sie in Umlauf. Die militärische Lage blieb aber unbefriedigend.
Alexander fasste den Entschluss, den Angriff auf das Achämidenreich fortzusetzen. Er besetzte „Persis", das Stammland der persischen Macht mit der Königspfalz „Persepolis" und der alten Krönungsstadt „Pasargadai". Als Alexander schließlich nach Norden in der Hoffnung aufbrach, vor den Mauern von „Ekbatana" die letzte Entscheidung zu erzwingen, hatte Dareios zum dritten Male die Flucht ergriffen. Mit unerbittlicher Härte verfolgte der Makedone seinen glücklosen Gegner durch sein halbes Land hindurch nach Osten.
Um ihr eigenes Leben zu retten, opferten Dareios' Begleiter ihren Herrn. Ein makedonischer Soldat fand den unglücklichen König, von zahlreichen Speeren durchbohrt, von allen verlassen, sterbend auf einem Ochsenkarren. Alexander befahl, die Leiche des Ermordeten der Königinmutter „Sisygambis" zu übergeben, damit sie ihren Sohn würdig bestatten könne.

Ursprünglich hatte Alexander die Absicht gehabt, auf der Route nördlich des Hindukusch in Baktrien einzumarschieren. Dazu kam es allerdings nicht. In seiner rechten Flanke, in der Satrapie „Areia", brach ein Aufstand aus. Alexander musste umkehren. Die Rebellion des schon befriedeten Landes gab den Makedonen einen Vorgeschmack dessen, was sie in diesem Steppenkrieg erwartete. Die Zeit der strahlenden Siege war vorüber. Die schwelende Unzufriedenheit seiner Generäle über die großzügige Art, wie Alexander mit den unterworfenen Persern umging, mündete in einer Verschwörung seiner engsten Gefolgsleute, die der Feldherr nur mit äußerster Härte niederschlagen konnte.

Im Lauf des Herbstes rückte Alexander, in einem weiten Bogen nach Süden ausholend, über „Kandahar" nach „Kabul" vor. Am Fuß des Hindukusch, auf 2000 Meter Höhe, verbrachte das Heer einen langen Winter. Das Jahr 329 brach an. Kein Platz hätte geeigneter sein können als Kabul, um dem jungen Eroberer Einsichten in die Geographie Asiens zu vermitteln. Wenn Alexander morgens aus seinem Zelt trat, lag vor ihm die Kette des Hindukusch mit ihren bis zu siebentausend Meter hohen, schneebedeckten, in der Sonne glitzernden Gipfel. Der mächtige Gebirgswall schirmte den Nordosten Irans gegen die asiatische Steppe ab. Der „Khawakpass", den Alexander für seinen Übergang über das Gebirge im Frühjahr 329 schließlich benutzte, erreicht eine Höhe von 3500 Metern. Kabul war von Ekbatana 2.800 Kilometer entfernt. Das waren 101 Marschtage. So weit also war Alexander inzwischen gekommen. Welche Entfernungen konnte er noch zurücklegen?

Die Antwort ist bekannt. Bis zum „Hyphasis", dem Fluss in Indien, von dem aus der junge Feldherr schließlich den Rückzug antrat, sind es von Kabul aus noch einmal knapp 1.000 Kilometer. Dabei musste der Makedone erkennen, dass es jenseits seiner neu eroberten Grenzen noch weitere mächtige Reiche gab.

Noch während des Winters kamen die ersten Gesandtschaften indischer Fürsten an Alexanders Hof in Kabul. Auch das Tal des

Indus war schon einmal, von „Dareios dem Großen", unterworfen gewesen. Doch hatten die indischen „Rajahs" wieder ein hohes Maß von Unabhängigkeit erlangt. Jetzt versuchten einzelne von ihnen, Alexander als Bundesgenossen gegen ihre Widersacher zu gewinnen. Der junge Eroberer stellte die indischen Träume allerdings zurück. Zunächst einmal musste er den Perser „Bessos", den Königsmörder, sowie dessen Verbündete ausschalten. „Bessos" fiel in seine Hand. Nackt am Wegesrand stehend, mit schweren Ketten um den Hals, musste er das makedonische Heer an sich vorüberziehen lassen. Dann wurde er abgeführt und hingerichtet.
Die Führung des Kampfes um die Freiheit in Transoxanien übernahm „Spitamenes". Dieser Baktrer aus altem Adel war der fähigste Gegner, mit dem es Alexander je zu tun gehabt hatte. Mit seinen geringen Mitteln brachte er es fertig, dem großen Alexander ein ganzes Jahr Krieg aufzuzwingen. Der tapfere Mann wäre wohl nie besiegt worden, wenn ihn nicht seine Verbündeten ermordet und, gegen eine Belohnung, schließlich sogar noch sein abgeschnittenes Haupt Alexander geschickt hätten.
Während der erbitterten Kämpfe mit den Partisanen des „Spitamenes" im Sommer 329, bei denen das Heer so manchen Rückschlag erlitt, nahmen die Spannungen innerhalb des Hauptquartiers von Woche zu Woche zu. Die Ursache der Verbitterung der alten makedonischen Generäle war die schrittweise Einführung des persischen Hofzeremoniells durch Alexander. Für den König war das eine faktische Notwendigkeit. Wenn er die orientalischen Völker für sich gewinnen wollte, musste er mit der gleichen Majestät und dem gleichen feierlichen Pomp auftreten, wie es vor ihm die persischen Großkönige getan hatten.
Bei einem Gelage in „Marakanda" griff „Kleitos", einer der alten Kampfgefährten Philipp II., des Vaters Alexanders, betrunken den Feldherrn verbal an. Gefährten hatten „Kleitos" schon aus dem Raum geführt, als er noch einmal mit neuen, noch wüsteren Schmähungen gegen Alexander zurückkehrte. Der bis dahin beherrschte junge Herrscher ergriff in plötzlich ausbrechenden

Zorn einen Speer und schleuderte ihn gegen den „Kleitos“. Er traf nur allzu gut, „Kleitos“ brach tot zusammen. Seine Schwester war Alexanders Amme gewesen, „Kleitos“ hatte seinem König am Granikos das Leben gerettet. Aber die Tat war geschehen. Alexanders Trauer war abgrundtief.

Nicht lange darauf kam es zu einem neuen Hochverratsprozess. Die königlichen Pagen hatten eine Verschwörung angezettelt. Nur durch Zufall konnten die Attentatspläne aufgedeckt und die Schuldigen verurteilt werden.

Doch allen Widerständen zum Trotz machte sich Alexander auf, das reiche und mächtige Indien zu erobern. Der Hauptteil des Heeres unter „Hephaistion“, des engsten Vertrauten und persönlichen Freundes des jungen Herrschers, sowie seines Gefährten „Krateros“ zog über den Khyberpass zum Indus hinab. Alexander selbst war nicht der verhältnismäßig bequemen Karawanenstraße gefolgt, sondern nahm seinen Weg weiter nördlich, um die Bergstämme zu unterwerfen, die seine Flanken hätten bedrohen können. Wie das makedonische Heer seine Belagerungsmaschinen über diese schroffen Gebirgspässe transportiert hat, wird wohl ewig ein Rätsel bleiben.

Nachdem Alexander sich mit Hephaistion und Krateros vereinigt hatte, zog er den Indus aufwärts um „Aornos“ zu erobern. Die Festung hätte einer Belagerung jahrelang standhalten können. Alexander nahm sie im ersten Ansturm. Am „Indus“ legte das Heer eine längere Rast ein. In dieser Zeit erschien eine Gesandtschaft des „Fürsten von Taxila“. Dabei gab es Gelegenheit, den Reichtum eines Maharadschas zu bestaunen. Der Fürst überbrachte als Geschenke für Alexander 3000 Opfertiere, 10.000 Schafe, 30 Kriegselefanten und dazu 200 Talente Silber, einem Betrag von ungefähr drei Millionen Euro. Außerdem stellte er Alexander 700 bewaffnete Reiter zur Verfügung. Der Inder und der Makedone freundeten sich an.

Auf dem Weitermarsch nach Osten kam es zur ersten großen Schlacht. König „Poros“, der Rivale des mit Alexander verbünde-

ten Fürsten von Taxila, hatte seine Armee am „Hydaspes“ aufgestellt. Nach einer schwierigen Flussüberquerung errang Alexander gegen einen tapfer kämpfenden Feind den Sieg.
Auf dem Marsch zum Hydaspes lernte das Heer ein weiteres Wunder Indiens kennen – den tropischen Regen. Vielleicht hat nichts so sehr dazu beigetragen, das Vordringen in den Osten zu beenden ten wie das nächtliche Rauschen des Regens in den Dschungeln des „Punjab“. Doch noch trieb der eiserne Wille Alexanders seine Männer tiefer und tiefer in dieses geheimnisvolle Land hinein. Die „Fahrt der 1.000 Schiffe“ den Indus hinab ging nicht ohne Kämpfe ab. Obwohl Alexanders Ruhm dem vordringenden Heer voraus eilte und viele davon überzeugt waren, dass er im Bunde mit den Göttern und darum unbesiegbar sei, kämpften die kleinen Völker, die an den Ufern des großen Stromes lebten, aufopferungsvoll um ihre Freiheit. Bei der Erstürmung der Burg der „Maller“ wurde Alexander von einem Pfeil getroffen. Eine schwere Verwundung, die ihm fast das Leben kostete.
Nur allmählich erholte er sich von dieser Verletzung. Das Heer und auch seine Generäle weigerten sich jetzt, weiter zu marschieren. Am Hyphasis wurde der unbezwingbare Makedone von seinen eigenen Leuten besiegt und zur Umkehr gezwungen.
Von den Schiffen, die Alexander am oberen Indus hatte bauen lassen, waren etwa 100 seetüchtig. Diese kleine Flotte sollte unter dem Kommando des Kreters „Nearchos“ entlang der Südküste Irans den Persischen Golf zu erreichen versuchen. Das kühne Unternehmen gelang – zur großen Erleichterung Alexanders. Damit war der Seeweg vom Mittleren Orient nach dem Fernen Osten eröffnet. In erstaunlich kurzer Zeit entwickelte sich in den Jahren darauf ein reger Handel.
Alexander hatte den größten Teil des Heeres mit den Verwundeten, den Elefanten und dem Tross über den etwas weiter nördlich gelegenen „Mulla-Pass“ nach Westen zurück geschickt. Er selbst marschierte an der Küste entlang durch „Gedrosien“, um durch das

Graben von Brunnen und das Anlegen von Verpflegungsdepots „Nearchos'" Flottenunternehmen zu unterstützen.
Nur für eine kurze Strecke war es möglich, an der Küste entlang vorzurücken. Dann zwang das Gelände dazu, nach Norden auszuweichen. In 60 Tagen Marsch durch die Wüste verlor Alexander durch Hunger, Hitze und Durst drei Viertel seiner Truppe, etwa 20.000 bis 30.000 seiner besten Soldaten. Ein Haufen abgezehrter, zerlumpter, mit Geschwüren bedeckter Männer – das war die Rückkehr des einst so siegreichen Heeres.
Alexander hatte nun, nach den zahlreichen Schlachten, die Vision, die Kulturen des Westens mit denen des Ostens zu verschmelzen. Er heiratete eine persische Prinzessin, „Stateira", die älteste Tochter seines unglücklichen Gegners „Dareios" und machte daraus eine Feier, wie sie die Welt noch nicht gesehen hatte. Weiter verheiratete er die meisten seiner höheren Offiziere mit den schönen Töchtern der persischen Hocharistokratie und gab 10.000 seiner Soldaten Erlaubnis und Mitgift zur Ehe mit einheimischen Frauen. Zur gleichen Zeit erteilte er den Befehl, 30.000 junge Perser, die er in makedonischer Kampftechnik hatte ausbilden lassen, gleichberechtigt in die Armee einzureihen.
Diese Rekturierung der Perser in die Truppe hatte eine Meuterei des makedonischen Heeres zur Folge. Doch Alexander meisterte auch diese kritische Situation. Er behielt die Nerven und konnte seine aufgebrachten Landsleute von seiner Entscheidung überzeugen.
Von Babylon aus bereitete der Herrscher Asiens eine große Expedition vor, die den Seeweg vom Persischen Golf zum Roten Meer erforschen und erschließen sollte. Bei diesen Vorbereitungen starb der 33jährige König an einem nur wenige Tage dauernden Fieber, wahrscheinlich Malaria. Wenige Gramm Chinin hätten sein Leben retten können. Aber der Chinchona-Baum wuchs nicht in Alexanders Reich.
Alexanders Leiche wurde einbalsamiert und dann unter großem Gepränge, gebettet auf einen mit erlesener Pracht ausgeschmück-

ten Leichenwagen, in einem über Wochen sich erstreckenden Trauerzug nach Ägypten überführt. Später wurde der tote König in Alexandreia in einem Glassarg beigesetzt. Seine sterblichen Überreste wurden über Jahrhunderte in dieser Stadt verehrt.
Alexander der Große geriet schon nach kurzer Zeit in Vergessenheit. Der junge Eroberer, der darüber klagte, dass kein Homer seine Taten besingen würde, hat unter den Gelehrten seiner Zeit keinen würdigen Biographen gefunden. In den schriftlichen Zeugnissen des 2. Jahrhunderts v. Chr. sucht man seinen Namen vergebens.
Es war ein Grieche, der den Schleier des Vergessens zerriss. Dieser Mann hieß „Plutarch" und stammte aus „Chaironeia". Er begann seine literarische Laufbahn mit einer glänzenden Verteidigung Alexander des Großen. Entscheidend für den Ruhm des Königs wurde allerdings das Werk des Römers Flavius Arrianus „Anabasis Alexandri." Dem Dichter stand noch die ganze, inzwischen verloren gegangene antike Literatur über den makedonischen Eroberer zur Verfügung.
Nach Alexanders Tod teilten seine Generäle, die „Diadochen", das Reich unter sich auf. Lediglich „Ptolemaios" gelang es als König von Ägypten, eine neue Herrschergeneration zu begründen. Kleopatra, die legendär-betörende Pharaonin, war die Letzte seines Geschlechtes. Als sie aus dem Leben schied, ruhte Alexander noch in seinem gläsernen Sarg.
Octavian, ihr römischer Bezwinger, soll dem toten Alexander gehuldigt haben.

Rom

Das „Imperium Romanum" ist das klassische Beispiel für Aufstieg und Niedergang eines Weltreiches. Auf dem Höhepunkt seiner Macht schien es wie für die Ewigkeit zusammengefügt. Zu überlegen waren römische Kriegstechnik, römisches Recht und römische Kultur im Vergleich zu den barbarischen Nachbarn.

Doch auch dieses scheinbar unbezwingbare Imperium geriet durch innere Machtkämpfe in schwere Krisen, es begann sich allmählich aufzulösen.
Roms Ende in den Stürmen der europäischen Völkerwanderung war die logische Folge einer verfehlten Politik, die nichts mehr mit dem Ethos und dem Gemeinsinn der Gründerväter gemeinsam hatte. Die Zertrümmerung des Imperiums, auch das soll nicht unerwähnt bleiben, warf die Zivilisation im Abendland um Jahrhunderte zurück. Direkt in das finstere Mittelalter.
Seit dem 5. Jahrhundert v. Chr. hatte die Siedlung auf den sieben Hügeln stetig an Macht und Einfluss hinzugewonnen. Sie bildete das Zentrum des bäuerlich-kriegerischen Latinen-Stammes, der gegen Ende des 2. Jahrtausends mit den übrigen indogermanisch sprechenden Italiker-Stämmen aus dem östlichen Mitteleuropa eingewandert war und unter den Einfluss der kulturell überlegenen Etrusker geriet.
Der Name „Rom“ wird von dem Etruskergeschlecht „Rumlinna“ abgeleitet. Deren Stamm hatte sich als gelehriger Schüler der kultivierten Griechen Süditaliens erwiesen und die Römer taten es ihnen nach. Sie übernahmen die Schrift, das Münzwesen, die Architektur, die Gesetze.
Im Jahre 520 v. Chr. – so die römische Überlieferung – wurde das Königtum durch die Senatsherrschaft ersetzt. An die Spitze traten zwei Konsuln. Ähnlich wie in Athen vollzog sich dadurch ein Demokratisierungsprozess, indem sich der Kreis der politisch Mitspracheberechtigten erweiterte. In den 287 v. Chr. abgeschlossenen Ständekämpfen errangen die Plebejer die Gleichberechtigung mit den Patriziern. Eine neue Führungsschicht, die „Nobilität“, entstand. Die politischen Ämter wurden Jahr für Jahr neu und kollegial besetzt, die Magistrate von der auch für Gesetzgebung und Kriegsführung zuständigen Volkskammer gewählt.
Die Möglichkeit, in diesen Staatsverband einzutreten und seinen Schutz zu genießen, hat Roms Aufstieg beschleunigt: Der Einigung Italiens im 4. Jahrhundert v. Chr. folgte der Sieg über die

Seemacht Karthago im 3. Jahrhundert, der Rom zur Herrscherin im westlichen Mittelmeer machte. Dem schloss sich die im 2. Jahrhundert schrittweise vollzogene Angliederung der griechischen Stadtstaaten im Osten an. Zur Einrichtung von Provinzen kam es nur schrittweise. In der Regel geschah dies über Zwischenstufen der Abhängigkeit.

Als Beschützerin der Kleinstaaten gegenüber den hellenistischen Großmächten unterwarf Rom erst Makedonien, dann den Seleukidenstaat und schließlich das reiche Ägypten. Im Osten hatten innere Streitigkeiten den Boden bereitet. Mit der Sicherung der Rheingrenze durch Caesar und der Donaugrenze durch Augustus war das Reich im Wesentlichen vollendet.

Die letzte Phase der Expansion wurde allerdings von inneren Erschütterungen begleitet. Sie begannen mit den Reformversuchen der einflussreichen Familie der „Gracchen“ und führen über die Bürgerkriege zwischen „Marius“ und „Sulla“, „Caesar“ und „Pompeius“ zum Sieg der Caesarerben über die Caesarmörder bei Philippi 42 v. Chr. „Augustus“ begründete nach der Niederwerfung „Marc Antons“ 31 v. Chr. in der Schlacht bei „Actium“ das Principat.

Sein Verdienst war die Einheit des Reiches. Er verknüpfte die republikanischen Traditionen des Westens mit den charismatischen Herrschaften des Ostens zu einer dynastischen Alleinherrschaft. Er beschnitt die Rechte der Senatoren, die den Verlust der Freiheit beklagten, hatte jedoch das Volk durch eine lange Friedensperiode, die „Pax Romanum“, auf seiner Seite.

Rom wurde unter den Kaisern zu einem Zentrum der damaligen Welt rund um das Mittelmeer. Augustus schmückte die Stadt mit Nutz- und Repräsentationsbauten und versorgte die Bevölkerung mit Brot und Spielen. Die Legionen, etwa zu gleichen Teilen aus Bürgersoldaten und Hilfstruppen zusammen gesetzt, wurden stark verkleinert und an den Grenzen stationiert. 300.000 Soldaten bewachten 50 Millionen Reichsangehörige. Kein antiker Staat war in einem solchen Maß demilitarisiert. Dies kam der Wirtschaft

zugute. Deren sichtbare Erfolge erhöhten die Akzeptanz der römischen Herrschaft.
Anfänglicher Widerstand gegen die Kaisergewalt wurde durch Majestätsprozesse gebrochen. In den Provinzen gab es kurz nach der Machtübernahme durch Rom vielfach Aufstände. Keiner war auf Dauer erfolgreich. Bereits die zweite Generation der eroberten Völker suchte ihr Glück nicht mehr in der nationalen Selbstständigkeit, sondern in den politischen und wirtschaftlichen Aufstiegschancen, die das Imperium bot. Über die Kommunalverwaltung oder den Heeresdienst konnte man das Bürgerrecht legal erwerben. So wuchs die Zahl der Vollbürger, bis Kaiser „Caracalla" 212 n. Chr. alle freien Provinzialen zu „cives Romani" erklärte.
Die Aufstiegsmöglichkeiten zeigten sich in der wachsenden Zahl von gebürtigen Nichtrömern im Senat, in der Verwaltung und im Heer. Auch die Kaiser selbst kamen seit dem Ende der Flavier – 98 n. Chr. – nicht mehr aus Rom und Italien, sondern aus Gallien, Spanien, Afrika, Syrien und aus den spät romanisierten Donauländern.

Der Weg zum Thron führte nun über das Heer, das den neuen Imperator ausrief und als Nachfolger dessen Sohn oder Adoptivsohn betrachtete. Der inzwischen machtlose Senat stimmte in der Regel zu. Wie konnte ein solch blühendes Gemeinwesen, ein solch hoher Kulturstand, zerfallen und untergehen?
Die geopolitische Lage Roms begann sich zu ändern, als zu Beginn des 3. Jahrhunderts im Osten die Perser zum Angriff übergingen und an Rhein und Donau die Germanen unruhig wurden.
In Persien entfaltete die 224 n. Chr. zur Macht gelangte Dynastie der „Sassaniden" eine ungeahnte Dynamik. 259 geriet Kaiser „Valerian" sogar in persische Gefangenschaft.
Am Niederrhein bildete sich der fränkische, am Oberrhein der alamannische Stammesverband. Beide germanischen Völkerschaften unternahmen große Kriegszüge ins Reich, während die Sachsen als Seeräuber die Küsten Galliens und Britanniens plünderten. An

der unteren Donau drangen die Goten tief ins Reichsinnere ein. 251 fiel Kaiser „Decius“ im Kampf gegen sie.
Plötzlich stand Rom vor einer völlig neuen außenpolitischen Lage: Als Folge rief jede Armee ihren Kandidaten zum Kaiser aus. Die Machtverhältnisse innerhalb des Reiches gerieten außer Kontrolle. Zeitweilig bildeten sich Sonderreiche in den am stärksten gefährdeten Gebieten, so in Gallien und in Syrien. Die Landbevölkerung litt unter den Kriegskosten, die Währung verfiel infolge minderwertiger Münzen, die in großen Mengen – geradezu inflationistisch – zur Entlohnung der Soldaten geprägt wurden. In den fünfzig Jahren der Soldatenkaiser, 235 bis 284 n. Chr., kämpften 70 Anwärter um den Kaiserthron und um die Macht.
Erst „Diocletian“ gelang es in seiner Regierungszeit das Reich zu stabilisieren. Er legalisierte das Mehrkaisertum und begann, Wirtschaft, Verwaltung und den Hof zu reformieren. Diese Aufgabe vollendete jedoch erst Kaiser „Konstantin“, der nach erfolgreichen Bürgerkriegen Byzanz, nun Konstantinopel, als Hauptstadt des Ostens errichtete und mit seiner schrittweisen Hinwendung zum christlichen Glauben die Christianisierung des gesamten Imperiums einleitete. Eifrige Mission, fester Zusammenhalt, Nächstenliebe und Glaubensstärke machte das Christentum allen anderen Religionen überlegen.
Doch einer der Nachfolger Konstantins, „Valens“, unterlag 378 bei Adrianopel den über die untere Donau eingedrungenen Goten. Sie waren von nun an nicht mehr zu vertreiben. Der Donauraum wurde jetzt von den Germanen beherrscht. Zu Recht bezeichnete der Kirchenhistoriker „Rufinus“ diese Schlacht als den Anfang aller Übel für das Römerreich.

Die Germanisierung Roms war nicht mehr aufzuhalten. Römische Kaiser entrichteten Zahlungen an Satellitenfürsten jenseits des Limes, um ihr Stillhalten zu erkaufen. Die Zahl germanischer Söldner in den Legionen wuchs ständig an. Bereits unter Konstantin stiegen „Reichsgermanen“ in Spitzenpositionen des Heeres

auf. Germanen saßen in Schlüsselstellungen. Die wichtigsten Männer trugen nun Namen wie „Merobaudes“ und „Arbogast“, „Bauto“ und „Stilicho“.
Der Westgoten Herrscher „Alarich“ nutzte das Machtvakuum, um 410 Rom zu plündern, von den Zeitgenossen als unfassbare Katastrophe beklagt. Der unwiderrufliche Untergang des einstmals so mächtigen Römischen Imperiums hatte begonnen.
Alarichs Nachfolger besetzte den Süden Galliens, das seit dem Sturz des Kaisers „Maximus“ nicht mehr wirksam verteidigt wurde. 407 zogen die über den Rhein eingedrungenen Sweben, Alanen und Vandalen nach Spanien und Nordafrika. Die Franken kontrollierten Nordgallien und die Alamannen das Voralpenland. Die überwiegend an den Grenzen stationierten römischen Legionen bekamen den ins Innere des Reiches vorgestoßenen Feind nicht mehr zu fassen.
Die römische Verwaltung zog sich nach Südgallien, dann nach Oberitalien zurück.

Da im Osten die Perser und Hunnen angriffen, war von dort keine Hilfe zu erwarten. Im Westen regierten die römischen Heermeister „Aetius“, der 451 mit Hilfe der Westgoten die Hunnen auf den Katalaunischen Feldern schlug, und „Rikimer“, der allerdings gegen den Vandalenkönig „Geiserich“ erfolglos blieb. Es blieb dem Thüringer Germanenherrscher „Odovakar“ überlassen, den letzten Kaiser des Westens, „Romulus Augustulus“, 476 abzusetzen. „Odovakar“ hielt sich, offiziell im Namen des Ostkaisers regierend, bis zum Einmarsch der Ostgoten unter „Theoderich“ 492 auf dem Thron.
Der Osten mit der starken Festung Konstantinopel erlebte allerdings unter Kaiser „Justinian“ nochmals eine späte Blüte. Aber sein Versuch, die Reichseinheit wieder herzustellen, musste scheitern. Im fehlten schlichtweg die Mittel.
Die Frage nach der Zukunft Roms war bereits in der Antike gestellt worden. Der jüngere „Scipio“ hatte 146 v. Chr. angesichts des

brennenden Karthago den Untergang Trojas vor Augen und fürchtete entsprechend den von Rom. Denn so wie die Menschen selbst, seien auch ihre Werke vergänglich: Alle großen Reiche mussten wieder zerfallen. Assyrien, Medien, Persien und Makedonien – dasselbe erwarte auch Rom, meinte er.

Diese Überzeugung wiederholte der römische Philosoph „Sallust“: „omnia orta occidunt et aucta senescunt“ – alles, was entsteht, vergeht. Als Grund wurde immer der Sittenverfall angeführt: Äußeres Elend zwingt ein Volk zur Entfaltung der inneren Kräfte. Es kommt zu Macht, Größe und Reichtum. Im Luxus aber erlahmt der Wille. Dem Glanz folgt der innere Niedergang, bis auch das äußere Glück verloren ist.

Klar war zu jeder Zeit die Rolle der Germanen. Zweifelhaft nur, ob sie als rohe Barbaren eine blühende Zivilisation zerstört oder als unverdorbenes Naturvolk ein morbides und labiles System zum Einsturz gebracht hatten.

Die meisten Historiker sind allerdings der Meinung, dass nicht äußere, sondern innere Faktoren Rom ruiniert hätten, dass also die Römer an ihrem Untergang selbst schuld gewesen seien.

Neben vielen Missständen war das Hauptübel des Reiches die Korruption. Die wichtigen Posten wurden mit Empfehlungen besetzt, die Fürsprecher am Hof waren oft käuflich. Hatte ein Kandidat seine Stelle erhalten, musste er durch passive Bestechung wieder herein holen, was er durch aktive verauslagt hatte. Leidtragende waren die Provinzialen. Die Magnaten entzogen sich dem Gericht, die Amnestien wurden immer großzügiger. 379 wurde verfügt, dass Amtsträger mit ihrer Entlassung rechnen mussten, wenn sie vier Jahre unerlaubt Urlaub gemacht und das Gehalt eingestrichen hätten. Ein Zeitgenosse bemerkte zu Recht, dass Gesetze wie Spinnweben seien. Fliegen bleiben darin hängen, Wespen zerreißen sie.

Eine zweite Grenze war der Staatsmacht durch die Grundherren gezogen, vielfach verflochten mit den Amtsinhabern. Sie wohnten großenteils nicht mehr in den Städten, sondern in ihren prächtigen

Villen auf dem Lande. Mit Mauern und Türmen schützten sich die Besitzenden auch gegen die Staatsgewalt. Unsicherheit vor den Barbaren und Angst vor den Steuereintreibern zwangen zahlreiche Kleinbauern in ein Schutzverhältnis mit den Grundherren, die dann auch bald deren Steuerpflichten für sich beanspruchten. Die Gierigen usurpierten schließlich auch noch die staatliche Gerichtshoheit. Auf diese Weise verwandelte sich Grundbesitz in Grundherrschaft, es entstanden Staaten im Staat.
Die folgenschwerste Schwäche der spätantiken Staatsgewalt aber lag im militärischen Bereich. Nachdem sich die Rekrutierungsräume von Rom auf Italien und von dort in die Provinzen verlagert hatten, wurde es auch dort schwierig, Freiwillige zu finden. Kriegsdienst wurde in allen Schichten unpopulär. Römische Bürger zahlten lieber die Wehrsteuer, als zu kämpfen. In wachsendem Umfang wurden den Barbarenfürsten Stillhaltegelder gezahlt. Söldner gewannen an Bedeutung. Zunächst militärisch, dann auch politisch. Die spätrömischen Kaiser waren auf Gedeih und Verderb ihren germanischen Heeresführern ausgeliefert.

Der Fall Roms, so sehen es inzwischen die Historiker, ist das Ergebnis einer misslungenen Integration. Frieden und Wohlstand sind nur dann gesichert, wenn die Spannungen zwischen oben und unten, innen und außen nicht zu groß werden. Für den Ausgleich bedarf es der Kardinaltugend der Gerechtigkeit. Das wussten zwar auch die klugen Römer, doch gegen Ende ihrer Herrschaft handelten sie nicht danach.

Christentum – Jesus und die Folgen

Als in Rom „Kaiser Augustus“ über ein Weltreich herrschte, wurde vermutlich im Jahre 7. oder 6. vor der abendländischen, christlichen Zeitrechnung in Bethlehem, in der jüdischen Provinz Judäa, dem Zimmermann Joseph aus Nazareth und seiner Verlobten Maria ein Sohn geboren. Der Kaiser hatte eine Volkszählung im ganzen „Imperium Romanum", zu der auch Palästina gehörte, angeordnet und es war die Pflicht des Joseph, sich in seiner Geburtsstadt, in Bethlehem, registrieren zu lassen. Da die Gasthöfe im Ort überfüllt waren, hatten er und seine hochschwangere Verlobte notdürftig Unterkunft in einem Stall gefunden. Dort brachte Maria ihren Sohn Jesus zur Welt. So weit, so gut, oder besser: Legenden bildend. Kurz nach der Geburt des Knaben soll sich dann noch eine seltsame Erscheinung zugetragen haben: Ein Komet mit einem langen, deutlich sichtbaren Schweif schwebte am Himmel und schien über dem Stall inne zu halten.

Die Leute in der Umgebung und die Hirten, die in der Nähe ihre Schafe weideten, waren zunächst entsetzt. Galten doch Kometen sowie Sonnenfinsternisse seit alters her als Unglücksboten. Doch bald kam der Gedanke auf, diesmal könne das Zeichen Glück verheißen.

Die Juden erwarteten seit langem sehnsüchtig den Messias, den Erlöser, der das Volk Israel von fremder Herrschaft befreien sollte. Die Hirten glaubten, in dieser Nacht sei der lang Erwartete tatsächlich gekommen und machten sich auf den Weg zum Stall, um das neugeborene Kind anzubeten und ihm Geschenke zu bringen. Kurze Zeit später trafen auch noch drei fremde Magier ein, denen der Stern die Geburt eines großen Königs verheißen hatte.

Die hatten in Bethlehem den Gesuchten nicht gleich gefunden. Weil sie nach einem König forschten, fragten sie – das lag nahe – im Palast von König „Herodes I." nach. Dort aber wusste niemand von einem neu geborenen König. Der listige Herrscher bat die drei Magier weiter zu suchen und ihn sofort zu benachrichtigen, sollten sie das Kind gefunden haben. Die Hirten geleiteten die drei Männer in den Stall, dort breiteten sie ihre Geschenke aus: Gold, Myrrhe und kostbares Weihrauch aus dem Oman. Inzwischen aber hatte der König eine grausame Vernichtungsaktion in Gang gesetzt: Er ließ in Angst um seine Herrschaft alle Jungen töten, die im letzten Jahr geboren worden waren.

Die Nachricht von den Kindermorden verbreitete sich schnell. Da jedoch der Stall, in dem Maria ihren Sohn geboren hatte, weit außerhalb der Stadt lag, konnten Joseph und Maria rechtzeitig entkommen. Angeblich führte sie ihre Flucht Ägypten. Noch eine Legende, obwohl es in der Geschichtsforschung Hinweise gibt, dass es tatsächlich zu den von Herodes befohlenen Kindsmorden gekommen ist.
Der Sohn des Zimmermanns Joseph und seiner Verlobten Maria wurde von seinen Eltern „Jesus“ genannt.
Er schien so ganz aus der Art geschlagen, erwies sich schon in früher Jugend als religiöser Schwärmer und fühlte in sich die Berufung, Menschen zu Gott zu führen. Erst recht, als er im Alter von 27 Jahren am Fluss Jordan einen Mann traf, der ihn wie kein zweiter inspirierte: Einen frommen Einzelgänger, den alle „Johannes den Täufer“ nannten. Johannes rief die Menschen, die zu ihm pilgerten, zur Buße auf, zur Erneuerung ihrer Gesinnung und ihres Tuns. Denn das Ende, so predigte Johannes, stünde unmittelbar bevor und Gott werde schon bald als Richter auf Erden wandeln.
Schon damals waren Welt-Untergangstheorien populär. Und so ließ sich auch dieser Jesus von Nazareth mit dem Wasser des Jordans von Johannes taufen. Die charismatische Persönlichkeit dieses Mannes beeindruckte ihn stark. Fortan zog der Sohn des Zimmermanns aus Nazareth selbst als Prediger durch Judäa. Einer von Hunderten, angewiesen auf Almosen, die ihm die Mitbürger zusteckten. Das Grundmotiv seines Vorbildes, die Verkündigung des bevorstehenden Endes, behielt er in seinen Predigten bei. Allerdings mit einer kleinen, aber wichtigen Variante: Der Zeitaspekt war ein anderer. Die Herrschaft Gottes stand, der Predigt Jesus zufolge, nicht nur nahe bevor, sondern sei bereits da, beziehungsweise im Anbrechen. Eine Herrschaft, geprägt von uneingeschränkter Liebe. So spitzte Jesus die uralte jüdische Gewissheit von der Nähe Gottes, von seiner Führung des Volkes und der Welt, aufs äußerste zu. Er predigte, dass ohne irgendwelche Zwischeninstanzen Gott den Menschen unmittelbar gegenüber stünde.

Sache der Menschen wäre einzig und allein der Gehorsam diesem Gott gegenüber.

Neu und zündend war das Gebot der doppelten Liebe: zu Gott und zum Nächsten – also der vollen, vertrauenden Hingabe des ganzen Menschen an Gott und der Aufopferung für den Mitmenschen. Bis zum Verzicht auf die Vergeltung von Unrecht, ja bis zur Feindesliebe wurde dieses Gebot durch Jesus zugespitzt.

So war der nahe Gott, von dem Jesus predigte, nicht in erster Linie der strenge Weltenrichter, sondern der liebende und vergebende Vater. Ganz anders als „Johannes der Täufer" rief Jesus die Heilsuchenden nicht zu sich an den Jordan, sondern kam ihnen entgegen und suchte sie auf. Jesus stellte sich – auch das war neu – selbst in seine Verkündigung hinein.

Die Souveränität seines Auftretens hatte in der Geschichte Israels kein Beispiel. Er beanspruchte – alle Regeln des religiösen Lebens missachtend – Funktionen, die allein Gott vorbehalten sein sollten, für sich: Die Sündenvergebung, die Erneuerung des Gesetzes, die angeblichen Wunder. Der Schleier des Geheimnisses, der diesen Mann umgab, irritierte seine Zeitgenossen. An ihm und an seiner Verkündigung schieden sich die Geister.

Es gab die unmittelbaren Anhänger, die „Jünger" im engeren und weiteren Sinn, die sich seinem Anspruch beugten und ihre bisherige Lebensordnung aufgaben. Vermutlich auch ein innerster Kreis von zwölf Getreuen, dazu eine größere Gruppe anderer, die sich die Botschaft von der nahen Gottesherrschaft zu Eigen machten und sie ihrerseits weiter trugen.

Es gab die Enttäuschten, die gehofft hatten, in ihm den lang erwarteten politischen Befreier Israels zu finden, der die römischen Fesseln beseitigen würde. Schließlich gab es die erbitterten Gegner, den Hass der strengen Juden und der Priesterkaste gegen diesen Mann, der das auserwählte Volk Israels und die Heiligkeit des Gesetzes zwar nicht bestritt, diese aber radikal aktualisierte und so die alte Ordnung zerstören wollte.

So kam es unausweichlich zur Katastrophe. Sie wurde ausgelöst durch den Einzug Jesus in Jerusalem. Sicher hat er hier nicht den Tod gesucht, ganz sicher aber die Konfrontation mit den Herrschenden. Sein Auftreten erschien ihnen als ein Angriff auf die religiösen und politischen Werte des Volkes und eine Gefahr für ihre Interessen. Es fiel der Beschluss, diesen Mann unschädlich zu machen.
In der Nacht vor dem Passah-Fest erfolgte die Verhaftung und Verurteilung dieses eigensinnigen Propheten, der nichts von dem, was er verkündet hatte, zurück nehmen wollte. Der römischen Besatzung gegenüber wurde Jesus als politischer Unruhestifter denunziert. Der durch Herodes Verurteilte endete nach römischer Sitte am Kreuz.
Dieser Tod des Jesus von Nazareth und die ratlose Hoffnungslosigkeit seiner verunsicherten Anhängerschaft blieben aber nicht das letzte Wort. Es folgte ein Neuanfang, der den Lauf der Weltgeschichte veränderte und viele Jahrhunderte, bis zum heutigen Tag, überdauern sollte. Die Person Jesus wurde so berühmt wie keine andere Menschengestalt. Auch wenn er gesagt haben soll, sein Reich sei nicht von dieser Welt, so wurde er doch der Gründer einer Religion, wie sie die Erde noch nie gesehen hatte.
Seine Anhänger, durch die Kreuzigung ihres Führers beraubt, behaupteten nun, dass Gott Jesus auferweckt und zu sich geholt habe. Der Widerspruch zwischen dem unbedingten Machtanspruch dieses Mannes und seinem schmachvollen Tod am Kreuz sei so durch den Gott, dessen Ankunft Jesus ja immer verkündet habe, gelöst. Der vollkommen Gehorsame sei in die vollkommene Gemeinschaft mit Gott, die ihm verheißen war, aufgenommen worden.
Die Botschaft selbst habe sich bestätigt, und die Rätsel um seine Person seien geklärt, denn Gott selbst habe ihn als seinen Sohn legitimiert. So erzählt, wurde es eine runde Geschichte – und volkstümlich ausgedrückt ein Schuh daraus.

Von Anfang an zeichneten sich die ersten christlichen Gemeinden durch großes Engagement aus. Sie drängten auf die Straßen und Plätze und berichteten von der Liebe Gottes und von dem Opfer, das dieser Jesus von Nazareth für alle Menschen gebracht hatte. Die Predigten orientierten sich an den Erzählungen über den Gekreuzigten.
Die Jerusalemer Tempel-Aristokratie versuchte, diese Strömungen unter Kontrolle zu bringen und schickte Emissäre in jüdische Gemeinden, um den Einfluss dieser Gruppen einzudämmen. Einer dieser Männer war ein griechisch gebildeter, aus Tarsus am Schwarzen Meer stammender jüdischer Student, Saulus. Auf lateinisch Paulus. Auf dem Weg nach Damaskus hatte er ein Erweckungserlebnis und wurde fortan bis zu seinem Tode der wichtigste Propagandist dieser neuen Lehre.

Doch noch fehlte der jungen christlichen Glaubensgemeinschaft ein gemeinsames, theologisches Fundament. Dies begründeten die Erinnerungen der Augenzeugenberichte des Lebens, der Passion und der Auferstehung Jesu, die Evangelien. Schriften, in den unter Verarbeitung älterer Vorlagen ein zusammenhängendes Gesamtbild der Lehre und des Lebens Jesu gezeichnet wurden. Die drei ersten, die so genannten „synoptischen" Evangelien, umfassen den weitaus größten Teil.
Matthäus gilt als Verfasser des ersten Evangeliums. In ihm wird berichtet, wie Jesus ihn von seinem Dienst am Zolltisch weg rief und zum gemeinsamen Mahl bat. Der Überlieferung nach zog er im Jahr 42 nach Parthien, um dort das Evangelium zu verkünden. In seinem Evangelium wollte Matthäus ganz besonders nachweisen, dass Jesus der im Alten Testament verheißene, aber von seinem Volk abgelehnte Messias sei.
Das Doppelwerk des Lukas, dem Verfasser des „Lukas-Evangeliums" und der Apostelgeschichte, ist die erste christliche Schrift, die dazu dienen sollte, die frühchristlichen Überlieferungen festzuhalten und weiter zu geben. Zuvor bestand das verbreitete

christliche Schrifttum lediglich aus Fragmenten und Gelegenheitsaufzeichnungen. Die Schriften des Lukas – er wirkte als Arzt – entstanden im Jahr 80 oder 90. Sie sind auch das erste wichtige Indiz dafür, dass sich gebildete Menschen dem Christentum zuwandten.
Lukas schrieb seine Berichte aufgrund von Zeugenaussagen von Menschen, die Jesus begegnet waren oder über ihn etwas von anderen erfahren hatten. Er schildert einen sehr menschlichen Jesus, der mitfühlt und am Schicksal der Menschen, besonders auch der Leidenden, großen Anteil nimmt.
Der Evangelist Matthäus war einer der zwölf Apostel und hieß ursprünglich Levi. Er soll Zöllner in der antiken Hafenstadt Kapharnaum gewesen sein. Somit war er einer der Steuereintreiber, die von den Juden verachtet wurden, weil sie im Dienste der römischen Besatzungsmacht standen.
Der Evangelist Markus war vermutlich der Übersetzer von Petrus und arbeitete auch als dessen Sekretär. Sein Evangelium, das älteste und kürzeste, war vor allem für Nicht-Juden bestimmt. Markus berichtet darin weniger über die Reden Jesu als über seine großen Taten. Er zeigt beim Sohn Gottes auch die menschlichen Züge auf.
Johannes, aus dessen Evangelium besonders oft um Ostern zitiert wird, war von Beruf Fischer und Anhänger von Johannes dem Täufer, bevor er sich als Apostel Jesus anschloss. Er soll in der Hafenstadt Ephesus gewirkt haben. Sein Evangelium ist das jüngste der vier und das theologisch anspruchsvollste.
Alle Evangelien sind heute noch in ihrer ursprünglichen Form bekannt. Die später angefertigten griechischen Übersetzungen lagern in den Archiven des Vatikans in Rom.
Der Untergang Jerusalems nach der Eroberung und Zerstörung des Tempels durch die Römer unter ihrem Feldherrn Titus im Jahre 70 hatte auch für die junge christliche Kirche unmittelbare Auswirkungen. Der Schwerpunkt des Christentums rückte nun in den hellenistischen Bereich. Judaistische Lehren und Gebräuche, die bei den ersten Christen noch Geltung hatten – wie die Beschnei-

dung der männlichen Nachkommen oder das Festhalten an den jüdischen Speisegeboten – verfielen rasch.
Zwar blieb der Gott der Juden der Vater von Jesus Christus – dennoch war nach dem Jahre 70 die Trennung in zwei Religionen entschieden. Statt Rücksichtnahme auf die jüdischen Wurzeln findet sich von jetzt an eher Anti-Judaismus bei den christlichen Verkündern. Der Vorwurf: Die Juden hatten ihren eigenen Messias nicht erkannt und noch dazu den Römern ausgeliefert.
Im Jahre 150 lagen die meisten Christen-Gemeinden in Kleinasien, im Osten des Römischen Reiches. Bis zum Anfang des 3. Jahrhunderts war das Griechische so gut wie überall die Kirchensprache. Die rasche Ausbreitung des Christentums lag auch am Ernst und der Prinzipientreue der Anhänger Jesu. In einer Zeit, in der voller Inbrunst von Sittlichkeit und Tugend gesprochen wurde, praktizierten diese Christen sie besonders eindrucksvoll. Großen Eindruck hat offenbar auch die Nächstenliebe gemacht, die frühe christliche Gemeinden gerade in Zeiten der Not überleben ließ. Von der Kirche wurden zudem gesellschaftliche Schranken durchbrochen. Sklaven und Frauen waren gleichberechtigte Mitglieder in den christlichen Gemeinden.
Der Erfolg zog neuen Erfolg nach sich. Bald gab es in Kleinasien kaum eine Siedlung ohne eine christliche Gemeinde. In der römischen Gesellschaft des 2. Jahrhunderts waren Abscheu und Gleichgültigkeit gegen diese „barbarische Sekte“ dennoch stark.
Der Beginn des vierten Jahrhunderts der christlichen Zeitrechnung markiert den Niedergang des „Imperium Romanum“. Die ständigen Konflikte an den langen Grenzen vor allem im Norden und Osten und die dadurch erforderlichen hohen Ausgaben für das Militär führten zu einer wirtschaftlichen und gesellschaftlichen Dauerkrise.
Die Mannschaftsstärke der Legionen konnte nur noch mit Söldnern, meist Mitglieder germanischer Stämme, aufrechterhalten werden. Die göttlich verehrten Kaiser wurden als Retter bei existenziellen Nöten angerufen.

Diese staatliche Hilfe gab es nicht gratis. Opfer wurden für den Staat und die Götter eingefordert. Den Juden, die sich verweigerten, wurde eine Steuer – Fiscus Judaicus – auferlegt.
Die Anhänger Christi mit ihrem monotheistischen Absolutheitsanspruch standen von Anfang an im Konflikt mit den staatlichen Autoritäten. Sie verweigerten den Kaisern gegenüber jede Respektbekundung, was als Majestätsbeleidigung ausgelegt wurde. Auf die Opferverweigerung stand im dritten Jahrhundert die Todesstrafe. Viele Glaubensstarke fanden den Märtyrer-Tod.
Erst in der zweiten Hälfte des dritten Jahrhunderts schränke Kaiser Gallienus (253 bis 268) nach dem Tode seines Vaters Valerian die Verfolgungspraxis gegen die Christen ein und erließ ein Toleranzedikt.
Kaiser Konstantin, den die Nachwelt „den Großen" nannte, führte dann letztlich das Christentum als Staatsreligion ein. Angeblich hatte er 312 in Rom bei der berühmten „Schlacht an der Milvischen Brücke" gegen seinen westlichen Rivalen „Kaiser Maxentius" eine Vision, die ihn bekehrte. Christliche Geistliche wurden daraufhin von der Steuerpflicht entbunden. Die Kirche erhielt das Recht, Erbschaften anzunehmen, in zivilen Streitigkeiten Gericht zu halten und Sklaven frei zu lassen. Die ersten Schritte zu einem Staat im Staat. Konstantin ordnete an, Prachtausgaben von Bibeln herzustellen und setzte im Jahre 321 den Sonntag – bisher dem Sonnengott Jupiter geweiht – als verbindlichen Feiertag fest. Schließlich entzog der Kaiser den heidnischen Tempeln das Privileg, Kaiserbilder aufzustellen. Baufällige Tempel sollten nicht renoviert und neue nicht erbaut werden. Heidnische Opferzeremonien wurden unter Todesstrafe gestellt. Die römische Religionspolitik hatte sich um 180 Grad gedreht.
Konstantin kämpfte gegen Heidentum und Judentum und für eine einheitliche Reichskirche. Doch eine Frage blieb ungelöst: War Jesus nur ein von Gott gesandter Mensch mit messianischer Vollmacht oder der Sohn Gottes selbst?

Bedeutendster Vertreter der Lehre von einem von Gott als Messias bevollmächtigten Menschen Jesus war der Priester „Arius". Diese Lehre fand in den östlichen Teilen des römischen Reiches großen Zuspruch. Sein größter Widersacher war der Bischof von Alexandria, „Athanasius".
Um den Streit zu beenden, berief der Kaiser in Nicäa in Kleinasien an Ostern 325 eine Bischofsversammlung ein. Das Konzil sprach sich mit großer Mehrheit für die Lehre des „Athanasius" aus und verwarf die Lehre des „Arkus". Freilich stellte das in Nicäa verabschiedete Glaubensbekenntnis keineswegs das Ende aller Streitigkeiten dar. Vielmehr sollten Konflikte und Debatten darüber die Kirche noch lange in Atem halten.
Der oströmische Kaiser Konstantin war es, der Rom zu einer christlichen Hauptstadt um baute. Am Stadtrand, an dem er über große Grundstücke verfügte, ließ er die „Laterankirche" errichten. Eine gewaltige Basilika, 50 Meter breit, 100 Meter lang und in drei Schiffe gegliedert. Christus, auf Fresken und Reliefs zuvor nur ein in einer schlichten Tunika gekleideter bartloser Jüngling mit kurzem Haar, erscheint nun als langhaariger Mann mit Mittelscheitel und Kinnbart. Eine Darstellungsweise, die früher die Abbildungen des griechischen Gottes „Asklepios" gekennzeichnet hatte.
Mit und nach Konstantin erheben den bärtigen, autoritär wirkenden Christus dann noch die Insignien der Macht, purpurne Gewänder und einen goldenen Schein. „Christus Pantokrator", der Herrscher über die Welt. Eine grandiose Erfolgsgeschichte innerhalb von vier Jahrhunderten.
Von Anfang an wirkte sich die Vorrangstellung Roms innerhalb des Reiches auch auf die Bedeutung der christlichen Gemeinden innerhalb der Kirchenhierarchie aus. Die Stadt am Tiber war schon immer Treffpunkt und Ziel von Christen aus allen Himmelsrichtungen gewesen. Diese Gemeinde war nicht nur groß und reich, sie besaß, was keine andere vorzuweisen hatte: Die zwei größten Apostel und Märtyrer. Peter und Paul hatten hier gelebt und missi-

oniert, waren hier heldenhaft gestorben und lagen hier begraben. Die Heiligkeit der römischen Gemeinde und eine gewisse Vorrangstellung ihres Bischofs wurden im späten 2. Jahrhundert allgemein anerkannt. Die Stammzelle der römisch-katholischen Kirche, deren Führer sich später als Nachfolger Petri und – gar nicht bescheiden – als Stellvertreter Gottes auf Erden bezeichneten.
Die Neutralität, die Konstantin zwischen dem Christentum und den übrigen Religionen offiziell gewahrt hatte, wurde bereits von seinen Söhnen aufgegeben. Gesetzlich war fortan jede heidnische Kultübung im Reich untersagt.
Es gab nun auch erste Auswüchse extremer Frömmigkeit. Asketen wie Mönche verarbeiteten ihre Enttäuschung darüber, dass die ersehnte Wiederkehr des göttlichen Herrn ausblieb, oft dadurch, dass sie sich so weit wie nur möglich aus der unerlösten Welt zurück zogen und durch Gebet und Andacht Gott und der jenseitigen Welt so nahe wie möglich zu kommen suchten.
Die Eremiten verschärften diese Praxis, wenn sie auf soziale Beziehungen mit Gleichgesinnten verzichteten und sich in die Einsamkeit, in die Wüste, auf Berghöhen oder gar auf Säulen begaben und dort oft bei wenig Nahrung Jahre verbrachten.
Berühmt wurde der syrische Säulenheilige Simeon zu Beginn des fünften Jahrhunderts, der 30 Jahre auf einer 20 Meter hohen Säule mit einer etwa vier Quadratmeter großen Fläche nicht nur 40 Tage fastete, sondern sich auch noch täglich bis zu 1000 mal tief verbeugte. Als er noch in einem Kloster lebte, hatte er sich schon vorher freiwillig für zehn Jahre einmauern lassen. Vermutlich lag es auch an diesen „Säulenheiligen“, die vor allem im Osten von sich reden machten, dass die Kluft zwischen Ost und West immer tiefer wurde.
Das Christentum in seiner heutigen Gestalt ist nicht denkbar ohne den Kirchenvater Augustin (354 bis 430). In seinem berühmtesten Buch, den “Confessiones”, schildert er seinen Werdegang von der weltlichen Laufbahn und Lebensart des Rhetorikers über die Wendung zur Philosophie, die unbefriedigende Beschäftigung mit der

Astrologie bis zur überwältigenden Begegnung mit dem geistlich und geistig imponierenden Christentum.
Augustin hat mit den "Confessiones" das erste große, seither unendlich viel gelesene Erbauungsbuch des Christentums geschaffen. Es ist viel mehr als eine fromme Autobiografie. In der Form eines einzigen großen Gebetes und Beknntnisses ist hier eine neuartige Auffassung vom Menschen nieder gelegt: Nicht in der in sich selbst ruhenden Abgeschlossenheit gelangt nach Augustin der Mensch zu seiner wahren Bestimmung, sondern in der Offenheit und Beziehung zu Gott, der seine ganze Existenz umschließt und bestimmt. Findet er im Gottesbezug sich selbst, so ist das jeweils Resultat einer Geschichte, lehrte Augustin. Denn von der Geburt her stünde jeder Mensch im Zwiespalt, unter der Herrschaft der "concupiscentia", der Begierde des Leibes und der "superbia", der Selbstherrlichkeit der Seele, durch die seit Adam die Menschen an sich selbst gefesselt seien und sich gegen Gott auflehnen würden. Berühmt ist das Gebetswort Augustins, das diese Lebensanschauung zusammen fasste: "Unruhig bleibt unser Herz, bis dass es Ruhe findet in Dir."
Dieses Ziel erreicht laut Augustin der Mensch freilich nicht im ruhelosen Suchen, sondern nur um Glauben. Als vollkommene christliche Lebensform bezeichnet der fromme Mann die Askese. Nicht, um der Verdienstlichkeit der Entbehrungen willen, sondern weil sie zur Freiheit von den Fesseln der Sinnlichkeit und damit zur wahren Gemeinschaft mit Gott die Voraussetzung schafft.
Die Ernennung zum Bischof der römisch-nordafrikanischen Stadt "Hippo Rhegius" im Jahre 396 war eine logische Folge des Wirkens dieses außerordentlichen Gelehrten. Trotz seines in der kirchlichen Hierarchie bescheidenen Amtes war Augustin für viele Gläubige ein Superstar. Ungeheures Aufsehen erregten seine 22 Bücher "De civitate Dei", einem wahrhaft weltgeschichtlichen Werk. In ihnen vertritt er die These, dass die Menschheitsgeschichte ein zusammen hängender Ablauf sei, ein ewiger Kampf zwischen Hochmut und Gehorsam. Zwei "Bürgerschaften", die

“civitas dei” und die “civitas diaboli” stehen laut Augustin vom Beginn der Welt an, seit der Ermordung Abels durch Kain, einander über. Vor allem sei das römische Reich und das in seiner Geschichte zutage tretende, rücksichtslose Streben nach Macht Inbegriff der “civitas” des Teufels, die in der Kirche gesammelte Schar der Gläubigen aber Verkörperung der “civitias Dei, und ihr werde irgendwann der endgültige Sieg zufallen.
Dieses Werk, ein Lieblingsbuch des Mittelalters, erregte schon zu Lebzeiten Augustins außerordentliches Aufsehen. In der Tat verlangte es von den Zeitsgenossen eine Revolution des Denkens, wurden doch die heiligsten Traditionen des glorreichen römischen Reiches grundsätzlich über Bord geworfen.
Augustin war d e r Kirchenvater des lateinischen Mittelalters. Der Einfluss, den er auf die abendländische Kirche ausgeübt hat, ist ohne Parallele im Osten. Der Bischof von Rhegius war der letzte große Theologe der Antike. Ihm folgten nur noch Epigonen, deren Kraft allenfalls dazu reichte, die geistigen Schätze, die vier Jahrhunderte der Kirchengeschichte hervor gebracht hatten, andächtig zu sammeln. Als Augustin 430 starb, wurde seine Stadt seit Monaten von den Vandalen belagert. Kurz nach seinem Tod stürmten die germanischen Krieger die Stadt und richteten ein furchtbares Gemetzel an.
Während im lateinischen Westen immer neue Gebiete an die einbrechenden Germanen verloren gingen und das „Imperium Romanum“ 476 zu bestehen aufhörte, konnte sich der Osten mit der Metropole Konstantinopel behaupten. Nach und nach ließen auch Handel und Verkehr zwischen Ost und West nach – die beiden Hälften des alten Reiches gingen getrennte Wege.

Die Germanen

Mit der Bekehrung der Germanen trat zum dritten Mal ein großes Volk zum Christentum über. Wie bei der Eroberung der griechischen und der römischen Welt hatte dieser Vorgang zugleich

bedeutende Rückwirkungen auf die Geschichte der Kirche selbst. Die neu gewonnenen Christen brachten ihre eigenen religiösen Vorstellungswelten mit ein.
Der entscheidende Anstoß für den Übertritt des Frankenherrschers Chlodwig zum Christentum war seine Überzeugung, im Sieg über die verfeindeten Alemannen habe sich die Überlegenheit des Christengottes offenbart. Dieses in der Religionsgeschichte verbreitete Konversionsmotiv ist bei den Germanen häufig zu beobachten. Gegenüber ihrer archaischen Mythologie, die die Götter als unberechenbare, trügerische Mächte sahen, setzte sich der christliche Gott als der prinzipiell überlegene, hoheitsvolle Sieger in Szene.
Die rasche Verbreitung des Christentums durch die Vermittlung irischer Mönchsmissionare im 6. und 7. Jahrhundert nach England und ins Frankenreich war ein großer Erfolg für den Papst in Rom, jetzt Oberhaupt eines expandierenden christlich-spirituellen Reiches, das an Stammes- und Reichsgrenzen nicht halt machte.
Das Verhältnis von Mensch und Gott wurde in altgermanischer Zeit als ein Rechtsverhältnis verstanden. Auch in der Kirche breitete sich die Gepflogenheit aus, Sünden gegen Bußleistungen zu verrechnen, als handele es sich um ein Schuldverhältnis. So war auch der unselige Ablass-Handel zu verstehen, der später den Protest der Reformation herauf beschwor.
Den Germanen trat das Christentum anders entgegen als Griechen und Römern – nicht als kleine, exotische Sekte, sondern bereits strahlend in imponierender Größe, mit allen fremdartigen Herrlichkeiten der Antike. Die Bekehrung ging rasch und geradlinig vor sich. Es kam gelegentlich sogar zu Massenübertritten, so dass mitunter in den Flüssen getauft werden musste, wenn es noch keine Gotteshäuser gab oder die Taufbecken nicht ausreichten. Wenn sich ein Germanenfürst bekehrt hatte, dann ließ sich sein Volk aufgrund der Gefolgschaftstreue ebenfalls taufen. Die Entscheidung für das Christentum war oft oberflächlich und nur an Äußerlichkeiten angelehnt. Besonders der englische Missionar „Winfrith-

Bonifatius“ tat sich bei der Bekehrung der Germanen hervor. Er führte, indem er den Geist des jungen angelsächsischen Christentums dem Festland übermittelte, die Christianisierung des fränkischen Reiches zu Ende.

Bonifatius war bereits im besten Mannesalter, als er im Jahre 716 seine Heimatinsel verließ und erstmals jenseits des Ärmelkanals missionierte. Dabei zeigte er sich als planvoller Stratege. Seine wichtigste Leistung war die Kirchenorganisation im westlichen Deutschland, die er mit Umsicht betrieb. Klostergründungen wurden Mittelpunkte des geistlichen und kulturellen Lebens.
Bonifatius war der Überzeugung, dass die Kirche ein repräsentatives, fast schon überirdisches Oberhaupt benötigte. Also unterstellte er sich bindend dem Papst und leistete ihm den Treue-Eid. In dieser Zeit tat das Papsttum den für die mittelalterliche Geschichte so entscheidenden Schritt, seinen Blick vom Osten in den Norden zu richten.

Die Ostkirche

Neben Rom bestand allerdings noch ein weiteres christliches Machtzentrum: Konstantinopel. Die wichtigste Etappe in der Entwicklung des byzantinischen Reiches und seiner Kirche war die Regierung des Kaisers „Justinian“ von 527 bis 565. Im griechischen Osten kam es zu einer Neuordnung der Verhältnisse.
Anders als in Rom regierten in Konstantinopel Kaiser und Patriarch gemeinsam. Während der römische Bischof seit 330 einen weltlichen Herrn von sich und seiner Stadt fern halten konnte, waren in Konstantinopel weltliche und geistliche Führung vereint. Daraus ergab sich die faktische Vorherrschaft des Kaisers. Kirche und Staat wurden beinahe zu identischen Größen. Mit dem in ihrer „Orthodoxie“ eingeschlossenen Traditionalismus unterschied sich die Ostkirche wesentlich von der Kirche des Westens. Die Ratio-

nalität des abendländischen Mittelalters und das geschichtliche Denken der Neuzeit blieben im Osten fremd.
451 brach der Streit zwischen der West- und der Ostkirche offen aus. Papst „Leo I." verkündete Ex-Cathedra die Lehre von der Vereinigung der zwei Naturen in der Person Christi – die menschliche und die göttliche. Die „Monophysiten" im Osten des Reiches vertraten dagegen die Auffassung, in der Person Christi gebe es nur eine Natur, die göttliche.
Das „IV Ökumenische Konzil von Chalkedon" verurteilte den Monophysitismus schließlich als Irrlehre und verkündete als Dogma, dass in Christus zwei Naturen, unvermischt und ungetrennt, in einer Person verbunden seien.
Die Situation verschärfte sich, als der seit 692 regierende oströmische Kaiser „Justinian II." sich nicht gegen Papst „Sergius I." durchsetzen konnte. Die Militärgouverneure in Italien weigerten sich, dem kaiserlichen Auslieferungsersuchen nachzukommen. Ursache des neuerlichen Zwists waren die Beschlüsse der Reichssynode vom Herbst 691, die im „Trullus", dem Kuppelsaal des Kaiserpalastes in Byzanz, abgehalten wurde. Die Synode hatte zur Reglementierung des kirchlichen Lebens 102 „Canones" verabschiedet und gleichzeitig die um 380 entstandenen „Apostolischen Konstitutionen" – eine Sammlung von acht Büchern, die angeblich von den Aposteln stammen sollten – als Irrlehre bezeichnet. Der Papst hatte sich geweigert, die Beschlüsse der Synode anzuerkennen und damit die politische und religiöse Eigenständigkeit Roms demonstriert und gegen Byzanz Stellung bezogen.
Zusätzlichen Zündstoff zwischen der West- und Ostkirche gab es durch eine einsame Entscheidung des byzantinischen Kaisers „Leon III.", den Syrer. Er erließ 730 ein Edikt, das jegliche religiöse Bilderverehrung untersagte. In allen Kirchen des von ihm kontrollierten Reiches wurden auf seinen Befehl hin Heiligenbilder vernichtet. Damit löste er den so genannten „Bilderstreit" aus, der die Trennung der byzantinisch-orthodoxen Kirche von allen übrigen Kirchen der Welt besiegelte.

Die Bilderfeindlichkeit des Kaisers entsprang einem christlichen Reformwillen, der in schweren Niederlagen gründete, die das byzantinische Reich seit der Zeit des Kaisers „Herakleios I.“ gegen die „Ungläubigen“, die arabischen Eroberer, erlitten hatte. „Leon III.“ sah darin eine Schuld der byzantinischen Christen, die – in Abkehr des mosaischen Gesetzes der zehn Gebote – Heiligendarstellungen in den Kirchen verehrten.
Durch das Bilderverbot glaubte der Kaiser, die Reinheit der ältesten christlichen Überlieferung wieder herstellen zu können.
Auch wenn sich der Kaiser mit seiner Anordnung auf dem Boden altchristlicher Tradition befand und in Kleinasien Rückhalt besaß, sah die westliche Welt in ihm nun den Antichristen. Papst „Gregor III.“ reagierte als Oberhaupt der römischen Kirche sofort und verdammte auf einem von ihm einberufenen Konzil die Bilderfeindlichkeit des Kaisers und seiner Gefolgsleute. Er sah keinen Grund, Kirchenschätze zu vernichten.
Die Bilderverehrung, ursprünglich Ausdruck der Volksreligiosität, entwickelte sich zu einer Frage der offiziellen Theologie. Geistiger Führer der neuen Richtung wurde der byzantinische Kirchenlehrer „Johannes von Damaskus“. Er entwickelte die später allgemein anerkannte Theorie, dass die betend angeschaute Heiligendarstellung zugleich die Gnade des Dargestellten an den Betenden weiter gebe.
Unter Kaiser „Konstantin V. Kopronymos“, dem Nachfolger „Leon III.“, kam es 754 sogar zu einer Verschärfung des Bilderstreits, bis die Auseinandersetzungen mit einem Kompromiss am 23. Oktober 787 endeten: Die traditionellen Beziehungen zwischen Kirche und Staat blieben unverändert, die Verehrung der Ikonen wurde wieder gestattet.
Gleichzeitig gewann das Papsttum an Macht. In Quierzy, nordöstlich von Paris, trafen sich 754 Papst „Stephan II.“ und der fränkische König „Pippin III.“, der Jüngere. In einem Vertrag verpflichtete sich der fränkische Herrscher zur Gründung und Garantie eines Kirchenstaates unter päpstlicher Herrschaft. Papst Stephan

erkannte im Gegenzug die Karolinger als legitime Königsdynastie im Frankenreich an. Das fränkisch-päpstliche Bündnis war notwenig geworden, nachdem die langobardische Expansion in Italien die Existenz des Papsttums gefährdete. Eine klassische „win-win“-Situation. Die Verbindung zwischen Papsttum und Frankenreich – später dem Kaisertum – wurde nun zum bestimmenden Faktor der abendländischen Politik.

Die Verteidigung der Römischen Kirche und die daraus entstehenden Konflikte wurden zur zentralen Herausforderung des im Jahr 800 errichteten abendländischen Kaisertums.

So wenig sich das geistige Leben der orthodoxen Kirchen seit der Spätantike mit der Kirchengeschichte des Westens vergleichen lässt, so verwandt erscheinen ihre missionarischen Aktivitäten. Die großen Gebietsverluste, die das Christentum im Vorderen Orient durch die Einfälle der muslimischen Araber erlitt, wurden ausgeglichen und überboten, als sich in der glänzendsten Periode der byzantinischen Geschichte, im 9. und 10. Jahrhundert, die Mission nach Norden wandte. Der gesamte Balkan wurde für das orthodoxe Christentum gewonnen. Die Einführung der slawischen Kirchensprache war eine wichtige Voraussetzung für das größte byzantinische Missionsunternehmen, die Bekehrung der Russen. Die ersten bedeutenden Übertritte gab es in Kiew, dem südlichen Zentrum des Reiches. 989 veranlasste der Großfürst „Wladimir“ eine Massentaufe seines Volkes im Dnjepr.

In Rom herrschte indessen Chaos. Zwischen den militärisch mächtigen Gruppierungen einzelner Adelsfamilien und der vom Papst gelenkten Verwaltung tobte ein Machtkampf. Der Zusammenbruch der Karolinger-Dynastie, die den Papst gestützt hatte, führte zu einer empfindlichen Schwächung der Position des „Heiligen Stuhls“. Die Aristokratie Roms beherrschte nun nicht mehr nur die Stadt, sie bestimmte auch über die Papstwahlen. Die Nachfolge Petris verkam zum Spielball römischer Adelsparteien. Als mächtigster Vertreter der feudalen Familien galt der Senator „Theophylakt“, beeinflusst von seiner Frau „Theodora“ und seiner Tochter

„Marozia". Beide Frauen lenkten so die Geschicke des Kirchenstaates. Immer wieder wurden Päpste ein- und abgesetzt, vertrieben, verhaftet und ermordet.

„Sergius III.", der mit Hilfe von Theophylakt an die Macht kam, ließ seine beiden Vorgänger im Gefängnis umkommen. Papst „Stephan VI.", 896 zum Papst gesalbt, inszenierte im Januar 897 einen makabren Schauprozess, der als „Leichensynode" in die Kirchengeschichte einging: Der verstorbene Papst „Formosus", sein Vorvorgänger, bereits seit neun Monaten unter der Erde, wurde auf seinen Befehl hin exhumiert, in seine päpstliche Kleider gehüllt, auf einen Stuhl im Gerichtssaal gesetzt und verurteilt. Alle Amtshandlungen des toten Papstes wurden für ungültig erklärt, der Leiche die Segenspende- und Schwurfinger an der rechten Hand abgehackt.
„Johannes XII." regierte neun Jahre im Vatikan. Bei seiner Inthronisierung im Jahre 955 war er kaum 18 Jahre alt. Das junge Kirchenoberhaupt kümmerte sich wenig um geistliche Belange, sondern genoss das luxuriöse Leben der römischen Oberschicht in vollen Zügen. Er habe es ärger getrieben als die Heiden, schrieb „Benedikt von Soracte", ein Chronist Ende des 10. Jahrhunderts. Zeitgenossen sprachen vom Lateran als einem Freudenhaus und Harem. Im Bett mit einer verheirateten Frau soll „Johannes XII." der Schlag getroffen haben. Nach einer anderen Version erschlug ihn ein gehörnter Ehemann.
Mit der Exkommunikation des Patriarchen von Konstantinopel, „Michael Kerullarios", durch den Gesandten des römischen Papstes, „Humbert von Silva Candida", wurde der Bruch zwischen der griechischen und der lateinischen Kirche 1054 offenkundig. Verschärft wurden die Spannungen auch durch territoriale Ansprüche sowohl der Byzantiner als auch der römisch-deutschen Kaiser in Unteritalien. Um zu einer Einigung zu kommen, die ein Bündnis gegen die Normannengefahr einschließen sollte, traf die päpstliche Gesandtschaft 1053 in Konstantinopel ein.

Weil jedoch über die strittigen Fragen wie die absolute Vorherrschaft des römischen Papstes in kirchlichen Fragen, die Priester-Ehe, die Verwendung von ungesäuertem Brot bei der Eucharistie keine Einigung erzielt werden konnte, fertigte der päpstliche Gesandte die Exkommunikationsbulle für „Michael Kerullarios" und seine Anhänger aus und legte sie am 16. Juli 1054 auf dem Hauptaltar der Hagia Sophia nieder. Der Patriarch antwortete prompt mit dem Gegenbann. In welch starker Position sich die römische Kirche in dieser Zeit befand, zeigte auch die Unterwerfung des deutschen Königs „Heinrich IV." unter das Diktat des Papstes. Der Heilige Vater hatte über Heinrich den Kirchenbann verhängt, weil der eigenmächtig einen neuen Bischof in Mailand eingesetzt hatte. Papst „Gregor VII." verwahrte sich gegen diese Eingriffe in die Kirchenpolitik und verlangte die Unterwerfung Heinrichs.

Daraufhin erklärte eine Bischofssynode in Worms unter Vorsitz des deutschen Königs den Papst für abgesetzt. Gregor antwortete unverzüglich mit dem Kirchenbann. Nach diesem Machtwort des Papstes entzogen die deutschen Bischöfe dem König ihre Unterstützung. Auch die deutschen Fürsten beschlossen 1076, Heinrich nicht länger als König anzuerkennen, wenn er nicht innerhalb eines Jahres die Aufhebung des Kirchenbanns erreichen könne.
Um ein Zusammentreffen der deutschen Fürstenopposition mit dem Papst zu verhindern, zog Heinrich dem anreisenden Papst über die Alpen entgegen und warf sich Gregor vor die Füße – der berühmte „Gang nach Canossa".

Die Kreuzzüge

1071 eroberten die muslimischen Seldschuken Jerusalem und behinderten den stetig wachsenden Strom abendländischer Pilger in die heilige Stadt. Papst „Urban II." rief daraufhin 1095 zum Kreuzzug zum Schutz des heiligen Grabes in Jerusalem auf. Den

Kreuzfahrern wurde der Ablass ihrer Sünden und der Schutz ihrer Habe während ihrer Abwesenheit versprochen. Die Begeisterung für diesen ersten Kreuzzug steigerte sich so sehr, dass schließlich angeblich 330.000 Ritter – vermutlich eine maßlos übertriebene Zahl – vorwiegend aus Frankreich, in mehreren Heeren geteilt, aufbrachen. Lediglich 40.000 erreichten schließlich nach wechselvollen Kämpfen das Heilige Land.
Nach vierwöchiger Belagerung wurde Jerusalem 1099 erobert. Der Adelige „Gottfried von Bouillon" bestieg den Königsthron im Heiligen Land. Das Christentum hatte zum zweiten Mal, wie schon in der Schlacht von „Tours und Poitier", über den Islam triumphiert.
20 Jahre nach der Eroberung Jerusalems gründeten die Kreuzfahrer zum Schutz der christlichen Pilger den Templerorden. Seine Mitglieder verpflichteten sich zu Armut, Keuschheit und Gehorsam und gelobten den Kampf gegen die Anhänger des Propheten Mohammed.
Die Tracht des geistlichen Ordens war der weiße Mantel mit rotem, achtspitzigem Kreuz. Diese Ritter, im Kampf grausam und wagemutig bis zur Tollkühnheit, wollten die Speerspitze der Christenheit sein. Gerieten sie in Gefangenschaft, wurden sie vom Feind meist ohne Gnade hingerichtet.

Die Inquisition

Bis ins hohe Mittelalter wurden meist nur Einzelgänger wegen abweichender religiöser Anschauungen gehängt oder verbrannt. Die systematische Verfolgung christlicher Nonkonformisten begann erst, als aus den Einzelgängern Gruppen wurden. Um ihre Herrschaft nicht zu gefährden, duldete die römische Feudalkirche keine innere Opposition. Jede Kritik an den skandalösen Praktiken der Kirchen-Hierarchie musste rigoros ausgemerzt werden. So entstand die Inquisition, eine perfide und grausame Terrororgani-

sation. 1232 wurde ihre Leitung dem Dominikaner-Orden übertragen.
Der Ketzerprozess begann gewöhnlich mit der Verhaftung. Der Beschuldigte galt von vornherein als schuldig. In einem Kerker wurde er in Ketten gelegt. Dem Inquisitor, der Ankläger, Richter und Beichtvater in einer Person war, musste der Angeklagte gleich zu Beginn schwören, allen Geboten der Kirche zu folgen, alle Fragen wahrheitsgemäß zu beantworten, alle Mitketzer zu verraten und jede Buße willig auf sich zu nehmen. Ein Verteidiger wurde dem Angeklagten nicht gestattet. Gestand das Opfer freiwillig seine verbrecherischen Gedanken und Praktiken, blieb ihm viel erspart. Legte der Angeklagte kein Geständnis ab, wurde die Folter angewandt, deren Gebrauch Papst „Innozenz IV." ausdrücklich im kanonischen Recht geregelt hatte.
Die Inquisition, die im päpstlichen Kirchenstaat bis zu dessen Auflösung 1870 fort bestand, brachte Jahrhunderte lang über unzählige Menschen furchtbares Grauen. Wo Einzelaktionen nicht mehr ausreichten, wurden Kriege geführt. 1209 rief Papst „Innozenz III." zum Kreuzzug gegen die Sekte der Katharer in Südfrankreich auf, nachdem alle Verbote und Bekehrungsversuche nicht gefruchtet hatten. In einem Ausrottungsfeldzug, der insgesamt 120 Jahre dauerte, wurden daraufhin die Anhänger des „reinen Glaubens" verfolgt und das Land verwüstet.
Ein weiteres Beispiel für blutigste Kämpfe unter den Christen lieferten die Hussitenkriege in der ersten Hälfte des 15. Jahrhunderts. Als der Prager Prediger „Johannes Hus" auf dem Konzil in Konstanz 1415 wegen „Häresie" verbrannt worden war, erhoben sich seine tschechischen Anhänger gegen die römische Kirche. Eine Blutorgie löste die andere ab.
Als Beginn der Reformation in Deutschland, der den Prozess der Glaubensspaltung und der Entstehung eigenständiger Konfessionen neben der katholischen Kirche einleitete, gilt die Veröffentlichung der 95 Thesen Martin Luthers gegen den Ablasshandel am 31. Oktober 1517. Die Thesen des Augustinermönches erregten

weit über die angesprochenen theologischen Kreise hinaus Aufmerksamkeit, da sie nicht nur das Verhältnis des Einzelnen zu Gott, sondern auch wirtschaftliche Fragen zur Diskussion stellten. 1519 erfolgte der Bruch Luthers mit Rom. Im folgenden Jahr fasste er seine Glaubenslehre in drei Schriften, die dank des Buchdrucks rasche Verbreitung fanden, programmatisch zusammen. Seiner Meinung nach war eine Vermittlung zwischen Gott und dem einfachen Gläubigen durch den Klerus nicht erforderlich. Allein die Heilige Schrift und keine anderen Glaubenssätze der Kirche seien für Christen verbindlich. Auf dem Reichstag zu Worms, 1521, wurde über Luther, der nicht bereit war, abzuschwören, die Reichsacht verhängt.
Trotz dieses Edikts verbreitete sich Luthers Lehre im Reich. Territorialherren förderten die Reformation in ihren Herrschaftsbereichen. Durch die Übernahme der ehemals kirchlichen Besitzungen konnten die evangelischen Fürsten ihre Stellung gegenüber der Zentralgewalt des Reiches beträchtlich stärken.
Der Versuch Kaiser „Karls V." 1530 auf dem Augsburger Reichstag die Glaubenseinheit zu retten, scheiterte.
Mit dem Augsburger Religionsfrieden 1555 wurde der Status quo anerkannt und besiegelt: Fortan mussten sich die Untertanen dem Bekenntnis ihres Landesherren anschließen. Allein die lutherische und katholische Konfession wurden anerkannt. Die Glaubensspaltung war damit festgeschrieben.
Auch bei den Protestanten herrschte nicht nur das christliche Prinzip der Nächstenliebe. Sie befehdeten sich untereinander mit einer Brutalität, die hinter der der Katholiken nicht zurück stand. Die protestantischen Reformer Zwingli und Calvin gingen gnadenlos gegen Abweichlern vor.

Der Höhepunkt der christlichen Religionskonflikte war mit dem 30jährigen Krieg erreicht, der ganz Europa in Mitleidenschaft zog. Als 1648 dem Morden endlich ein Ende gesetzt werden sollte, protestierte Papst „Innozenz X." mit einer Bulle gegen den Friedensschluss, den halb Europa herbei gesehnt hatte. Für den Stellvertreter Gottes auf Erden war noch nicht genug Blut geflossen.

Die Jesuiten – die Speerspitze der Papstkirche

Als alle Welt über die Abschaffung der Orden diskutierte, konstituierten sich die Jesuiten, die „Gesellschaft Jesu". Bezeichnenderweise wurde sie von einem Soldaten gegründet, von „Ignatius von Loyola" (1491 – 1556), einem verarmten baskischen Adligen. Eine zehnmonatige Meditation in einer Höhle inspirierte ihn, eine Streitmacht zur Verteidigung des katholischen Glaubens zu gründen. Er und seine Gefährten pilgerten 1538 nach Rom und stellten sich Papst „Paul III." als „Soldaten Gottes" zur Verfügung. Ignatius wurde General der Gesellschaft Jesu.
Es war ein unkonventioneller Orden, dessen Mitglieder keinen Habit trugen, keine allgemeine Messe lasen und dessen Regel äußerst flexibel ausgelegt werden konnten. Mit einer Ausnahme: Unbedingter Gehorsam gegenüber dem Papst war oberstes Gebot. Besondere Anliegen dieses Ordens war die Mission, sowohl im protestantischen Europa als auch in der heidnischen Welt, die Jugendbildung und die religiöse Unterweisung der Armen. Die Ausbildung war streng und gründlich. Die Jesuiten galten lange zu Recht als die Elite-Truppe des Papstes und wirkten in Europa und Übersee. Vor allem im neu entdeckten Amerika und in Asien sorgte der Orden erfolgreich für die Verbreitung des Glaubens.
Über den Atlantik waren die Missionare im Kielwasser der spanischen Eroberer gekommen. Die Missionierung im Osten erfolgte hauptsächlich im Gefolge portugiesischer Forscher und Händler. Die Nachricht von Zehntausenden von Getauften erreichte Lissabon und bewog König „Johann III." weitere Missionare zu entsenden, die diesen Anfangserfolg festigen und ausweiten sollten. Deren Anführer war der heilige „Franz Xaver", einer der ersten Gefährten von Ignatius. Er war der Erste in einer langen Reihe der Jesuitenmissionare in Asien.

Im Jahre 1549 reiste „Franz Xaver" nach Japan. Er hatte Glück. Das Land machte gerade eine Periode der Wirren durch. Die Kriegsherren erhofften sich vom Westen moderne Waffen, um sich gegen ihre jeweiligen Rivalen durchsetzen zu können. Xaver bekam Unterstützung aus der Heimat, weitere Jesuiten traten die lange Reise an.

Um 1580 gab es in dem Inselstaat über 150.000 Christen. Gegen Ende des Jahrhunderts hatten andere Orden, vor allem die Franziskaner, ebenfalls Missionen errichtet. Reibereien zwischen den verschiedenen Gruppen trugen zu dem Verhängnis bei, das die Mission im 17. Jahrhundert ereilte. Die mächtigen japanischen Shogune gelangten zu der Überzeugung, dass das Christentums Japan anfällig machen würde für eine Eroberung durch den Westen.

Seit etwa 1620 wurde eine gnadenlose Verfolgung in Gang gesetzt, in deren Verlauf die meisten europäische Priester und einheimische Konvertiten gekocht, geschunden, gekreuzigt oder aufgespießt wurden. Das Christentum überlebte nur als unbedeutende Untergrundkirche.

Der Herausforderung einer alten Hochkultur mussten sich die Missionare noch stärker im Reich der Mitte stellen, vor dessen Küste „Franz Xaver" 1522 gestorben war.

Die Jesuitenmission in China wurde von einer weiteren bemerkenswerten Gestalt betrieben: „Matteo Ricci" (1552 – 1610). 1582 wurde er nach Macao geschickt, um sich auf seine China-Mission vorzubereiten. Dort studierte er chinesische Sprache, Philosophie und Geschichte. Als er 1583 China betreten durfte, stellte er sich als ein wissbegieriger Bewunderer der chinesischen Kultur vor. Er kleidete sich nach chinesischer Sitte, nahm die Lebensweise der Chinesen an und ließ sogar seine Fingernägel wachsen, um seinen Status als Mandarin zu betonen. Er erwarb einen Ruf als Uhrmacher und Maler, Astronom und Kartograph.

Im Jahre 1601 durfte er am kaiserlichen Hof predigen. Als er 1610 starb, hatte er zwar nur 2000 Chinesen bekehrt, darunter aber zahlreiche Gelehrte und Mitglieder der Mandarin-Klasse. Seine Nachfolger bauten auf seinem Werk auf. Um 1650 gab es 150.000 chinesische Christen und ein Jesuit, der Deutsche „Adam Schall“, war kaiserlicher Hof-Astronom geworden.

Christentum im Zeitalter des Absolutismus

England, Mitte des 17. Jahrhunderts. Cromwells “Große Revolution” war der letzte bedeutende Umsturz in der politischen Geschichte Europas, der im Namen des Christentums vor sich ging. Sie fiel mit dem Ende des letzten und schwersten der Konfessionskriege, des 30jährigen, ungefähr zusammen. Hier lässt sich auch die zweite, nach der Reformation entscheidende Wende zu dem Zeitalter datieren, das sich selbst mit Stolz “Neuzeit” nannte. Sie brachte den entscheidenden Durchbruch jenes Geistes, der für die folgenden Jahrhunderte die abendländische Geschichte und damit auch die Geschichte von Christentum und Kirche maßgeblich bestimmen sollte. Es erwies sich jetzt als bedeutungsvoll, dass die Reformation ihr Ziel nicht wirklich erreicht hatte. Ihr tatsächliches Resultat war nicht die umfassende, an den Quellen des Christentums genährte Erneuerung der Kirche, sondern der Widerstreit einander ausschließender Christentümer und unabdingbar geltender Heilswahrheiten, die sich doch in den Erscheinungsformen immer ähnlicher wurden.
Das neue Zeitalter wurde geistesgeschichtlich durch die Philosophie des Franzosen René Descartes (1596 bis 1650) gleichsam eröffnet. Er war sich voll bewusst darüber, an einem neuen Anfang zu stehen. Es gelang ihm der Beweis, der das neue Selbstbewusstsein unbesiegbar festzumachen schien: Wenn ich auch an allem zweifeln kann, so argumentierte er, so ist doch mein Zweifel selbst unbezweifelbar. Also ist es mein Denken, das mich meiner selbst gewiss macht. Hierbei setzte Descartes die Existenz Gottes voraus, die jedoch durch den rationalen Gottesbeweis nachvollziehbar sein sollte: Mein Denken erweist sich selbst als von Gott gege-

ben! Von solcher Gewissheit aus entwarf Descartes seine neue Naturphilosophie, mit der er den Aristotelismus zu verdrängen hoffte.
Er schilderte die Welt als ein zusammen hängendes Ganzes, in sich aufs einfachste konstruiert, gleichsam ein großes Uhrwerk, das Gott einst in Bewegung gesetzt hatte und das nun abläuft. Der menschliche Geist aber, in seiner Gottverwandtschaft, steht dem gegenüber, aus der Körperwelt heraus genommen. Er ist durch das Vermögen ausgezeichnet, das Weltganze zu verstehen.
Mit Descartes trat zum ersten Mal in christlicher Zeit eine Philosophie auf, die den umfassenden Anspruch erhob, die Wirklichkeit in ihrer Gesamtheit von sich aus deuten zu können. Die Philosophie machte sich von der Vormundschaft der Theologie frei, ja sie suchte sogar bereits, sich diese ihrerseits unterzuordnen.
Zwar war Descartes zu seinen Lebzeiten noch heftig umstritten. Aber im späteren 17. und 18. Jahrhundert übte er außerordentliche Wirkungen aus. Er erfüllte seinem Zeitalter die tiefsten Wünsche, indem er ein neues, geschlossenes Weltbild entwarf und es an einem realen, allgemein zugänglichen Haltepunkt sicher verankerte. Vor allem aber lieferte er den folgenden eineinhalb Jahrhunderten eine neue, elementare Überzeugung: Das Denken ist es, die Vernunft, die von Gott gegeben ist.

„Go West“

Bunt wie ein Fleckenteppich ist die Vielfalt der christlichen Religionen in Nordamerika. Durch die nationale Eigenständigkeit der USA eröffneten sich riesige Territorien für die religiöse Expansion. 1791 wurden allen religiösen Gruppen formell die gleichen Rechte zuerkannt. Ohne Hilfe vom Staat zu erhalten, aber auch ohne von ihm gehindert zu werden, hatte jede Konfession die Freiheit, ihre eigenen Schulen zu bauen, ihre Geistlichen auszubilden und zu fördern.

Ein Neuankömmling auf der amerikanischen Szene, der „Methodismus“, erwies sich als besonders geschickt darin, den Westen für sich zu erschließen und unter den rasch vorrückenden Siedlern Anhänger zu finden. Berittene Reise- oder Wanderprediger frequentierten jede neu eröffnete Poststrecke und taten ihren geistlichen Dienst.

Bisweilen führten neue Methoden zu ganz neuen Institutionen oder Vereinigungen. Thomas und Alexander Campbell, die die reine Kirche der apostolischen Zeit wieder herstellen wollten, schufen 1811 ihre eigene Grenzkirche: die „Jünger Christi-Kirche“.

Die Ungebundenheit und Traditionslosigkeit im Westen ermunterte viele zu kühnen Experimenten christlicher Lebensweise. Am erfolgreichsten waren die ursprünglich der Vielweiberei anhängenden „Mormonen“, die sich in Utah niederließen und dort ihren eigenen Bundesstaat gründeten.

Der Reichtum der heutigen kirchlichen Unternehmen nimmt ständig zu, auch weil sie in den Vereinigten Staaten Steuerbefreiung genießen. Der Kirchenbesuch liegt in den USA seit Jahren bei durchschnittlich 40 bis 45 Prozent der registrierten Mitglieder und ist damit höher als bei den meisten Nationen der westlichen Welt. Über 90 Prozent der Amerikaner bekennen sich zu einer religiösen Gruppe. Die Auswahl ist gewaltig: Adventisten und Chiliasten, Fundamentalisten und Methodisten, Spiritisten und Anhänger der Pfingstkirchen, Baptisten und Nazarener, Pietisten und Kongregationalisten, Presbyterianer, Puritaner, Zeugen Jehovas und Quäker. Holländisch Reformierte, Anglikaner, Lutheraner, deutsche Reformierte, Katholiken, Orthodoxe, Altgläubige. Der Erfolg dieser Sekten spiegelt bis in die Gegenwart die Unzufriedenheit mit den Verhältnissen in den großen Kirchen und offenbart die trotz aller Säkularisierung fortbestehenden religiösen Bedürfnisse und Sehnsüchte.

Dennoch bleibt die katholische Kirche die größte einzelne kirchliche Organisation, der ungefähr 28 Prozent der US-Bevölkerung angehören. Und das, obwohl immer mehr Katholiken vehement

Kritik an den Kirchenvertretern üben. Vor allem der Unfehlbarkeitsanspruch des Papstes ist den freiheitsliebenden Bürgern des Landes ein Dorn im Auge.
Festgeschrieben wurde diese fragwürdige Amtseigenschaft am 13. Juli 1870, auf dem 1. Vatikanischen Konzil in Rom. Die anwesenden Kardinäle stimmten mit überwältigender Mehrheit mit „Ja". Darauf kam es im Vatikan zu dramatischen Szenen. Bischof Ketteler von Mainz, Vertreter der innerkirchlichen Opposition, warf sich vor Papst „Pius IX." nieder und flehte ihn an, den Frieden der katholischen Welt nicht aufs Spiel zu setzen. Vergeblich. Darauf verließen die Gegner des neuen Dogmas die „ewige Stadt", weil ihre „kindliche Pietät und Ehrfurcht" es ihnen verbot, öffentlich dem Papst zu widersprechen.

Christen heute

Es scheint, dass auch derart haarsträubende Entscheidungen aus dem Vatikan nicht an den Grundfesten der katholischen Kirche rütteln können. Genauso wenig wie christliche Splittergruppen das Fundament zum Einsturz bringen können. 2,18 Milliarden Menschen auf der Welt bekennen sich zum Christentum. Trotzdem scheint es so, als hätten die christlichen Kirchen – die USA und die so genannten Pfingstkirchen einmal ausgenommen – ihren Zenit überschritten.
In Asien ist der Islam weiter auf dem Vormarsch. 120 Millionen Indonesier beten zu Allah und die katholische Mehrheit auf den Philippinen muss sich gegen die im Süden agierenden, militante Islamisten behaupten.
In China, Indien und Japan spielt das Christentum nur eine untergeordnete Rolle. Etwa 41 Prozent der Bevölkerung des schwarzen Kontinents gehören christlichen Konfessionen an. Aber im Norden Afrikas ruft der Muezzin zum Gebet. Christliche Kopten leben in Ägypten unter schwierigen Bedingungen, sind immer wieder Verfolgungen ausgesetzt. Kompliziert ist die Situation in Schwarz-

afrika. Dort, wo muslimische Prediger und christliche Missionare in direkter Konkurrenz zueinander stehen, kommt es immer wieder zu Pogromen gegen gläubige Christen. Trotzdem leben im bevölkerungsreichen Nigeria zum Beispiel doppelt so viele Protestanten wie in Deutschland.
Ein Viertel aller Christen in Australien beten in katholischen Kirchen. Tendenz steigend, da sich die katholische Kirche schon seit Beginn des 19. Jahrhunderts im Schulwesen des fünften Kontinents stark engagiert hat. Auch im sozialen Bereich sind die Katholiken gut vertreten. Hier hat der Vatikan vieles richtig gemacht, wenngleich auch die gläubigen Australier immer kritischer nach Rom blicken und Reformen anmahnen.
Auf den Inseln der Südsee haben Missionare aus Frankreich, England und den USA ganze Arbeit geleistet. Tausende Priester wurden im 19. Jahrhundert aus Europa und Nordamerika ausgesandt, Hunderttausende Eingeborene getauft. Der entscheidende Schritt zu einer wahrhaft weltweiten Ausdehnung des Protestantismus und zur Entstehung der blühenden "Jungen Kirchen" der Gegenwart wurde gerade in den für die Kirchengeschichte insgesamt so dunkel erscheinenden Jahrzehnten vor dem Ersten Weltkrieg getan.
Zwar kamen seit der Mitte des 20. Jahrhunderts Spannungen auf zwischen der älteren protestantischen Mission, die von Pietismus, Methodismus und Erweckung bestimmt gewesen und vor allem auf die individuelle Bekehrung der Seelen gerichtet war. Auf der anderen Seite standen neuartige Missionsideen, die im Zuge der konfessionellen Restauration entwickelt worden waren. Der Erfolg der Mission wurde davon aber nicht beeinträchtigt. Über die Götter der Vorfahren wissen die Bewohner im Pazifik nur noch aus Büchern.
Düster sind dagegen die Zahlen in Europa. Dort ist der Bevölkerungsanteil der Christen in den vergangenen 100 Jahren von 95 auf 76 Prozent zurück gegangen. Der Trend scheint nicht mehr

umkehrbar zu sein. Gerade auf dem alten Kontinent wurde am heftigsten über Religion und Glauben gestritten.

Christen in Frankreich

Niemand herrschte absoluter als der französische König „Ludwig XIV“. Seine Regentschaft hatte auch für die Kirchengeschichte entscheidende Bedeutung. Die neue Staatsidee des “absoluten Monarchen” verlangte die größtmögliche religiöse Homogenität im Reich. So unterdrückte Ludwig alle Abweichungen von der offiziellen Kirche seines Landes, der römisch-katholischen, nach Kräften. Er gilt geradezu als Gegenreformer. Vor allem aber beendete er im Jahr 1685 durch die Aufhebung des “Edikts von Nantes” die beschränkte Duldung des Protestantismus in seinem Land. Damit erreichte die Leidenszeit der Hugenotten ihren Höhepunkt. Es folgten Zwangsbekehrungen und blutige Verfolgungen. Etwa 200.000 protestantische Franzosen flohen in benachbarte Länder, vor allem nach Preußen.
In der französischen Revolution 1789 kam es dann zur Zäsur. Obwohl ursprünglich nicht kirchenfeindlich, änderte sich die Situation rasch. Die Kirche wurde aus dem staatlichen Leben in Frankreich entfernt. Dabei kam es zu unglaublichen Gewalttaten: Massenhaft wurden Kirchen geschändet und katholische Priester ermordet. Die Gleichberechtigung der Konfessionen stand von nun an fest. Nicht mehr für den Schutz der Kirche, sondern für den Schutz der Untertanen vor der Kirche trat der Staat nunmehr ein. Das Kirchenvermögen wurde verstaatlicht, nicht-caritative Orden aufgehoben, der Klerus musste einen Eid auf die so genannte „Zivilkonstitution“ schwören, oder erlitt das Los der Verfolgung, der Verbannung und des Todes. Während der Schreckensherrschaft der Jahre 1793/94 wurde das Christentum sogar offiziell abgeschafft.
Auch nach der napoleonischen Epoche und dem Wiener Kongress blieben antiklerikale und liberale Kräfte in Frankreich einfluss-

reich. Gleichzeitig bemühten sich engagierte Seelsorger die Menschen zurück zum Christentum zu führen. Es kam zu Neugründungen von Ordensgemeinschaften. Frankreich stellte der katholischen Weltmission im 19. Jahrhundert die meisten Missionarinnen und Missionare zur Verfügung.
Zur endgültigen Trennung zwischen Staat und Kirche kam es in den Jahren 1901 bis 1905. Der Staat stellte endgültig die finanziellen Zuwendungen an die Kirche ein, die damit zwar ärmer, aber auch unabhängiger wurde.
Ohne dem Engagement vieler Laien würde es der französischen Kirche auch heute noch schwer fallen, ihren Auftrag zu erfüllen. Knapp 80 Prozent der 61 Millionen Franzosen gehören der katholischen Kirche an. Tendenz auch hier: leicht sinkend.

England

Mit der Weigerung von Papst „Clemens VII.“, die Ehe des englischen Königs „Heinrich VIII.“ zu annullieren, war 1531 die Loslösung der englischen Kirche von Rom besiegelt. Die Kirche von England unterstand fortan dem Herrscher und ist damit auch heute noch die letzte Landeskirche auf der Welt in dieser fragwürdigen Konstellation.
Allerdings versuchte die englische Königin “Maria Tudor”, eine glühende Katholikin, die Entscheidung ihres Vorvorgängers rückgängig zu machen. Viele reformierte Priester fanden den Tod. Erst nach Marias Ableben wurde die Kirche unter „Elizabeth I.” endgültig wieder protestantisch.
Der englische Philosoph John Locke (1632 bis 1704) unternahm in eindrucksvoller Form den Versuch, die Religion seines Landes auf eine neue Grundlage zu stellen. Er forderte vom Staat den Verzicht auf eine Einheitskonfession sowie die Andersartigkeit der religiösen Ordnungen und Zwecke zu respektieren. Er verlangte vor allem weitgehende Toleranz. Lockes Staatslehre zeichnete sich durch ihre maßvolle Vernünftigkeit aus.

Das galt auch für die neue Betrachtung des Christentums, die er mit ruhigem Gleichmut vertrat. Er wendete als erster das neue Vernunftprinzip umfassend und programmatisch auf das Christentum an. Damit wurde er der Gewährsmann einer aufblühenden großen kirchlichen Partei, des so genannten “Latitudinarismus”, die auf vernünftiger Basis eine Reform der anglikanischen Kirche und die Zusammenführung aller kirchlichen Gruppen Englands anstrebte.

Zu Beginn des 19. Jahrhunderts ging die anglikanische Kirche erneut in die Offensive. Zunächst war es eine kleine Gruppe von Theologen in Oxford, die seit 1833 mit einer Reihe von Schriften über die Kirche und deren Heilsmittel Aufsehen erregten. Zu deren geistigem Führer schwang sich rasch “John Henry Newman” (1801 bis 1890) auf. Er war bemüht, dem Glauben ein vor allen Stürmen geschütztes neues Fundament zu geben, indem er die objektive Heiligkeit der Kirche, ihres Kultus und ihrer Ämter feststellte. Dass die englische Staatskirche in der Reformation Riten und Kirchenverfassung des Mittelalters weitgehend beibehalten hatte, erschien nun als ihr besonderer Vorzug. Vor allem wurde die “Sukzessionstheorie” wieder belebt, also die Vorstellung, Bischöfe und Priester seien aufgrund ihrer Weihe in gerader Linie mit Christus selbst verbunden. Sie seien die eigentlichen Vermittler von Gnade und Wahrheit.
Die anglikanische Kirche Englands zählt aktuell 25 Millionen Mitglieder, Tendenz sinkend, denn die Zahl der Gottesdienstbesucher wird von den englischen Katholiken, die sich eigentlich in der Minderheit befinden, seit einigen Jahren übertroffen. Die anglikanische Kirche steckt aktuell in einer tiefen Krise. Der Beschluss, Frauen zum Bischofsamt zuzulassen, veranlasste viele traditionell eingestellte Priester und einige Bischöfe zum katholischen Glauben überzutreten. Der englische Religionstheoretiker „David Martin“ spricht von einer “Entchristianisierung”, die in Großbritannien stattfindet.

Christen in Deutschland

Am Ende des 17. Jahrhunderts brachte auch Deutschland einen Philosophen von übernationaler Bedeutung hervor, “Gottfried Wilhelm Leibniz” (1646 bis 1716). Er stand bereits, wie Locke, in einer neuen geschichtlichen Situation. Die von diesem Philosophen gewonnene Sicherheit in der Wertschätzung der Vernunft war ihm bereits selbstverständlich. Er legte den neuen Maßstab unbedenklich an die überlieferte christliche Lehre an. Der christliche Glaube, der es mit dem allweisen Gott zu tun hat, kann nicht widervernünftig sein, lehrte er. Ein Wunder, das ohne zureichenden Grund geschieht, kann nicht Gegenstand des Glaubens werden.

In derselben Weise wandte sich Leibniz gegen die von der Reformation weitgehend übernommene, augustinische Auffassung von Sünde und Gnade, das Herzstück des lutherischen Christentums. Er erklärte als Gottes nicht würdig, in souveränem Herrenrecht zu begnadigen oder zu verwerfen. Allein die ihm “genug tuenden” Menschen könne Gott zur Seligkeit führen.

Das für Leibniz’ optimistische Gottesvorstellung bewegendste Problem war die Frage der Theodizee: Wie kann Gott in seiner Schöpfung Übel und Böses zulassen? Er fand auch hier eine einfache, befriedigende Lösung: Die Welt, die der allgütige Schöpfer ausgewählt hat, ist “die beste aller möglichen Welten”. Letzten Endes gewinnen deren dunkle Seiten, die von Gott zwar nicht gewollt, aber zugelassen sind, in der Harmonie des Ganzen einen positiven Sinn. Die Welt ist laut Leibniz ein kunstvoll ausgewogenes System.

Es sollte bis zum Jahre 1803 dauern, bis auch in Deutschland Revolutionäres in Sachen Kirchenpolitik geschah. Eine mittelbare Wirkung der Französischen Revolution war der “Reichsdeputationshauptschluss” von 1803, jene tief greifende Umwandlung der

Reichsverfassung, die insbesondere den Katholizismus in Deutschland auf eine neue politische Basis stellte.
Die seit dem 10. Jahrhundert, seit dem "Ottonischen Reichskirchensystem", fest stehende Ordnung, dass Bischöfe und Äbte zum Reichsfürstenstand gehörten, wurde nun beseitigt. Die erwünschte Folge war, dass die deutsche katholische Kirche an politischer Macht einbüßte. Gewissermaßen erfolgte eine partielle Trennung von Kirche und Staat. Zugleich fiel eine Vorentscheidung zugunsten des Vorrangs Preußens und des Protestantismus' in der weiteren deutschen Geschichte dieses Jahrhunderts.
Trotz alledem: Der Katholizismus fand in Deutschland zu neuer Lebendigkeit. Die materiellen Verluste in Frankreich und Deutschland kam der Konzentration nach innen zugute. Die tiefen Einbrüche, die die Aufklärung in der katholischen Theologie und im Kirchenrecht erreicht hatte, wurden allmählich wieder geschlossen.
Starken Eindruck machte vor allem der Kirchentheoretiker "Johann Adam Möhler" (1796 bis 1838), der in seiner berühmten "Symbolik" von 1832 die Eigentständigkeit und Überlegenheit der römischen Kirche gegenüber dem Protestantismus nachzuweisen suchte. Er repräsentierte und stabilisierte das neue Selbstbewusstsein des Katholizismus.
Doch die Mehrheit dachte anders. Wenn die Menschen an Kirche und Religion festhielten, dann eher selten, weil sie das ewige Heil suchten, wohl aber bürgerliche Wohlanständigkeit. Sie glaubten an die Thesen von "Ludwig Feuerbach" (1804 bis 1872), der die atheistische Meinung vertrat, der Mensch selbst sei es, der Gottesglauben und Gottesvorstellung produziere. Es seien im Grunde egoistische Motive, die ihn dazu trieben, gleichsam sein eigenes Wesen aus sich heraus zu setzen und zu verabsolutieren. "Die Grunddogmen des Christentums sind erfüllte Herzenswünsche", verkündete er. Sich von all diesen Illusionen frei zu machen und so die unbeschwerte Tatfreude für die Gestaltung der Welten zu finden, erschien ihm als dringendes Gebot. "Die Menschen sollen

aus Kandidaten des Jenseits zu Studenten des Diesseits werden", lautete seine griffige Parole.

In die gleiche Kerbe hieb der Kirchenkritiker "David Friedrich Strauß" (1808 bis 1874), der in einem zweibändigen Werk den Nachweis zu führen versuchte, dass Jesus ein schlichter jüdischer Weisheitslehrer gewesen sei, der sich in einen schwärmerischen Messiasglauben hinein gesteigert habe und schließlich gescheitert sei. Lediglich die Glaubenstreue seiner Jünger habe ihn zum Begründer einer neuen Weltreligion gemacht.

Natürlich zogen sich die Weltauffassungen, die das bisherige Denken radikal in Frage stellten, gegenseitig an. So hing Marx' der Theorie Feuerbachs an. Der Atheismus wurde von ihm, der selbst dem Christentum von Geburt an fremd gegenüber stand, zum integrierenden Bestandteil des Systems erhoben.

Als "allgemeiner Trost- und Rechtfertigungsgrund" der bestehenden Verhältnisse, als "Opium des Volkes", müsse sie – also die Religion – beseitigt werden, wenn das Ziel der Geschichte erreicht werden soll, schrieb Marx. Sie hindere die Menschen daran, ihre ganze Kraft auf die Überwindung ihres Elends zu verwenden. Die absolute Hoffnung verlange die absolute Negation. Die Kirchenfeindlichkeit der Industriearbeiterschaft war eine Ideologie, die die Sowjetführer Lenin und Stalin später aufgreifen sollten. Die Folgen dieser Marx'schen Theorie sollten für die russisch-orthodoxe Kirche existenzbedrohend werden.

Das Urteil, die Kirchen hätten angesichts der neuen Lage völlig versagt, ist nicht gerecht. Die sozialen Probleme der Industriegesellschaft im 19. Jahrhundert wurden von den Kirchen früher erkannt und aufgegriffen als etwa von der Regierung.

In Deutschland engagierte sich "Johann Hinrich Wichern" (1808 bis 1881), der Schöpfer der "Inneren Mission", im Geiste der christlichen Bruderliebe um die Ärmsten der Armen. Mitte des Jahrhunderts gab es bereits eine kirchliche Kranken- und Sozialfürsorge. Doch auch diese Aktivitäten konnten über den schwächelnden, christlichen Glauben in der Bevölkerung nicht hinweg

täuschen. Zu ihrem Lautsprecher machte sich der Philosoph "Friedrich Nietzsche" (1844 bis 1900). "Gott ist tot", verkündete er. Er war der Ansicht, dass das christliche Zeitalter der Menschheitsgeschichte abgelaufen sei. Nietzsches ganze philosophische Arbeit war darauf gerichtet, der Menschheit für das neue, nachchristliche Zeitalter ein festes, sie in allem Umsturz der Verhältnisse tragendes Fundament zu schaffen. Alle Ideen von der Gleichheit der Menschen, auf dem Boden des Christentums erwachsen, hatten für ihn mit dem Zusammenbruch des Gottesglaubens ihren Sinn verloren. Daher schien es Zeit für die Neuschöpfung des "Übermenschen", des "Führertiers", das sich über den Massenmenschen, das "Herdentier", hoch erheben und der irdisch gewordenen Menschheit Gott ersetzen sollte. Eine Philosphie, die später im braunen Sumpf des Nationalsozialismus' reichlich Nährboden fand und in einer Katastrophe münden sollte.
Verständlich, dass sich der Katholizismus im Verlauf des 19. Jahrhunderts der erneuten Aufklärung mit besonderer Energie entgegen gestemmt hat. Das brachte dem Vatikan nicht viele Sympathien ein. Die katholische Kirche zog daraus bei aller Problematik der päpstlichen Entscheidungen aber immerhin den Gewinn, dass sie diese krisenreichen Jahrzehnte unbeschädigter und geschlossener überstand als der Protestantismus.
Über 30 Prozent aller Deutschen, etwa 24 Millionen Menschen, gehören nach den aktuellsten Umfragen der römisch-katholischen Kirche an. Allerdings: Die Zahl der Kirchenaustritte steigt kontinuierlich, liegt aber noch immer unter der der evangelischen Christen. Die Gründe liegen auf der Hand und sind bekannt: Versuchte Vertuschungen von Missbrauchs-Skandalen, der Zölibat, die Rolle der Kirche zur Frage der Empfängnisverhütung, Verschwendung der Bistumsgelder, hohe Kirchensteuer, zwangsweise vom Finanzamt eingetrieben.
Andererseits sieht Professor „Dr. Friedrich Wilhelm Graf", Ordinarius für Systematische Theologe und Ethik an der Ludwig Maximilians Universität in München darin einen sozialen Trend: Immer

weniger Menschen seien bereit, sich an eine Organisation zu binden, behauptet er und verweist auf die Gewerkschaften, die prozentual noch mehr Mitglieder verlieren als die Kirchen.

Die orthodoxe Kirche

Die tiefe Kluft zwischen Ost und West, die in dem Nebeneinander des nestorianischen Streits am Anfang des 5. Jahrhunderts auch in der Kirche deutlicher als zuvor sichtbar wurde, erweiterte sich in den folgenden Jahrhunderten mit großer Schnelligkeit. Die geistig -kulturelle Einheit des Mittelmeerraums, die das alte "Imperium Romanum" hergestellt hatte, zerfiel endgültig mit dessen Untergang.

Mit dem in der Ostkirche eingeschlossenen prinzipiellen Traditionalismus, der auch auf Kirchenverfassung und Kirchenrecht ausgedehnt ist, unterschieden sich die Ostkirchen fortan wesentlich von den Kirchen des Westens. Zwar wird die Bibel als Quelle und Grundlage des christlichen Glaubens verstanden, doch kann sie sich nur im Rahmen der Interpretation entfalten, die ihr die Kirchenväter gegeben haben. Die Rationalität des abendländischen Mittelalters und das geschichtliche Denken der Neuzeit sind den Ostkirchen fremd geblieben. Die wahre, rechtgläubige Kirche begreift sich als eine große, ungeschiedene Einheit über Zeiten und Räume hinweg – vom Urchristentum bis zur Gegenwart. An der Liturgie hat sich seit dem 7. Jahrhundert bis heute nichts geändert.

Als sich der Kiewer Großfürst „Wladimir I." 988 gemeinsam mit seinen Untertanen taufen ließ, war das ein bedeutender Erfolg für die orthodoxe Kirche von Byzanz. Von der neuen Kirche wurde das Kirchenslawische übernommen und das geistige und geistliche Leben in Russland wurde nun vom griechischen Christentum geprägt.

Diese Verbindung lockerte sich, als im 13. Jahrhundert die alten Zentren des Reiches dem Mongolensturm zum Opfer fielen, in

Mittelrussland aber ein neuer Staat entstand, der sich eine gewisse Selbstständigkeit verschaffen und erhalten konnte. Hier bildete sich im Widerstand gegen die fremde Herrschaft ein neues nationales und christliches Zusammengehörigkeitsgefühl und Selbstbewusstsein.

Als schließlich 1453 Konstantinopel unter gegangen war und es in den folgenden Jahrzehnten gelang, Schritt für Schritt die Fesseln der mongolischen Herrschaft abzuschütteln, steigerte sich das Selbstbewusstsein bis zu der Behauptung, nunmehr sei die russische Kirche der einzige Hort der Rechtgläubigkeit und Moskau die neue Hauptstadt, die wahre Metropole der Kirche Christi.

Zum Reformwerk “Peter des Großen” gehörte zu Beginn des 18. Jahrhunderts auch die Einführung eines absolutistischen Kirchenregiments. Die Verwaltung der Kirche wurde zu einer staatlichen Angelegenheit. „Katharina II.“ bildete die Kirchenverfassung zu einem regelrechten Staatskirchentum weiter. Im 19. Jahrhundert gab die Bewegung der Slawophilen diesen Verhältnissen in gewisser Hinsicht eine ideale Weihe, indem sie die innige Zusammengehörigkeit des russischen Volkstums mit der russischen Kirche unterstrich.

Auch deshalb war für die gläubigen Russen die Zeit nach der Oktoberrevolution 1917 schockierend: Die neue bolschewistische Regierung betrieb eine massive Christenverfolgung unter der Bevölkerung, schloss die meisten Kirchen und alle Klöster im Riesenreich. Lenin und Stalin verkündeten die Marx'sche Doktrin: „Religion ist Opium für das Volk“ und handelten dementsprechend. Rücksichtslos wollten sie den neuen, kommunistischen Menschen schaffen, gehorsame Arbeitsroboter. Erst während des 2. Weltkriegs, als Patriotismus im Kampf gegen Nazi-Deutschland gefragt war und alle Kräfte gebündelt werden mussten, wurde die Kirche in Russland wieder eingeschränkt geduldet.

Seit dem Untergang der Sowjetunion erlebt die russisch-orthodoxe Kirche eine ungeahnte Renaissance. Heute zählt sie etwa wieder100 Millionen praktizierende Mitglieder. Klöster und Kirchen werden zügig restauriert oder neu gebaut. Die Frömmigkeit ist groß in dem riesigen Land. Seit 2006 ist sogar der Religionsunterricht in den russischen Schulen wieder obligatorisch.

Die Pfingstkirchen

Aufgeklärte Christen in Mittel- und Südamerika stehen der katholische Lehre von der Empfängnisverhütung immer kritischer gegenüber. Noch leben 500 Millionen Katholiken auf dem südlichen amerikanischen Kontinent, viele in bitterster Armut. Der Kinderreichtum in den Favelas Brasiliens und in den Bergdörfern der Anden würgt jede Chance auf bescheidenen Wohlstand und Bildung ab. Vor allem deshalb erfahren gerade dort die so genannten "Pfingstkirchen" enormen Zulauf. Diese christlich-religiöse Richtung, 1905 von einem charismatischen schwarzen Prediger in Los Angeles entwickelt, zählt mittlerweile weltweit Millionen Anhänger mit enormen Zuwachsraten von jährlich konstanten 15 Prozent.

Bietet sie doch den Gläubigen eine reelle Chance, endlich der Armutsfalle zu entkommen. So ausgelassen die Gottesdienste in den Pfingstkirchen auch gefeiert werden – manche sprechen von Disko-Atmosphäre – so vernünftig und diszipliniert sollen die Gläubigen ihr Leben gestalten. Alkohol, Drogen, Prostitution, Glücksspiel – alles steht auf dem Index. Das Einkommen soll für die Familie da sein, in die Bildung der Kinder investiert werden. Religionstheoretiker sprechen deshalb auch von einer "Männer-Disziplinierungs-Religion". Hinzu kommen die Netzwerke innerhalb der Gemeinden. Jeder hilft jedem. Nächstenhilfe und Selbstdisziplin stehen im Mittelpunkt.
Es bleibt eine spannende Frage, wie es der katholischen Kurie gelingen will, hier entgegen zu steuern. Bleibt der Trend erhalten – und alles sieht danach aus – werden in naher Zukunft die Pfingstkirchen in Südamerika dominieren. Die von den aktuellen Anfor-

derungen der Gesellschaft weit entfernten Gebote der katholischen Kirche wirken schlicht nicht mehr zeitgemäß.

Oekumenische Bewegung

Zu der vielleicht wichtigsten Neuschöpfung der Kirchengeschichte des 20. Jahrhunderts, dem Zusammenschluss der Kirchen in der "oekumenischen Bewegung", hat die katholische Kirche noch immer keinen Zugang gefunden. Seit langem hat dieser Bund seine weltweite Ausdehnung. Er umfasst 342 christliche Kirchen und kirchliche Gemeinschaften mit über 500 Millionen Mitgliedern. Die römisch-katholische Kirche ist die einzige nennenswerte christliche Gemeinschaft, die der Oekumenischen Bewegung noch fern steht.

Der "Oekumenische Rat der Kirchen" wurde unmittelbar nach dem 2. Weltkrieg, auf einer Konferenz in Amsterdam im August 1948, gegründet. Zwar sollte der "Oekumenische Rat" keine "Weltkirche" oder "Überkirche" sein, mit voller Kirchengemeinschaft der ihm angehörenden Einzelkirchen. Doch ein gewisses Maß an geistlicher Verbindung war erreicht.

Es begann eine intensive Zusammenarbeit auf vielen Gebieten. Das engere Zusammenwachsen der Kirchen machte in den vergangenen Jahrzehnten weitere Fortschritte. Diese ist am deutlichsten in der bekenntnisartigen "Basis" der Verfassung sichtbar, auf die sich sämtliche Mitgliedskirchen verpflichtet haben. Sie lautet seit der Weltkonferenz von Neu-Delhi 1961: "Der Oekumenische Rat der Kirchen ist eine brüderliche Gemeinschaft von Kirchen, die den Herrn Jesus Christus gemäß der Heiligen Schrift als Gott und Heiland bekennen und darum gemeinsam zu erfüllen trachten, wozu sie berufen sind, zur Ehre Gottes des Vaters, des Sohnes, des Heiligen Geistes."

Im gleichen Jahr trat mit der Russisch-orthodoxen Kirche die letzte große nichtrömische Kirche der Bewegung bei und verstärkte damit das Gewicht der Orthodoxen Gemeinschaft. Vor allem aber haben, seit die Weltherrschaft Europas zu Ende gegangen ist, die zumeist der neuzeitlichen Mission entstammenden Kirchen in Afrika und Asien eine starke und eigenständige Bedeutung erlangt und die sie bewegenden Probleme – die Überwindung des Kolonialismus und Rassismus, die Auseinandersetzung mit den großen Religionen der Welt – zur Geltung gebracht.

Steckt hinter der Bildung dieser oekumenischen Bewegung der unabänderliche Wille, einem weiteren Auseinanderdriften der christlichen Gemeinden energisch Einhalt zu gebieten? Noch steht die Kurie in Rom abseits, negiert den Druck, der durch die steigende Zahl von Kirchenaustritten auch auf ihr lastet. Doch wie lange wird sie sich diese Haltung noch leisten können? Es knirscht vernehmlich im Gebälk der römisch-katholischen Kirche. Doch ihre greisen Führer beschreiten unbeirrt weiter einen Pfad, der längst nicht mehr unumstritten ist.

Will die Christenheit dem neu erstarkten und vor allem von reichen arabischen Ölstaaten finanziell unterstütztem Islam kraftvoll entgegen treten, werden Reformen, wie sie zum Beispiel die Pfingstkirchen praktizieren, unausweichlich sein. Der Katholizismus scheint dazu nicht willens und fähig zu sein. Die Protestanten sind in zahllosen Sekten aufgesplittert, manche agieren zwanghaft. Die Orthodoxen in Russland und auf dem Balkan gebärden sich zu dogmatisch, zu rückwärtsgewandt.

Dynamisch präsentieren sich dagegen die Anhänger der blühenden Pfingstkirchen, die nicht nur in Südamerika, sondern auch in Asien und Afrika ständig neue Anhänger finden. Auf dem pluralen Religionsmärkten muss jede Glaubensrichtung seine "Ware" attraktiv verkaufen, behauptet Professor Graf. Die "Pfingstler" bieten in der südlichen, der ärmeren Hemisphäre unserer Erde, in der die Menschheit am rasantesten wächst, derzeit die besten Antworten auf die sozialen Herausforderungen unseres Jahrhunderts. "Religion lebt und wird sich weiter wandeln", behaupten übereinstimmend die großen Religionstheoretiker. Die religiöse Zukunft bleibt also spannend.

Das fränkische Großreich

Nach dem Untergang des weströmischen Imperiums erhob sich wie ein Phönix aus der Asche ein Erbe besonderer Prägung: Das Frankenreich.

Ein Staatswesen, das seinerseits zur Wiege verschiedener anderer Reiche wurde. Baumeister war der germanische Fürst „Chlodwig". Seiner Herkunft nach fränkischer Kleinkönig von „Tournee" und römischer Sprengelkommandant in der Provinz „Belgica", hatte es dieser Salfranke mit zäher und auch brutaler Konsequenz verstanden, konkurrierende fränkische Kleinkönige auszuschalten, den fränkischen „Stammesschwarm" zu einigen, staatlich zu organisieren und den herrschaftlichen Monopolanspruch für die eigene Familie zu sichern. So wurde die territoriale Ausgangsbasis von Tournai schnell verlassen, und mit dem Angriff auf das Pariser Becken die Herrschaft abgesichert. Militärische Erfolge auch gegenüber Westgoten und Alemannen markierten die Ausdehnung seines Reiches nach Südwesten und Osten.

Chlodwigs Söhne und Nachfolger unterwarfen ab 531 das Thüringerreich und 534 endgültig das Land der Burgunder im Süden.

Die Ziele Chlodwigs und seiner Söhne waren nahezu verwirklicht, als die von Byzanz bedrängten Ostgoten sich 536 gezwungen sahen, die Provence an „Childebert I." abzutreten. Damit war der Zugang zum Mittelmeer offen, auch wenn die Eingliederung der Region zwischen der Rhône und den Pyrenäen noch auf sich warten ließ.

Unermüdlich wurden weitere Gebiete dem Reich einverleibt: Der Hochgebirgswall der Alpen war bald überwunden und schon 575 die Eingliederung von Susa und Aosta in den fränkischen Herrschaftsverband vollzogen. Unter „Karl dem Großen" wurden sogar die Pyrenäen überschritten, die Sachsen unterworfen und das Reich der Awaren im Südosten erobert. Ein riesiges Reich mit ethnisch sehr unterschiedlichen Teilen. Wie schafften das Chlodwig und seine Nachfolger innerhalb so kurzer Zeit?

Der unaufhaltsame Aufstieg der Franken zur europäischen Supermacht ist leicht zu erklären: Nach dem Zusammenbruch des weströmischen Reiches entstand ein großes Vakuum, in das Chlodwig entschlossen stieß. Vielleicht spielte auch das militärische Vorgehen eine besondere Rolle. Von römischen Geschichtsschreibern wurden schon damals die Kampfesbereitschaft und das Draufgängertum der Franken viel gerühmt. Neben der berühmten „Spatha", dem zweischneidigen Langschwert, galt die fränkische „Franziska" als unwiderstehliche Waffe: Es handelte sich um ein Beil, das infolge recht guter ballistischer Eigenschaften als Wurfbeil ebenso wie als Schlagwaffe im Nahkampf verwendet werden konnte. Alle übrigen Waffen entsprachen der üblichen Ausstattung von Fußsoldaten, die im fränkischen Heer stets zahlenmäßig überwogen. Erst die Karolinger zogen seit „Pippin" und „Karl dem Großen" die Konsequenz, angesichts des riesigen Reichsumfangs verstärkt berittene Heere aufzustellen, die nach zeitgenössischem Standard aus Panzerreitern bestanden.
Die herrschenden „Merowinger" als auch ihre Nachfolger, die „Karolinger", waren sich der Bedeutung des Heeres immer bewusst und widmeten dieser Säule ihrer Macht stets verstärkte Aufmerksamkeit. Unerklärlich schwach war allerdings die militärische Präsenz zur See. Damit riskierten die fränkischen Herrscher eine große Anfälligkeit gegenüber Angriffen, die vom Meer aus ins Land getragen wurden. Auch marodierenden Truppenteilen, die Boote auf den großen Binnengewässern zum Plündern nutzten, standen sie relativ hilflos gegenüber.
Unter Chlodwigs Führung hatten sich die fränkischen Fürsten stellvertretend für den Gesamtstamm 498 n. Chr. zum christlich-katholischen Glauben bekehrt. Anders als die übrigen germanischen Stämme, die sich zu der arianischen Variante der christlichen Religion bekannten, vermieden sie die konfessionelle Konfrontation zur überwiegenden Masse der Bevölkerung Galliens. Davon profitierte das merowingische Königtum stark. Diese Taktik wurde auch noch beibehalten, als seine Herrscher das

Regieren schon lange den karolingischen Hausmeiern überlassen hatten. Erst der Karolinger „Pippin" riskierte 751 den Staatsstreich und riss die Macht an sich.
Das Frankenreich war längst christianisiert und mit einer straffen Befehlskette von oben nach unten durchorganisiert, als im beginnenden 8. Jahrhundert eine neue Bedrohung auftauchte: Die Araber. Seit die Krieger Allahs im Sommer 711 die Meerenge von Gibraltar überquert und kurz darauf nach der Schlacht bei „Arcos de la Frontera" das einst so stolze Reich der Westgoten zertrümmert hatten, wurden die Araber zur unmittelbaren Gefahr für die Franken. Als es zum offenen Kampf kam, gelang es dem fränkischen Hausmeier „Karl Martell" in der Schlacht von „Tours und Poitier" 732 den Vormarsch der Krieger Allahs zu stoppen.
Dieser Sieg hatte welthistorische Bedeutung, weil die islamische Herrschaft in Europa künftig auf die iberische Halbinsel beschränkt blieb. Doch die grundsätzliche Konfrontation ging weiter. Selbst noch „Karl der Große" erlitt gegen die Muslime bei einem Scharmützel am Fuße der Pyrenäen seine einzige empfindliche Niederlage.
Unübersehbar aber war die Überdehnung des Reiches. Es musste, das lehrt die Geschichte, zu einem Auflösungsprozess kommen. Die ersten großen Risse im inneren Staatsgefüge zeigten sich 811, als sich geistliche wie weltliche Größen dem alternden Kaiser versagten und seinem Ruf zum Reichstag und der zeitgleich abgehaltenen Synode nicht Folge leisteten. Die gewohnten Herrschaftsinstrumente griffen nicht mehr. Grafen und Königsboten ignorierten Anordnungen, teils kam es sogar zu offener Gehorsamsverweigerung. Der fränkische Adel verfolgte zunehmend seine eigenen Interessen.
Karls Tod 814 und der geschmeidige Übergang zur Herrschaft „Ludwigs des Frommen" verwischten vorübergehend noch einmal den Zerfallsprozess im Frankenreich, das von der Nordsee bis zu den Pyrenäen, von der bretonischen Mark bis zur Elbe reichte. Erst 817 wurden die Brüche wieder tiefer. Jetzt vertrat im Wesent-

lichen nur noch eine so genannte „Reichseinheitspartei“, zu der vor allem die Mehrheit des fränkischen Klerus gehörte, die Idee eines Großreiches.
Doch das Ende des gewaltigen Imperiums, das vor allem „Karl der Große“ mit eiserner Faust geschmiedet hatte, war nicht mehr aufzuhalten. Der demographische Faktor kam entscheidend zum Tragen, schließlich stellten die Franken im Gesamtreich eine Minderheit dar. Damit hingen auch zwangsläufig die Rekrutierungsprobleme des Heeres zusammen.
Als „Ludwig der Fromme“ starb, kam es zu einem dreijährigen Bürgerkrieg, der durch den „Frieden von Verdun“ 843 mühsam beigelegt wurde. Es folgte die berühmte Dreiteilung des Reiches unter „Lothar I.“, „Ludwig den Deutschen“ und „Karl dem Kahlen“. Historisch neu war der ausdrücklich im Vertrag von Verdun bekundete Wille, den Söhnen der drei Herrscher nach deren Tod die Herrschaftsnachfolge zu gewähren, Ansprüche der überlebenden Brüder des eigenen Herrschers dagegen auszuschalten. So siegte in Verdun das so genannte „Eintrittsrecht“ der Söhne gegenüber dem bisher seit dem 6. Jahrhundert stets durchgesetzten „Anwachsungsrecht“ der noch lebenden Brüder. Das tangierte in entscheidender Weise auch die bisherige Funktion der Dynastie, das Reichsganze zu überspannen und zu verklammern.
Das einst so mächtige Frankenreich zersplitterte. Es bildeten sich neue Staaten, neue Machtkonstellationen. Zu Recht wird „Karl der Große“ inzwischen wieder als Ahnherr und Baumeister eines vereinten Europas gefeiert, denn schon seine Zeitgenossen hatten ihn als „pater Europae“ angesprochen. Und doch musste mehr als ein Jahrtausend vergehen, bis sich seine politischen Erben auf sein Vermächtnis besannen.
Hatte doch „Karl der Große“ bereits bewiesen, worauf die Politiker von heute so stolz sind: Es ist möglich, unterschiedliche Völker mit unterschiedlichen Sprachen und Traditionen zu einer Einheit zu verschmelzen, wenn der Wille zu einem Zusammenschluss vorhanden ist.

Der Siegeszug des Islam

Im 16. Jahrhundert entwickelten die moslemischen Reiche eine dynamische Expansionskraft. Nicht nur stießen die osmanischen Türken in den Westen vor, in Persien erlebte die Safawiden-Dynastie eine Renaissance ihrer Macht, ihres Reichtums und ihrer hohen Kultur. Das besonders unter der Herrschaft von „Ismail I.“ 1500 bis 1524 und „Abbas I.“ 1587 bis 1629.

Eine Reihe mächtiger Khanate kontrollierte noch immer die alte Seidenstraße über Kashgar und Turfan nach China, ähnlich die Kette westafrikanischer, islamischer Staaten wie Bornu, Sokoto und Timbuktu.

Das Hindu-Reich in Java wurde Anfang des 16. Jahrhunderts durch moslemische Kräfte gestürzt und der König von Kabul, „Babur“, der vom Nordwesten nach Indien einfiel, errichtete 1526 das Mogul-Imperium. Das von seinem Enkel „Akbar“ erfolgreich konsolidierte nordindische Reich erstreckte sich von Balutschistan im Westen bis Bengalen im Osten. Dazu kamen die Bewohner der indonesischen Inseln, die überraschend schnell zum Islam konvertierten. Große Völker hatten sich unter dem grünen Banner des Propheten versammelt.

Dagegen war die Zahl der Bekehrungen durch christliche Missionare bescheiden. Kein Wunder, war doch die Welt des Islam dem Abendland Jahrhunderte lang kulturell und technologisch weit überlegen. Die islamischen Städte waren groß, gut beleuchtet und mit Abflusskanälen ausgerüstet. Einige von ihnen besaßen Universitäten, Büchereien und überwältigend schöne Moscheen. In der Mathematik, der Kartographie, der Medizin und vielen anderen Bereichen von Wissenschaft und Handwerk – Spinnereien, Waffengießereien, Leuchttürmen, Pferdezucht – waren die Moslems führend.

Die Menschen in diesen riesigen Gebieten beteten alle zu einem Gott, Allah, und verehrten den einen Propheten, Mohammed, der ihnen mit seinen Regeln, die er im Koran niedergeschrieben hatte,

den Weg wies, diesem Gott zu dienen. Wer aber war dieser Mohammed? Wie war es ihm gelungen, eine neue Weltreligion zu stiften?
Mohammed war im 7. Jahrhundert als junger Karawanenführer in Mekka, durch die Heirat der 15 Jahre älteren, reichen Witwe, „Chadidscha“, zu einigem Wohlstand gelangt. Der Handel schien ihn aber nicht ausgefüllt zu haben. Immer häufiger suchte er die Einsamkeit in der Wüste und wurde in einer Felsenhöhle von Offenbarungen überschattet. Er begann vor seinen Mitbürgern von einem Gott zu predigen, der ihn, Mohammed, zum Propheten bestimmt habe. Zunächst beschränkten sich die Gegner der neuen Lehre auf Spott, für gewöhnlich eine wirksame Waffe. 13 lange Jahre versuchte Mohammed erfolglos seine Mitbürger zu bekehren. Als dann ein Attentat gegen ihn geplant wurde, floh er 622 nach Medina. Dort setzte er sich gegen lokale Stämme und auch gegen die Juden durch. Nach kriegerischen Auseinandersetzungen mit den Mekkanern, bei denen Mohammed die Oberhand behielt, triumphierte der Prophet endgültig im Jahre 630, als er unter dem Jubel seiner Anhänger in seine Geburtsstadt einritt. Die Bewohner Mekkas akzeptierten ihren neuen Herrscher schnell. Dazu mag sie auch die Beute veranlasst haben, die der Prophet machte, als er mit seiner Garde der alten Kämpfer und den Neubekehrten Schulter an Schulter siegreich gegen die reichen Nachbarstädte zog.
Sein beispielloses Leben endete nach dem christlichen Kalender am 8. Juni 632. Nachdem er in seinen Harem zurückgekehrt war, legte er seinen Kopf an die Brust seiner Lieblingsfrau „Aisha“. Bald darauf verlor er das Bewusstsein. Eine Stunde später starb er. Der Prophet wurde 62 Jahre alt.
Mit „Abu Bakr“, „Omar“ und „Othman“ wurden zunächst nur Weg- und Kampf-Gefährten und nicht Familienangehörige Mohammeds als Kalifen berufen. Als Mohammeds Vetter und Schwiegersohn Ali 661 einem Mordanschlag zum Opfer fiel, begann die Spaltung der islamischen Bewegung. Mohammed hatte es zu seinen Lebzeiten versäumt, seine Nachfolge zu regeln.

Bereits die ersten Kalifen, die offiziellen Nachfolger des Propheten, gerieten mit Mohammeds Tochter „Fatima“ in Konflikt. Es entbrannte ein Streit, ob die Nachfolge dynastisch – unter den direkten Nachfahren – geregelt werden sollte oder ob nach Befähigung zu wählen sei. Die Sunniten setzten sich mit letzterer Option durch.

Ungeachtet der Wirren um seine Nachfolge begann, bereits kurz nach dem Tod des Propheten, der Siegeszug des Islam. Gleichsam aus dem Nichts eroberten arabisch-muslimische Heere innerhalb weniger Jahrzehnte ein Weltreich. Beseelt vom Auftrag Allahs, der einen der Ihren zu seinem Propheten auserkoren hatte, schien es keine Macht auf Erden zu geben, die sie hätte stoppen können.
Christliche Autoren des Mittelalters sahen in dieser Erfolgsgeschichte ein Werk des Teufels. Arabische Chroniken allerdings fassten die nachhaltigen Eroberungen der Muslime als Ausdruck des Willen Gottes auf und als Beweis für die Wahrheit der Botschaft des Islam.
Was aber war der wirkliche Grund für den Erfolg? Angesichts der militärischen Erfolge der Krieger Allahs schlossen sich viele arabische Stämme freiwillig der Bewegung Mohammeds an. Siege galten auch im 7. Jahrhundert für die Bewohner der Arabischen Halbinsel als Beweise für die allerhöchste Gunst. Neben dem Rollenwandel des Propheten zum Heerführer wurde auch der „Dschihad“ zu einem Garanten des Erfolgs in der Expansionsphase des frühen Islam. Es war das religiös begründete Recht, von „Ungläubigen“ Tribut zu verlangen. Schon bald stellte sich ein Dominoeffekt ein, der die schnell wachsende Anhängerschaft zu immer weiteren und längeren Eroberungszügen zwang.
Nur so konnte das entstehende arabisch-islamische Reich auf ein tragfähiges finanzielles Fundament gestellt werden. Die Niederlage in der „Schlacht von Tours und Poitiers“ 100 Jahre nach dem Tod des Propheten, läutete allerdings den Anfang vom Ende des

Beute-Dschihad ein, der sich bereits bedrohlich den abendländischen Kernländern genähert hatte.
Zunächst aber ritten die Krieger Allahs alles nieder, was sich ihnen in den Weg stellte. Schon Mitte des 7. Jahrhunderts war das neupersische Reich der Sassaniden trotz erbitterten Widerstandes von der Landkarte verschwunden. Byzanz drohte ein ähnliches Schicksal. 635 standen die Muslime vor Damaskus, der wichtigsten Bastion der byzantinischen Christen im Nahen Osten. Die Belagerung der Stadt dauerte über ein Jahr. Schließlich einigten sich muslimische Angreifer und christliche Verteidiger auf demütigende Kapitulationsbedingungen. Die byzantinische Garnison musste die Stadt aufgeben, und die Verwaltung von Damaskus wurde einem arabischen Gouverneur unterstellt. So blieb die Stadt von Plünderungen verschont.
Bei Gegnern, die sich freiwillig ergaben, ließen die Muslime Umsicht und Toleranz walten. Die nichtmuslimische Bevölkerung wurde weder versklavt noch zu einem Glaubenswechsel gezwungen. Sie war aber zur Bezahlung der Kopfsteuer, der „Dschizya“ verpflichtet.
Zur entscheidenden Schlacht zwischen den Byzantinern und den Arabern kam es am 20. August 636. Ihr Ausgang markiert für viele Historiker das „Ende der Antike“. Die Oströmer erlitten eine vernichtende Niederlage. Ihre 300jährige Herrschaft über Syrien, Palästina und Ägypten war schlagartig zu Ende. Der Sturm der Muslime auf das christliche Byzanz konnte erst im Jahr 718 vor den mächtigen Mauern von Konstantinopel gestoppt werden. Das Oströmische Reich hielt dem Vormarsch des Islam noch sieben Jahrhunderte stand.
Nachdem die Kämpfer unter dem grünen Banner des Propheten Ende des 7. Jahrhunderts auch Nordafrika erobert hatten, überquerte im Frühjahr 711 eine Expeditionsstreitmacht unter der Führung des Berberfürsten „Tariq ibn Ziyad“ die Meerenge von Gibraltar. Der Westgoten König „Roderich“, geschwächt durch Hofintrigen und Aufstände der Basken im Norden seines Reiches,

fiel im Kampf. Sein Reich brach zusammen. Innerhalb von acht Jahren eroberten die Muslime die ganze Iberische Halbinsel bis auf einen Landstrich in den Bergen Galiciens.

Noch lange, nachdem die Muslime auf der iberischen Halbinsel Fuß gefasst hatten, interessierten sich die christlichen Geschichtsschreiber des frühmittelalterlichen Europas nicht für deren Glauben. In den erzählenden Quellen des 8. bis 10. Jahrhunderts werden die „Saraceni“ lediglich als fremde Eindringlinge wahrgenommen – auf gleicher Stufe mit den Wikingern. Selbst in Regionen, in denen sich die Christen mit den Muslimen militärisch auseinander setzten – im Süden Italiens und auf der Iberischen Halbinsel – tauchen in den überlieferten Schriftzeugnissen noch keine Aussagen über den Islam auf. Erst in der lateinischen Übersetzung der griechischen Chronik des Byzantiners „Theophanes Homologetes“ aus dem 9. Jahrhundert findet sich erstmals eine Wertung Mohammeds. Er wird in der Schrift als „Pseudo-Prophet“ bezeichnet.

721 drangen die Mauren zum ersten Mal über die Pyrenäen nach Norden vor. Im südfranzösischen Narbonne errichteten sie schließlich eine stark befestigte Basis für ihre Ausfälle in das Zentrum des christlichen Europa. Sie scheiterten erst bei der Schlacht von Tours und Poitier, im Jahre 732, als sich ihnen der Franke „Karl Martell“ mit einem christlichen Heer entgegen stellte und die vorstürmenden Muslime besiegte. Aus dem Herzen der islamischen Welt waren aber auch Wissensschätze des Orients allmählich ins rückständige Abendland gesickert.

Die iberische Halbinsel war dabei das Einlass-Tor nach Westen. Von dort gelangten viele Schriften und Bücher in den Westen. Auch der Handel war lukrativ. Die Muslime auf der iberischen Halbinsel hatten einiges zu bieten: feinen Safran, Südfrüchte sowie Sklaven und medizinische Kenntnisse. Selbst in der Technik ließ sich einiges von ihnen lernen: In den trockenen Gebieten erwiesen sie sich als Meister der Bewässerung und sie bauten Mühlen für die Herstellung von Papier.

Auch in den Jahrhunderten nach der Schlacht von Tours und Poitier war das islamische Reich aus europäischer Sicht noch immer weltumspannend. Das Imperium, das sich seit 635 unter dem Kalifen Omar in so atemberaubender Geschwindigkeit ausgebreitet hatte, reichte von der iberischen Halbinsel im Westen bis zum indischen Subkontinent im Osten. Allerdings machten sich untereinander verfeindete Herrscher immer wieder die Vorrangstellung streitig.
Die muslimische Welt spaltete sich im 11. Jahrhundert in drei rivalisierende Kalifate: Neben dem von Bagdad gab es das umayyadische im andalusischen Córdoba. In Kairo herrschten die schiitischen Fatimiden, die sich auf Fatima, die Tochter Mohammeds, und deren Ehemann Ali beriefen.
Gleichzeitig gewannen Turkvölker an Einfluss, allen voran die Seldschuken, die von Innerasien her nach Palästina und gegen Byzanz drängten und bald auch große Teile des Heiligen Landes beherrschten. Auch als sich die Kreuzritter Jerusalem näherten, kämpften in Palästina weiter Muslime gegen Muslime. So mussten die Fatimiden dort nicht nur die gerade von ihnen eroberte Heilige Stadt gegen die Christen verteidigen, sondern sich im Norden auch der seldschukischen Heere erwehren.
Der Spaltpilz, die ständigen Streitereien untereinander, die schon mit dem Tod Alis, des Schwiegersohn des Propheten, begannen, die Trennung in Schiiten und Sunniten, ist der Fluch des Islam. Die sich daraus ergebenden Uneinigkeiten untereinander verhinderten einen weiteren Vormarsch der Anhänger des Propheten.
In den folgenden Jahrhunderten, während sich die westlichen Länder ständig weiter entwickelten, bahnbrechende Erfindungen machten und die Welt unter sich aufteilten, standen die einst so mächtigen islamischen Staaten still, gefangen in Traditionen und den strengen Richtlinien des Koran. Erst der „arabische Frühling“ 2011 scheint die starren Strukturen, in denen sich weltliche und geistliche Diktatoren und Gefolgsleute zu ihrem eigenen Vorteil bequem eingerichtet hatten, zu sprengen. Die Internet-Generation

verlangt immer drängender nach Freiheit und Wohlstand. Aber noch weichen die konservativen Kräfte nicht.
Der Gottesstaat Iran hat individuelle Freiheit nie auf seine Fahnen geschrieben und setzt im Zweifelsfall weiter auf Repressionen. Das gilt auch für den Gazastreifen, in dem die fundamentalistische „Hamas“ eine autoritäre Herrschaft ausübt. In Saudi-Arabien hält sich eine Prinzenclique mit Hilfe orthodox-religiöser Führer und vielen Ölmilliarden an der Macht. Pakistan und Indonesien, Usbekistan, Tadschikstan, Afghanistan und Turkmenistan mit zusammen fast 400 Millionen Muslimen leiden und Korruption und Ausbeutung. Das Reich Allahs hat sich von der Arabischen Halbinsel weit nach Asien verschoben.
Nirgendwo hat der Islamismus bewiesen, dass er eine politische Antwort auf die sozialen und politischen Fragen unserer Zeit hat. Freiheit und Würde, ein Ende korrupter Herrschaft , sowie eine Zukunftsperspektive in einer globalisierten Welt sind die Forderungen, die Anfang 2011 die islamische Jugend auf die Straße trieb.
Über eine Milliarde Muslime gibt es auf der Welt – Asiaten, Afrikaner, Araber, Perser, Turkvölker – doch sie bilden keinen monolithischen Block und können deshalb auch keine Gefahr darstellen, wie es der US-Professor „Samuel Huntington“ in seinem Aufsehen erregenden Buch „Kampf der Kulturen“ düster prophezeite.

Byzanz

Kaum ein Reich stand so oft am Abgrund wie Byzanz. Während der 1100 Jahre seines Bestehens stand die von „Konstantin dem Großen“ gegründete Stadt nicht nur einmal kurz davor, endgültig ausgelöscht zu werden.
Im 7. und 8. Jahrhundert gingen byzantinische Provinzen wie Syrien, Ägypten und Nordafrika für immer an die Araber verloren. Die Slawen besetzten Griechenland und den Balkan. Das Gebiet

des antiken Römischen Reiches, das sich in Byzanz unter dem Kreuz des Christentums fortsetzte, reduzierte sich auf das östliche Mittelmeer und Kleinasien und wurde zunehmend vom Westen isoliert. Griechisch wurde zur offiziellen Sprache des Reiches. Trotzdem nannten sich die Bürger weiterhin „Römer" oder „Romaioi" und das „Neue Rom" – Konstantinopel – blieb, obwohl vielfach bedroht, die Hauptstadt.
Das Reich überlebte die Stürme des 7. und 8. Jahrhunderts hauptsächlich wegen seiner zentralistischen Regierungsorganisation und der forcierten Militarisierung der Gesellschaft. Die verbliebenen Provinzen in Kleinasien und Osteuropa wurden unter einer Art Kriegsrecht neu organisiert und unterstanden direkt den Kaisern in Konstantinopel.
Der interne Konflikt, der die byzantinische Gesellschaft formte, war sowohl religiöser als auch politischer Natur. Für sie gab es zwischen spirituellen und irdischen Dingen keine Trennlinie. Das eine konnte nicht ohne das andere bestehen. Die Auseinandersetzung über die Zulässigkeit von Bildern und Ikonen im christlichen Gottesdienst, die als „Bilderstreit" in die Geschichte eingegangen ist, teilte die byzantinische Gesellschaft über 100 Jahre in zwei feindliche Lager. Erst als dieser Gewissensstreit gelöst war, konnte das Reich beginnen, nach seinem „dunklen Zeitalter" in die Zukunft zu schauen.
Das folgende „Goldene Zeitalter" dauerte etwa vom Jahr 850 bis 1050 n. Chr.. Es war eine Epoche, die von Rückgewinnung und Expansion geprägt war. Viele Gebiete, die an Araber und Slawen verloren gegangen waren, wurden damals zurück erobert.
Das Christentum breitete sich in Moravien, Bulgarien und Russland aus. Dort wurde das Evangelium nicht auf Griechisch oder Latein verkündet, sondern dank der Erfindung der kyrillischen Schrift in slawischen Übersetzungen, und damit für die betroffenen Völker verständlich.
Da die Angelegenheiten von Staat und Kirche so eng verquickt waren, bedeutete die Ausbreitung der Orthodoxie gleichzeitig eine

Ausbreitung der politischen Konzepte, der Gesetze, der Literatur und der Kunst der Byzantiner. Das wieder erstarkte Selbstbewusstsein der Oströmer im neunten Jahrhundert bestärkte sie in dem Glauben, dass ihr Reich dafür bestimmt sei, bis zur Wiederkunft Christi auf Erden zu bestehen. Die wachsende wirtschaftliche Stabilität schien diese Prophezeiung noch weiter zu stützen. Die byzantinische Goldmünze, im Westen als „Bezant" bekannt, wurde zum internationalen Währungsstandard. Der wieder erblühte Wohlstand des Oströmischen Reiches zeigte sich in einigen der großartigsten Leistungen byzantinischer Kunst, im Handwerk und der Literatur.

Um 1050, nach dem Tod des Kaisers „Basilois II." und seiner Erben aus der Makedonischen Familie, der am längsten regierenden Dynastie in der Geschichte von Byzanz, begann das Selbstvertrauen der Oströmer zu schwinden. Die strikte militärische Gesellschaftsstruktur löste sich auf. Die selbstgefällige Überzeugung, dass das Reich ewig währe und eine von Gott beschützte Einheit darstelle, führte zu einer Schwächung und einer gefährlichen Erosion der Zentralregierung wie auch der Wirtschaft, auf der sich die imperiale Gewalt gründete.

Lange hatten sich die Byzantiner den Christen im Westen kulturell, spirituell und ökonomisch überlegen gefühlt. Nun, da die westliche Christenheit ihr eigenes „dunkles Zeitalter" überwunden hatte, zeigten sich die Byzantiner verärgert und nahmen Anstoß an neu erstarkten Kaiser und Papst, die sich als Herrscher der christlichen Welt betrachteten. Das Schisma zwischen den Kirchen von Rom und Konstantinopel im Jahr 1054 war nur ein Symptom viel tiefer liegender ideologischer und kultureller Differenzen.

Die Armee war vernachlässigt worden. So war Byzanz nicht mehr auf einen Zweifronten-Krieg vorbereitet. Im Jahr 1071 demütigten die seldschukischen Türken, die nach Kleinasien eingedrungen waren, den Kaiser und seine Truppen in der „Schlacht von Mantzikert" in Armenien. Im selben Jahr eroberten die Normannen Bari und bereiteten der dortigen byzantinischen Provinz ein Ende. Diese Niederlagen waren für die Außendarstellung von Byzanz verheerend. Unterworfene Völker begannen zu begreifen, dass die Macht der Römer nicht von Gott verliehen war. Die Seldschuken drangen tiefer ins Herz Anatoliens ein, das lange den Kern der militärischen und ökonomischen Stärke des Reiches gebildet hatte.

Dann waren es ausgerechnet christliche Kreuzfahrer, die die Gastfreundschaft der Byzantiner missbrauchten. Sie blieben ungebeten im Lande und installierten eigene Feudalstaaten. Aus Genua und Venedig folgten ihnen Händler, die sich Profite aus den neuen Märkten der Levante erwarteten. Die Venezianer hatten dem Kaiser „Alexios“in seinem Krieg gegen die Normannen geholfen. Er belohnte sie dafür mit generösen Handelsprivilegien in den byzantinischen Gewässern und in Konstantinopel, wo sie sich dank ihrer Raffgier schnell unbeliebt machten. Kaiser „Manuel I. Komnenos“, der Enkel des Alexios, sah in ihnen eine solche Bedrohung für Recht und Ordnung, dass er kurzerhand alle Venezianer verhaften ließ. Das war zweifellos ein Fehler. Aber ein noch größerer war Manuels Entscheidung, die Seldschuken 1176 bei Myriokephalon in Kleinasien zu einer Entscheidungsschlacht zu zwingen. Das Ergebnis war eine weitere katastrophale Niederlage für die byzantinische Armee und ihren Kaiser.

Die venezianischen Kaufleute sannen auf Rache für das vermeintliche Unrecht, das der Kaiser ihnen angetan hatte. Im Jahr 1204 fanden sie dann Gelegenheit, sich Genugtuung zu verschaffen. Die Führung des vierten Kreuzzuges fiel in die Hände des Dogen von Venedig. Das Ziel sollte eigentlich Ägypten sein, doch Endstation war Konstantinopel. Die Kreuzfahrer, von denen viele nicht einmal wussten, wohin sie die venezianischen Schiffe gebracht hatten, stürmten die Stadt, plünderten sie gnadenlos und setzten die wichtigsten Gebäude in Brand. Von diesem Überfall erholte sich Byzanz nie wieder. Ausgerechnet christliche Glaubensbrüder hatten die Macht am Bosporus entscheidend geschwächt. Sie war nun eine leichte Beute für die anstürmenden Horden aus dem Osten. Im Jahre 1302 besiegte ein Sultan namens „Osman“, der Gründer des späteren „Osmanischen Reiches“, ein byzantinisches Heer im Nordwesten Kleinasiens. Der Anfang vom Ende des stolzen Byzanz.

Das Reich bestand nur noch aus einem Torso früherer Machtfülle. Die griechischen Inseln waren italienische Kolonien. Die Venezianer beherrschten gemeinsam mit den Genuesen den Seehandel. Die byzantinische Wirtschaft lag danieder. Bezahlt wurde nicht länger mit byzantinischer Goldmünze, die inzwischen stark entwertet war, sondern mit venezianischen Dukaten. Die slawischen Völker auf dem Balkan nutzten die Gelegenheit, ihre Fesseln mit Byzanz zu lösen und selbstständige Königreiche zu gründen. Ein weiteres Zeichen des Niedergangs war der Zusammenbruch des byzantinischen Militärsystems. Die Kaiser mussten ihre Soldaten hauptsächlich aus ausländischen Söldnern rekrutieren, die sich als teuer und unzuverlässig erwiesen. Die eigene Armee, die einst das Herzstück byzantinischer Macht gewesen war, hatte praktisch aufgehört zu existieren.

Um 1400 war Kleinasien, einst das Reservoir für den Kasernen-Nachschub, zur osmanischen Türkei geworden. Jeder Versuch, diese Entwicklung rückgängig zu machen, war aussichtslos. Zudem nahmen die Thronstreitigkeiten in Byzanz kein Ende. Die osmanischen Sultane wurden Experten in der Kunst, die Zwistigkeiten zu schüren, indem sie immer die Thronkandidaten förderten, die ihren eigenen Zielen am nächsten standen. Am Ende des Jahrhunderts mussten die Kaiser den ehrlosen Status von tributpflichtigen Vasallen der Sultane hinnehmen.

In den letzten 50 Jahren ihrer schattenhaften Existenz bedrohten, drangsalierten und manipulierten die Türken die einstmals so stolze Stadt ganz nach Belieben. Die Byzantiner lebten in ständiger Furcht vor Blockade, Belagerung und Eroberung. Konstantinopel war nahezu der einzige Rest des früher so stolzen Reiches. Die

Hauptstadt war zu einer schäbigen Stadt verkommen, ihres einstigen Glanzes längst beraubt.
Als sich das türkische Netz immer enger um die Stadt legte, wandten sich die Byzantiner um Hilfe an die westliche Christenheit. Die Kaiser unterdrückten ihren tief verwurzelten imperialen Stolz und reisten an die Höfe von Venedig, Rom, Paris und London, um die Unterstützung der christlichen Brüder zu erbitten. Doch die Herrscher der westlichen Welt hatten andere Sorgen. Die Päpste, die allein einen Kreuzzug hätten ausrufen können, weigerten sich, solange die orthodoxen Gläubigen nicht dem Stuhl Petri Gehorsam und Demut schworen. Im Jahr 1438 führte Kaiser „Johannes VIII." persönlich eine Delegation von Bischöfen zu einem Kirchenkonzil, zu dem Papst „Eugenius IV" ihn nach Ferrara geladen hatte.
Nach Monaten der theologischen Auseinandersetzungen wurde dort feierlich in der letzten Sitzung des Konzils, die 1439 in Florenz stattfand, das Ende des Schismas, also der religiösen Teilung, und die Einheit der Römischen und Byzantinischen Kirchen erklärt. Damit sollte das gesamte Christentum unter der Oberhoheit des Papstes vereint sein. Nun hätte ein Kreuzzug zur Rettung der byzantinischen Gläubigen vor den Türken ausgerufen werden können. Doch die meisten Bewohner von Konstantinopel waren entsetzt. Sie verstanden die so genannte „Florentinische Union" als Verrat an ihrer Identität und Tradition. Die Kircheneinheit wurde als Niederlage in der letzten Runde eines Kampfes mit dem Westen betrachtet, der mit dem Vierten Kreuzzug, als Kreuzritter die Stadt plünderten, begonnen hatte.
Die Opposition war laut und stark. Religiöse Fanatiker verkündeten, dass eine Unterwerfung durch die Türken ein besseres Schicksal sei, als der religiöse Anschluss an Rom. Als das versprochene Kreuzfahrerheer – die Belohnung für die Unterwerfung des Kaisers vor den Papst – 1444 bei Varna an der Schwarzmeerküste von den Kriegern des Sultans aufgerieben wurde, hielt sich die Trauer in Konstantinopel in Grenzen.

Das Verhängnis war nicht mehr aufzuhalten. Sieben Jahre nach dieser Schlacht bestieg Sultan „Mehmed II.“ den osmanischen Thron. Ein jugendlicher Herrscher, der seine gesamte Energie, sein Talent und seine gewaltigen Ressourcen dafür einsetzte, Konstantinopel zu erobern und das byzantinische Reich endgültig zu vernichten. Als es schließlich zur Belagerung der Stadt kam, waren die Verteidiger der Stadt ihren Gegnern im Verhältnis von 1 : 15 hoffnungslos unterlegen. Die Türken hatten außerdem den Vorteil, mit der neuen Technologie der schweren Artillerie ausgerüstet zu sein, die sich die Byzantiner nicht leisten konnten.

Die gewaltigen Stadtmauern, die seit dem fünften Jahrhundert noch jeden Feind aufgehalten hatten, konnten dem wochenlangen Bombardement der großkalibrigen Kanonen nicht standhalten.

Die versprochene Hilfe aus dem Westen blieb aus. Lediglich einige venezianische und genuesische Soldaten, die sich zufällig in der Stadt aufhielten, unterstützten mutig die Verteidiger. „Konstantin XI.“, der letzte Kaiser von Byzanz, starb wie ein gemeiner Soldat im Kampf. Am Dienstag, dem 29. Mai 1453, drangen die Türken in die Stadt ein. Der siegreiche Sultan gewährte drei Tage zum Beutemachen.

Wer entkommen konnte, flüchtete sich auf die venezianischen Inseln Kreta und Korfu oder direkt nach Venedig. Einige retteten griechische Texte mit in die Freiheit und gaben so der italienischen Renaissance einen neuen Impuls.

In der Rückschau gibt es für den Niedergang und Fall der einst so stolzen Stadt viele Gründe. Einer davon war einfach Altersschwäche. Das Reich hatte sich überlebt. Seine Herrscher hatten sich den ändernden Umständen nicht angepasst. Auch seine Bewohner hielten zu lange am immerwährenden Traum eines Weltreiches fest, auch als dieser schon lange ausgeträumt war. Ihre Händler und Geschäftsleute hatten zu früh den Versuch aufgegeben, mit den neuen Segel- und Navigationsmethoden und dem aggressiven Geschäftssinn der Venezianer und Genueser Schritt zu halten. Auch auf dem Gebiet der Technik und Naturwissenschaften leiste-

te die Gesellschaft zu wenig. Ihr einziger Beitrag war, die Schriften und Entdeckungen der griechischsprachigen Gelehrten der Antike zu erhalten und zu überliefern. Nicht umsonst wurden die Byzantiner die „Bibliothekare des Mittelalters“ genannt.
So war es für die Türken letztlich ein leichtes Spiel, gegen einen Feind vorzugehen, der wenig Mittel und nur geringe Widerstandskraft hatte.
Nachdem sie erst einmal Kleinasien überrannt hatten, war die Eroberung Konstantinopels nur noch eine Frage der Zeit. Im Jahr 1354 überquerten die Türken den Hellespont und errichteten ihren ersten dauerhaften Brückenkopf auf europäischen Boden bei Gallipoli.
Es waren die Slawen, nicht die Byzantiner, die den Willen zu einem mutigen, wenn auch chancenlosen Widerstand gegen den türkischen Ansturm aufbrachten. 1389 gingen die Serben in der Schlacht auf dem Amselfeld von Kosovo unter, die den Stoff für viele Legenden bilden sollte und deren Mythos bis heute lebt.
Die Byzantiner wurden so immer weiter in einen hoffnungslosen Isolationismus gedrängt, zu dem auch ihr tiefer Glauben an die christliche Orthodoxie beitrug. Sie waren davon überzeugt, dass der Gott ihrer Väter sie verlassen würde, wenn sie sich der verhassten Kirche in Rom annähern würden.
Die Lieder, die die Byzantiner nach 1453 sangen, waren Klage- und Wehgesänge um den Verlust ihrer Stadt und ihrer Welt. Ihr Geist aber lebt weiter in der orthodoxen Kirche. Die Stätten des Gebets erinnern noch heute mit ihren Bildern und Ikonen an den lange verlorenen Glauben an kaiserliche und himmlische Mysterien.

Die Mongolen unter Dschinghis Khan

Die Geschichte der Steppenimperien ist lang. Von den Dkythen über die Sarmaten, Alanen und Hunnen, Awaren, Ungarn und Chasaren bis zu den Mongolen – sie alle haben immer wieder zu

Großreichsbildungen angesetzt. Meist begann es damit, dass die Reiternomaden die an ihre Winterweiden angrenzenden Ackerbauern tributpflichtig machten und so die Ressourcen für großräumige Expansionsbewegungen sicher stellten. Starke Führer einten die zuvor verfeindeten Nomadenstämme und befähigten sie so zu großräumig angelegter Expansion. Besonders Loyalität und Disziplin wurden dadurch gesteigert, an denen es in den nomadischen Steppen und Stämmen naturgemäß mangelte.

Ein Mittel, dessen sich der Mongolen-Khan „Themüdschin", der sich dann „Dschingis Khan" nannte, bediente, war die Umorganisation des Heeres von gewachsenen ethnischen Einheiten auf Hundert- und Tausendschaften. Sie einte nicht die Herkunft, sondern die Loyalität gegenüber dem Anführer. Aufmüpfige Clans und Stämme konnten nun auf mehrere Heereseinheiten verteilt und gefügig gemacht werden. Widerstand von Anhängern der traditionellen Herkunftshierarchie ließ „Dschings Khan" erbarmungslos brechen. So wurden die konservativen Hofschranzen, die sich seinen Plänen widersetzt hatten, allesamt hingerichtet.
Die vom großen Khan auf Eroberung eingeschworene Gesellschaft musste dann aber auch Krieg führen, um überleben zu können. Sie unterlag dem Zwang, Beute zu machen. Denn nur wenn reichlich Beute gemacht wurde, konnte der Anführer Gaben und Geschenke verteilen, mit denen er sich wiederum weiter die Loyalität seiner Heerführer erkaufte. Daher musste sich „Dschingis Khan" auf eine Reihe immer neuer, riskanter Feldzüge einlassen. Die Bestie musste ständig gefüttert werden.
Zu Beginn des 13. Jahrhundert beschloss Dschingis Khan, nachdem er sich an die Spitze der mongolischen Nomaden gesetzt hatte, einen Krieg gegen China zu wagen. Das Reich der Mitte war zu diesem Zeitpunkt in drei verschiedene Staaten unterteilt und lag in Reichweite seiner Reiterheere. Es lockte reiche Beute und auch eine persönliche Angelegenheit musste noch geregelt werden: Nach einem lange zurück liegenden Grenzkonflikt hatten sich die

Herrscher in Peking zweier seiner Onkel bemächtigt und sie vor den versammelten Tataren-Häuptlingen schmählich hinrichten lassen.
Das vom Khan mobilisierte Reiterheer umfasste über 100.000 Mann. Die Mongolen nahmen mühelos die vorgeschobenen Forts und die ersten im Grenzgebiet liegenden Marktflecken der Chinesen. Im Sommer 1211 fielen beim Vormarsch auf Peking die ersten wichtigen Festungen den Steppenkriegern in die Hände. Schließlich kam es zur Schlacht von „Ye Hu Ling“ am nördlichen Lauf des Gelben Flusses. Die Armee des chinesischen Kaisers erlitt schwere Verluste.
Als der siegreiche Khan jedoch in Sichtweite Pekings gelangt war, zweifelte er daran, die Festung einnehmen zu können. Die Hauptstadt des chinesischen Reiches war zu gut gesichert. Er zog ab und kam erst ein Jahr später zurück. Im Sommer 1213 entschloss er sich zur Belagerung, plünderte und zerstörte gnadenlos das umliegende Gebiet. Seinen erneuten Verzicht, Peking zu stürmen, ließ er sich 1214 mit reichen Geschenken abkaufen. Ein weiteres Jahr später gab er seinen inzwischen murrenden Generälen, die nach Beute gierten, nach und befahl den Angriff auf das Zentrum des chinesischen Reiches. Peking wurde erobert, geplündert und in Brand gesteckt.
Die Asche der Pekinger Paläste war noch nicht abgekühlt, da wurde Dschingis Khan im Westen gebraucht. Ein persönlicher Feind aus vergangenen Tagen hatte im benachbarten Staat Kara-Kitai, in Ost-Turkestan, die Macht an sich gerissen: „Kütschlüg“. Das konnte der große Khan nicht dulden. Mit nur 20.000 Mann griffen die Mongolen an und vertrieben „Kütschlüg“, der auf der Flucht getötet wurde. Ohne es eigentlich gewollt zu haben, war „Dschingis Khan“ nun Nachbar des ausgedehnten Choresanischen Reiches, zu dem auch Afghanistan und Westpersien gehörte.
Es hätte eine friedliche Ko-Existenz werden können, doch Sultan „Muhammed“, der das Land regierte – ein zutiefst misstrauischer Mensch – sah in Dschingis Khan einen gefährlichen Rivalen, der

in seine Interessensphäre eingedrungen war. Der Sultan provozierte einen blutigen Zwischenfall und der mächtige Khan musste reagieren, wollte er nicht sein Gesicht verlieren. Mit mehr als 150.000 Kriegern brach er zum großen Feldzug gen Westen auf, um Rache am Sultan zu nehmen, der seine freundschaftlich ausgestreckte Hand mit dem Blut seiner Leute befleckt hatte.
Im Februar 1220 stand Dschingis vor Buchara und nahm nach kurzer Belagerung die Stadt. Danach fiel den Mongolen Samarkand in die Hände. Im April 1221 wurde Urgentsch gestürmt. Herat, Nischapur, Merw und Balch, klassische Zentren uralter Zivilisation, legten die Mongolen in Schutt und Asche. Die wilden Steppenreiter des Khans waren nun nicht mehr aufzuhalten. Vom Süden her drangen sie in den Kaukasus ein und schlugen die christlichen Georgier vernichtend. Mit 30.000 Reitern stürmten sie im Frühjahr 1222 in die Steppen des Vorderen Kaukasus, schlugen die Russen in einer mörderischen Schlacht an einem Fluss mit dem Namen Kalka. Sie plünderten auf der Krim und zerstörten Siedlungen an der Wolga.
1237, zehn Jahre nach dem Tod von Dschingis Khan, kehrten die Mongolen noch einmal nach Russland zurück und hielten es 250 Jahre unter ihrer Herrschaft. In dem Gebiet westlich des Irtysch gründete „Batu“, ein Enkel Dschingis Khans, das Khanat der „Goldenen Horde“. Es hielt sich bis 1502.
Die Beutegier der Mongolen war auch nach dem Tode des großen Khans noch immer nicht gestillt.
Sie überrannten Polen und Ungarn. „Khan Bautu“ und der legendäre „Sübütai„ siegten auf der Puszta bei Mohi im Jahre 1241 und eroberten die ungarische Hauptstadt Pest. Bei Wiener Neustadt und bei Klosterneuburg, ja sogar an der dalmatinischen Mittelmeer-Küste tauchten mongolische Reiter auf.
Inzwischen war in der Mongolei der Großkhan „Ogodai“, Dschings Khans Erbe und trunksüchtiger Sohn, gestorben. Auf diese Nachricht hin zog „Khan Batu“ mit seinem Heer im Frühjahr 1242 aus Ungarn ab, um an der Wahl eines neuen obersten Herrschers teil-

zunehmen. Europa atmete auf: Die „Tataren“ waren in ihre Steppenwelt zurückgekehrt.
„Dschingis Khan“ war der Mittelpunkt gewesen. Zu ihm, den charismatischen Herrscher und glänzenden Organisator, hatten die Turkmongolen bewundernd aufgeschaut. Der neue Großkhan, der nun in der Hauptstadt Karakorum residierte, hatte nur eine nominelle Funktion. Sehr schnell wurden zentrifugale Kräfte wirksam. Vier riesige Befehlsbereiche standen nur in groben Umrissen fest. Ihre Grenzen waren fließend und sollten durch neue Eroberungen weiter ausgedehnt werden. Aber es kam rasch zum Streit um Territorien. Zudem spielten beim Zerfall des Reiches religiöse Gegensätze unter den Erben Dschingis Khans eine immer größere Rolle. Denn von Toleranz in Glaubensfragen, die der große Khan geübt und gefordert hatte, konnte bald keine Rede mehr sein.
Nur zwei Generationen nach Dschingis Khan fiel das Stammland des Einigers aller Mongolen ins Dunkel der Geschichte zurück. Großkhan „Kubilai“, der begabte Enkel, wählte Peking zu seiner ständigen Residenz. Karakorum, die Hauptstadt in der Steppe, verfiel. Die Mongolei verkam zu einer abgelegenen, verarmten chinesischen Provinz und wurde zu Beginn des 20. Jahrhunderts zum Satelliten-Staat der Sowjetunion.
Erst nach dem Zusammenbruch der kommunistischen Herrschaft unternimmt die rohstoffreiche Mongolei erste, vorsichtige Schritte, um einen eigenständigen Platz in der Völkerfamilie des 21. Jahrhunderts einzunehmen.

Das Reich der Osmanen

Mit der Jahrhundertwende 1299/1300 tritt „Osman I.“ als Herrscher – allerdings nur über ein winziges Territorium – in die Geschichte ein. Kurz nachdem er zum unabhängigen Emir geworden war, schlug er am 17. Juli des Jahres 1301 die siegreiche Schlacht gegen die Byzantiner bei Kujunhissar, in der Nähe von Nikomedeia. Dieser Erfolg eröffnete Osmans Kriegern den Weg zu den Gebieten, die bislang unter byzantinischer Herrschaft standen. Seine darauf folgenden Eroberungszüge brachten ihm einen beträchtlichen Geländegewinn sowie die Unterwerfung der benachbarten Turkstämme, die in das wachsende Staatswesen Osmans eingegliedert wurden. Zu einer wirklich großen Konfrontation mit dem Anfang des 14. Jahrhunderts bereits geschwächten Byzantinischen Reich kam es jedoch noch nicht.

Osmans Sohn „Orhan“ festigte und konsolidierte den neuen Staat zielbewusst und erfolgreich. Er vervierfachte das Herrschaftsgebiet. Der neue Sultan wird als ein Mann beschrieben, der bei aller Tatkraft und Beherrschung des Kriegshandwerks doch auch die Ruhe schätzte, vor allem keinen Fanatismus und Kampfeseifer um seiner selbst Willen entfaltete. Er war kein romantischer Ritter und kein Streiter für den Glauben, sondern der nüchterne und besonnene Baumeister eines Reiches. Es gelang ihm, den Byzantinern die drei wichtigsten Städte Nordwestanatoliens zu entreißen: Bursa 1326, Nikaia 1331 und Nikomedeia 1337. Weiter ostwärts fiel „Orhan“ 1354 das damals allerdings noch unbedeutende Angora – das heutige Ankara – in die Hände.

„Orhan“ regierte nach der Eroberung von Nikomedeia noch 22 Jahre lang. Das Kriegshandwerk überließ er mehr und mehr seinem militärisch begabten ältesten Sohn, „Suleiman Pascha“.

Der Thronfolger war dazu bestimmt, die Früchte der militärischen Erfolge zu ernten und den Thron zu besteigen. Doch sein früher Tod verhinderte das. „Zuleimen“ starb 1357 durch einen Jagdunfall.

Indessen herrschte im oströmischen Restimperium eine Art permanenter Bürgerkrieg. Die Kontrahenten waren die Kaiser aus der letzten byzantinischen Dynastie, die „Palaiologen“ auf der einen, und die Magnatenfamilie „Kantakuzenos“ auf der anderen Seite. Ihre internen Machtkämpfe schwächten das byzantinische Reich derart, dass die geschlossen auftretenden Osmanen in Kleinasien immer mehr an Macht und Ansehen gewannen.

Ein Ereignis von herausragender Bedeutung fiel in die letzten Lebensjahre Orhans: Dank ihrer militärischen Stärke und Effizienz schafften die Osmanen 1353 den Sprung nach Europa. Diesmal handelte es sich nicht um einen der üblichen „Razzien“, räuberische Streifzüge, sondern um die Errichtung eines soliden Brückenkopfes auf dem Nordufer der Dardanellen.
Ein Jahr später wurde das Nordufer des Marmara-Meeres von einem starken Erdbeben heimgesucht. Die dortige Bevölkerung, die byzantinische Verwaltung und die dort stationierten Soldaten ergriffen die Flucht. Die Osmanen nutzten die Gelegenheit. Sie bemächtigten sich der Landzunge von Gallipoli sowie des Küstenstreifens bis zum heutigen Tekirdag, etwa auf dem halben Weg von den Dardanellen bis nach Konstantinopel gelegen. Die Untertanen Orhans besiedelten die leer stehenden Städte und bauten eine Verwaltung auf.
Kurz vor seiner Abdankung als Kaiser bemühte sich „Johannes VI. Kantakuzenos“ noch, die Osmanen über den diplomatischen Weg wenigstens zu einem Teilrückzug zu bewegen. Vergeblich. Der Grieche begab sich sogar ins osmanisch besetzte Nikomedeia, um dort Orhan zu treffen. Doch der Sultan erschien nicht. Eine peinliche diplomatische Ohrfeige für den oströmischen Kaiser.
Das Heerwesen, das den Charakter des Stammeskriegertums schon unter „Osman“ allmählich abgeschüttelt hatte, baute „Orhan“ weiter aus. Die Zahlung von Sold an die Reiterei und an die nun erstmalig organisierten Einheiten von Fußsoldaten wurde zur Regel. Immer stärker nahmen die Streitkräfte einer künftigen Weltmacht die Strukturen eines stehenden Heeres an.
Nachfolger des früh verstorbenen „Orhan“ war sein jüngerer Bruder „Murad“. Er vollendete, was sein Bruder vorbereitet hatte: Die Einkesselung von Byzanz. Das Staatsgebiet wurde, vor allem durch Eroberungen auf dem Balkan, abermals gewaltig vergrößert. Diesmal auf das dreifache. Einen besonders wichtigen Erfolg erzielte „Murad I.“ bereits 1361 mit der Einnahme von Adriano-

pel, des heutigen Edirne. Die große, günstig gelegene Stadt wurde nur wenige Jahre später zur Hauptstadt des osmanischen Reiches. Edirne blieb auch die zweite Hauptstadt und Sommerresidenz der Sultane, nachdem das 1453 eroberte Konstantinopel zur prächtigen Metropole ausgebaut worden war. Bedeutsam war auch die Eroberung von Philippopolis, dem heutigen bulgarischen Plovdiv, das den Osmanen 1363 in die Hände fiel. Die Byzantiner mussten nunmehr ihr Getreide von den Osmanen kaufen. Eine unerhörte Demütigung, da die Osmanen den Kaufpreis als Tribut bezeichneten.

Mit der Erweiterung und Festigung des osmanischen Gürtels um Konstantinopel wurde der Fall der einstmals so stolzen Kaiserstadt nur noch zu einer Frage der Zeit. Zunächst aber kam es noch zu einer Art Waffenruhe: Der Kaiser von Ostrom unterwarf sich dem Sultan und verpflichtete sich sogar, Soldaten-Kontingente für osmanische Kriegszüge zu stellen.

Murads gefährlichster Gegner, das Königreich Serbien, verfügte über ein starkes Heer. Unter „Stephan IX. Dusan" hatte Serbien nicht nur den Höhepunkt seiner Macht und die größte Ausdehnung seines Territoriums – von Belgrad bis zum Golf von Korinth – erreicht, sondern auch eine hohe wirtschaftliche und kulturelle Blüte. König Stephan, der sich „Zar" – also Caesar nannte – soll sogar die Eroberung Konstantinopels geplant haben, um sich dort zum Kaiser krönen zu lassen. Doch er starb, bevor er diesen kühnen Plan in die Tat umsetzen konnte.

Ein erster Feldzug des christlichen Heeres gegen die Krieger Allahs endete für die Serben mit einer Niederlage am Fluss Maritza. Aber nicht mit einer Katastrophe. Die Serben und ihre Verbündeten hatten kaum 20.000 Mann ins Feld gestellt. Die Entscheidung zwischen den rivalisierenden Mächten stand also noch aus.

Sie sollte 1389 auf dem Amselfeld im heutigen Kosovo fallen. Das christliche Heer, obwohl zahlenmäßig überlegen aber uneins in der Kampfesführung, erlitt eine vernichtende Niederlage. Der Ser-

benkönig „Lazar“, der Nachfolger Stephans, wurde gefangen genommen und vor den Augen des Sultans hingerichtet. Allerdings ließ auch „Murad“ auf dem Schlachtfeld sein Leben. Er starb nach der gewonnenen Schlacht durch einen serbischen Attentäter. Aus Rache ließen die Osmanen alle gefangenen serbischen Adligen hinrichten. Ein nationales Trauma, das noch heute in der serbischen Geschichte weiter lebt.
Nachfolger Murads war sein Sohn, Sultan „Bajasid Yildirim“. Ein wilder Haudegen, ein Draufgänger. Gleich nach der Ermordung seines Vaters ließ er seinen ahnungslosen Bruder „Jakub“, der von den jüngsten Ereignissen nichts wusste, ins Hauptquartier rufen und hinrichten. So wollte „Bajasid“ jedem Thronstreit vorbeugen. Unter Bajasids Herrschaft wehte ein eisiger Wind im osmanischen Reich. Annexionen und stramme, direkte osmanische Verwaltung zog er der Praxis seiner Vorgänger vor, sich mit unterworfenen Emiren in Anatolien, mit christlichen Fürsten auf dem Balkan und mit dem eingekesselten Byzanz als Vasallen zu arrangieren. In seiner kurzen Regierungszeit vergrößerte er das ererbte Reich beträchtlich.

Dem besiegten Serbien gegenüber war „Bajasid“ unnachgiebig. König Lazars Sohn „Stephan“ musste dem Sultan seine Huldigung darbringen. Gleichzeitig verschwägerte er sich mit dem Unterlegenen, indem er dessen Schwester zur Frau nahm. Die Serben wurden zur Heeresfolge verpflichtet. Der neue Sultan wusste nur zu gut, dass sich ihm mit den tapferen Serben an seiner Seite, auf dem Balkan weit und breit niemand mehr entgegen stellten konnte. Dass die Bulgaren vor und während der Schlacht auf dem Amselfeld im christlichen Heer kämpften, anstatt für die Osmanen Kontingente zu stellen, bestrafte „Bajasid“ dadurch, dass er dieses Land kurzerhand seinem Reich einverleibte.
1391 kam es zur ersten systematischen Belagerung von Konstantinopel. Eine lückenlose Einschließung war noch nicht möglich, wohl aber eine ständige Bedrohung durch ein Heerlager vor der

Stadt, das die Versorgung der Bevölkerung ernsthaft beeinträchtigte. Kaiser „Manuel II." war jedoch nicht der Mann, der den drohenden Fall seiner Stadt als unabwendbares Schicksal hinzunehmen bereit war. Er entwickelte europaweit eine fieberhafte diplomatische Tätigkeit, von der er sich Unterstützung gegen die Osmanen erhoffte. Doch der Versuch eines Kreuzfahrerheeres, Konstantinopel aus der Umklammerung Osmanen zu befreien, wurde durch „Bajasid" erfolgreich abgewehrt.

Der Westen war geschlagen, die tödliche Gefahr kam jetzt aus dem Osten. Dschingis Khans selbst ernannter Erbe, „Timur Lenk", im Abendland auch als „Tamerlan" bekannt, hätte das Osmanenreich mit einem einzigen fürchterlichen Schlag fast zerschmettert. Es ging zunächst nur um Territorien an den Nahtstellen zwischen dem osmanischen und dem Timurschen Machtbereich.
Das Reich Timurs erstreckte sich über Südrussland rund um die Wolga, auf die heutigen Gebiete der zentralasiatischen Republiken der ehemaligen Sowjetunion und auf Persien, den Irak und Syrien. Nun war „Bajasid" auf Beute aus und unvorsichtig genug, in die Hegemonialsphäre Timurs am Oberlauf des Euphrat vorzudringen. Damit lieferte er den ersten Grund zur Konfrontation.
Zudem wurde „Timur" von den anatolischen Kleinfürsten zu Hilfe gerufen, die der Sultan um ihre Emirate gebracht und sogar gefangen genommen hatte. Das noch immer starke Emirat Karaman sah ohnehin in jedem Feind der Osmanen seinen eigenen Verbündeten.
Zum großen Krieg gab es ein grausiges Vorspiel im Jahre 1400: „Timur" drang in osmanisches Gebiet vor und belagerte die wichtige Stadt Sivas in Zentralanatolien. Nach tapferer Verteidigung ergaben sich die Bewohner. Der Eroberer befahl die Plünderung, Brandschatzung und die Ermordung des größten Teils der Bevölkerung. Mit der Besatzung geriet auch ein Sohn Bajasids, „Ertogrul", in Gefangenschaft. Timur ließ ihn nach einigen Tagen ungerührt hinrichten. Daraufhin eilte „Bajasid" mit seinem Heer nach

Anatolien, doch „Timur“ hatte das osmanische Gebiet bereits verlassen und sich mit seinem Heer nach Syrien zurückgezogen.
Erst 1402 kam er zurück und stellte sich bei Ankara zur Schlacht. Gegen Ende des Kampfes nahmen Timurs Männer Bajasid, der sich seine Niederlage bis zum bitteren Ende nicht eingestehen wollte, gefangen. Der Sultan starb etwa ein Jahr danach, immer noch als Gefangener Timurs. Angeblich führte der Sieger den unglücklichen Bajasid mit einer goldenen Kette um den Hals, eingesperrt in einem Käfig, auf seinen weiteren Feldzügen als lebende Trophäe mit sich.
Im März 1403 verließ Timur Anatolien. Das unterworfene Land überließ er seinem Schicksal: Der Weltenstürmer wollte sich China zuwenden und Dschingis Khans Nachfolge damit vollenden. Doch ehe er sein Ziel erreicht hatte, starb er 1405.
Der in Gefangenschaft gestorbene Sultan Bajasid hinterließ fünf Söhne: Suleiman, Mehmed, Isa, Musa und Kasim. Ein sechster, Mustafa, war verschollen.
„Suleiman“, der Älteste, herrschte auf den europäischen Gebieten des Osmanischen Reiches mit der Hauptstadt Edirne. „Isa“ gebot über das osmanische Kernland mit Bursa. „Mehmed“ kontrollierte andere Gebiete Anatoliens.
„Musa“ erhielt keinen Anteil am zerfallenden Reich. Die Legitimität schien „Suleiman“ zu stützen: Er war der älteste Sohn Bajasids. Die höchsten Würdenträger des Reiches standen hinter ihm. Doch galt ein Herrschaftsgebiet nicht als Osmanenreich, welches keinen Quadratkilometer anatolischen Bodens und damit des Kernlandes umfasste.
In die Bürgerkriege zwischen 1403 und 1413 waren vier Brüder verwickelt. Erst bekämpften sich die beiden in Kleinasien etablierten Brüder Isa und Mehmed. Isa unterlag nach mehreren Waffengängen. In der Zwischenzeit war es Suleiman gelungen, anatolische Gebiete zu besetzen und dadurch seine Position und zugleich seine Legitimität zu stärken. Musa, der bei der Teilung des Reiches 1403 ohne Land gebliebene Bruder, meldete sich nun eben-

falls auf dem umkämpften Schauplatz zu Wort. Er bekriegte Suleiman und besiegte ihn. 1411 fiel der Unterlegene einem Attentat zum Opfer.
So blieben nur noch zwei Brüder in der Arena: Musa, nunmehr Herr des Westens, und Mehmed. 1413 errang dieser den Sieg über Musa und damit die Alleinherrschaft über das, was vom Osmanischen Reich übrig geblieben war. Es sollte Jahrzehnte dauern, ehe das geschrumpfte Reich durch Zurückeroberung verlorener Gebiete wieder die Größe erreichte, die die Osmanen schon um 1400 beherrschten.

1413 wurde das Reich also unter „Mehmed I." wieder vereint, zur Ruhe aber gelangte es vorerst noch nicht. 1420 kam es zu einem Bürgerkrieg, der unter dem Namen „Derwisch-Aufstand" in die Geschichte eingegangen ist. Die Verarmung des Landes durch Timurs Einfall war der Nährboden für religiöse Fanatiker. In so genannten „Sufi"-Brüderschaften schlossen sich Staatsgegner zusammen.
Die Derwische wurden geschlagen, ihre Anführer gekreuzigt oder enthauptet. „Mehmed I." überlebte die Niederwerfung des Aufstandes nicht lange. Er starb 1421 in Adrianopel. Sein Sohn, „Murad II.", trat die Nachfolge an.
Der konsolidierte das Reich und entschloss sich 1444, nachdem er glaubte, sich mit dem erstarkten Hauptgegner Ungarn arrangiert zu haben, zu einem in der osmanischen Geschichte ungewöhnlichen Schritt – er dankte ab. Der regierungsmüde Herrscher übertrug die Staatsgeschäfte auf seinen minderjährigen Sohn, den späteren großen Herrscher „Mehmed II.", genannt „Der Eroberer".
Der Mann im Turban mit dem auffallend scharfen Blick und der feinen Raubvogelnase, dessen Porträt von „Gentile Bellini" den Besuchern der Londoner Nationalgalerie als Kunstwerk fasziniert, machte Weltgeschichte. Er war nicht nur ein brillanter Feldherr, sondern auch allem Neuen gegenüber aufgeschlossen. Auf dem Gebiet von Außenpolitik, Diplomatie, Gesetzgebung und Organi-

sation war er zu seiner Zeit unübertroffen. Er beschäftigte sich mit Astronomie, war ein Bewunderer der griechischen Antike und sprach sechs Sprachen: Türkisch, griechisch, französisch, arabisch, hebräisch und persisch. Ratschläge hörte er sich an, entschied dann aber unbeirrbar selbst und duldete nicht den geringsten Widerspruch.
Zu Beginn seiner Herrschaft hatte er sich vor allem ein Ziel gesetzt: Die Eroberung von Konstantinopel. Zunächst kümmerte sich der 20jährige Herrscher um die außenpolitische- und militärische Absicherung seines Planes. Am 20. September 1452 schloss der Sultan einen Waffenstillstand mit Ungarn, wohl wissend, dass er dann auch von den restlichen abendländischen Staaten nichts zu befürchten hatte. Auch mit Venedig arrangierte er sich durch Friedensverträge.
Die Streitmacht, die Konstantinopel belagerte und schließlich im Frühjahr 1453 mit gewaltigen, nie zuvor gesehenen Kanonen sturmreif schoss, soll 80.000 Mann gezählt haben. Die Verteidiger boten gerade einmal 8.000 Kämpfer auf, darunter viele Genuesen und einige Venezianer. Am 29. Mai begann der Angriff. Die Griechen und ihre wenigen Bundesgenossen wehrten sich mit dem Mut der Verzweiflung.

Doch dann wurde der heldenmütige General „Giustiniani" schwer verwundet. Er verließ seinen Gefechtsstand, um sich verbinden zu lassen. Sein Abgang verwirrte die Verteidiger. Sie waren nicht mehr in der Lage, Widerstand zu leisten. Die letzte Phase der Schlacht und darüber, was danach geschah, hat der Derwisch „Ahmed" überliefert:

„Die Osmanen stürmten, und am Dienstag wurde die Festung genommen. Da gab es gute Beute. Gold und Silber und Juwelen und kostbare Stoffe wurden in das Heerlager gebracht und in Haufen aufgestapelt. All dieses wurde nun feilgeboten. Die Giauren (Ungläubigen) von Istanbul wurden zu Sklaven

gemacht, und die schönen Mädchen nahmen die Kämpfer in die Arme … "
Ein anderer, abendländischer Chronist schrieb: „ … **das gesamte Heer des Sultans brach in die Stadt ein, mordete und metzelte auf den Straßen, in den Häusern und in den Kirchen. Der griechische Kaiser … verteidigte sich tapfer und leistete den Angreifern so lange Widerstand, bis er getötet wurde. Ein Krieger hieb ihm, als er tot war, den Kopf ab, trug ihn herbei und warf ihn dem Sultan vor die Füße mit den Worten: Glücklicher Herr, da hast du den Kopf deines ärgsten Feindes … "**

Kaiser „Konstantin XI. Palaiologos" war im offenen Kampf gefallen. Des Kaisers Kopf ließ der siegreiche Sultan erst öffentlich ausstellen, dann in prunkvoller Verpackung in der islamischen Welt herum zeigen.
Auch dem Reich war mit der Hauptstadt der Kopf abgeschlagen worden.
1456 begann Mehmed II. seinen nächsten Feldzug. Diesmal zog er mit einem gewaltigen Heer nach Norden, um Belgrad einzunehmen und damit das Tor zu Ungarn aufzureißen. Mitte Juli zerbarsten Mauern und Bastionen unter der Gewalt der Kugeln aus den mächtigen Kanonen der Türken. Belgrad war sturmreif geschossen. Erst jetzt rückte das christliche Entsatzheer an, 60.000 Mann unter dem Befehl des ungarischen Heerführers „Janos Hunyadi". Es gelang ihnen, die Osmanen zu besiegen und zu vertreiben.
Doch die Kämpfe und Eroberungen auf dem Balkan gingen weiter. Als Sultan Mehmed II. 1481 plötzlich starb – Chronisten vermuten einen Giftmord –, gehörte die ganze Balkanhalbinsel bis auf wenige venezianische Enklaven – so die Freistadt Ragusa, Dubrovnik und einige ungarische Stützpunkte – dem osmanischen Reich an.
Mehmeds Sohn Bajasid hatte die übliche Feuerprobe zu bestehen, um die Nachfolge antreten zu können. Zu Auseinandersetzungen um die Thronfolge – und auch zu den berüchtigten Brudermorden

unter den Nachfolgern Osmans – kam es in der türkischen Geschichte ständig, weil die einzige feste Regel der Thronfolge nur generell vorschrieb, dass ein neuer Sultan dem Hause Osman angehören muss. Eine Bevorzugung des ältesten Sohnes des verstorbenen Herrschers gab es nicht. Der Erstgeborene hatte höchstens bessere Chancen, sich des Thrones zu bemächtigen, zumal wenn er vom Großwesir gefördert wurde. Auch die Parteinahme der Janitscharen-Truppe, der militärischen Elite, fiel stark ins Gewicht. Eine Empfehlung zum Thronfolger durch den Vater war ein Bonus, aber nicht unbedingt ausschlaggebend. Alles in allem war die Thronfolge weniger eine Frage der Legitimität als eher der Kraftprobe zwischen den Brüdern, falls es überhaupt mehrere gab. 1481 hießen die Kontrahenten „Bajasid" und „Dschem". Zwei andere Söhne hatte der Eroberer überlebt. Einige Indizien sprechen dafür, dass Sultan Mehmed nicht den älteren Bajasid, sondern Dschem als Nachfolger bevorzugt hätte. Es kam zu einem kurzen Bürgerkrieg, den Bajasid ohne große Mühen gewann.
Nach seiner Niederlage zog sich Dschem 1482 freiwillig nach Rhodos als willkommenes Faustpfand der stark in Bedrängnis geratenen Johanniter zurück. Bald schickten ihn die Ritter nach Südfrankreich und hielten ihn dort fünf Jahre in ihrer Obhut. Schließlich wurde er zunächst dem Papst, dann dem König von Frankreich, „Karl VIII.", als Geschenk ausgeliefert. Dschem starb mit 36 Jahren in Neapel, ganz plötzlich. Zu plötzlich.

Es gehört keine große Phantasie dazu: Natürlich steckte sein Bruder Bajasid hinter dem plötzlichen Tod des Prinzen. Denn bereits zuvor hatte der Sultan nichts unversucht gelassen, um ihn in seine Hände zu bekommen und den jeweiligen „Beschützern" hohe Summen versprochen, sollten sie ihn ausliefern.
„Bajasid II." wird von seinen Zeitgenossen als frömmelnder, schwacher Herrscher beschrieben. Doch in der Verfolgung seines Bruders bewies er große Hartnäckigkeit. Es gelang ihm auch, sein Staatsgebiet auf dem Balkan beträchtlich zu vergrößern. Auf dem

Westufer des Schwarzen Meeres wurden von den Osmanen 1484 die wichtigen Häfen Kilia und Akkermann eingenommen.
In den letzten Jahren seiner Herrschaft war Bajasid kränklich und passiv. Die Auseinandersetzung dreier seiner zahlreichen Söhne um die Thronfolge überschattete seinen Lebensabend.
Der streitbare „Selim“ war derjenige, den sich die kriegslüsternen Janitscharen als künftigen Herren wünschten. Dieser ungestüme und brutale Thronaspirant zwang den 65jährigen Bajasid am 25. April 1512 zur Abdankung. Unterwegs nach Trakten, wo er zurückgezogen zu leben wünschte, starb der alte Sultan. Wiederum wird ein Mord vermutet. Selim soll seinen Vater vergiftet haben.
„Selim I.“ war durch und durch Soldat, draufgängerisch und rücksichtslos. Aber zugleich klug und konsequent. Die Nachwelt gab ihm den Beinamen „der Gestrenge“. Seine Brüder, „Ahmed“ und „Korkut“, lehnten sich gegen ihn auf. Der erstere unterlag in einer Schlacht, Korkut unternahm einen vergeblichen Versuch, die Janitscharen für sich zu gewinnen. Beide ließ Selim kaltblütig hinrichten, ebenso wie fünf seiner Neffen, die Söhne der verstorbenen Brüder.
„Selim“ wurde kurz nach dem Besteigen des Throns vom persischen Schah „Ismail“ provoziert. Der Herrscher aus dem Geschlecht der Safawiden besetzte osmanisches Gebiet und unterstützte Aufständische.
Mit einem großen, an die 140.000 Mann starken Heer trat Selim gegen die Eindringlinge an. Am 23. August 1514 kam es zur Schlacht und zur vernichtenden Niederlage der Perser bei Tschaldiran in Ost-Anatolien, nördlich des Van-Sees. Für den Schah bedeutete das noch nicht das Ende seiner Herrschaft. Wegen der fortgeschrittenen Jahreszeit musste Selim den Feldzug in dem unwirtlichen Gebirge abbrechen. Außerdem war es nicht sein Ziel, das Safawiden-Reich zu zerschlagen, sondern es lediglich in die Schranken zu verweisen.

Den nächsten Feldzug führte der Sultan gegen Syrien und Ägypten, um den dortigen Staat der Mameluken zu zerschlagen. Am 12. Oktober 1516 marschierte er in Damaskus ein, im Januar 1517 besiegte er den letzten Mameluken-Sultan „Tumanbeg“ in der Nähe von Kairo. Das osmanische Großreich erstreckte sich von nun an auf Gebiete dreier Kontinente: Europa, Kleinasien und Afrika.
Selim starb unerwartet früh im Alter von 46 Jahren am 20. September 1520. Seinen Eroberungen war es zu verdanken, dass der neue Sultan keinen Zweifrontenkrieg zu fürchten brauchte, als er sich nun Europa zuwandte.
Ohne Widersacher, ohne Brudermord konnte der 26jährige „Suleiman“ die Nachfolge Selims antreten. Sein Vater Selim hatte sich nach der Geburt des Erben konsequent den Lustknaben seines Harems zugewandt und so Erbstreitereien vermieden.
Kurz nach seiner Thronbesteigung schritt „Suleiman II.“, den die Europäer „den Prächtigen“ nannten, zur Tat. Schon seine Vorgänger hatten Pläne geschmiedet, die schwachen aber wohlhabenden Habsburger zu überfallen und dadurch – ein angenehmer Nebeneffekt – die aufsässigen Ungarn an der Nordgrenze einzukreisen.
Eine osmanische Delegation, die mit den Ungarn über den Durchmarsch verhandeln sollte, wurde ohne viel Federlesens schmählich hingerichtet. Ein törichter Akt. Suleiman handelte sofort. Ungewöhnlich früh, bereits im Frühjahr 1521, verließen drei osmanische Heerzüge Edirne Richtung Nordwesten. 3000 Kamele schleppten 300 Geschütze, Munition und üppige Lebensmittel für die gewaltige Streitmacht. Es war der erste Feldzug des Sultans. Die Ungarn hatten die Monate nach der Exekution der osmanischen Diplomaten – zweiter Fehler – nicht genutzt. Kein Heer war aufgestellt worden, nur kleine Besatzungen bewachten die Burgen im Süden des Landes. Es fehlte ihnen an Geschützen und Munition. Eigentlich an allem.
Eine eilig aus dem Boden gestampfte ungarische Streitmacht konnte gegen die osmanische Kriegsmaschinerie nichts ausrich-

ten. An einen Entsatz der Burgen, die Suleiman belagern ließ, war nicht zu denken. Schabatz fiel am 8. Juli, Belgrad am 29. August. Die Donaulinie war überschritten, das Tor zu Ungarn offen.
Doch Suleimans Heer trat – getreu der traditionellen behutsamen Strategie der Osmanen – keinen Eroberungszug nach Norden an, sondern entschloss sich für den Rückzug. Bevor der Sultan zum letzten Schlag gegen die Ungarn ausholte, hatte er noch vor, Rhodos einzunehmen.
Im Sommer 1522 konzentrierten sich die See- und Landstreitkräfte der Osmanen auf die vom Johanniterorden gehaltene mächtige Inselfestung. Trotz der heroischen Verteidigung durch die Ordensritter sahen sich die Verteidiger gezwungen, das Angebot Suleimans auf ehrenhafte Übergabe am ersten Weihnachtstag 1522 anzunehmen. Am 26. Dezember nahm der Sultan die Kapitulation des Großmeisters entgegen, den er mit ritterlichem Respekt empfing und ihn mit seiner Mannschaft unbehelligt davon segeln ließ.
Am 23. April 1526 brach Suleiman von Konstantinopel, das nunmehr „Istanbul" hieß, zum neuen Ungarnfeldzug auf. In den letzten Augusttagen stand ein etwa 28.000 Mann zählendes christliches Heer den 60.000 Osmanen bei Mohács gegenüber.
Die abendländische Geschichtsschreibung betrachtet Mohács als eine wichtige Entscheidungsschlacht, und dies zu Recht: Brachte Mohács doch die Zerschlagung des ungarischen Staates und die darauf folgende Ausdehnung des osmanischen Machtbereichs bis an die Grenze der habsburgischen Lande und damit bis zur deutschen Mitte des Kontinents. Die Schlacht dauerte eineinhalb Stunden, 24.000 Ungarn fielen im Feuer der mörderischen osmanischen Artillerie. Die meisten Würdenträger des Landes starben den Heldentod. Nur 4000 Männern gelang die Flucht. Unter ihnen der junge ungarische König „Ludwig" – der aber kurz darauf unter ungeklärten Umständen starb – gelang die Flucht.
Suleiman wurden am 10. September 1526 die Schlüssel der Hauptstadt Buda überreicht. Sieben Tage später trat er den Rückzug an. Das Land zu annektieren lag nicht in seinem Interesse. Er wollte

Ungarn als Pufferstaat zum „Heiligen Römischen Reich deutscher Nation“ erhalten. Auf diese Weise war er auch nicht zum dauernden Konflikt mit dem Habsburger „Ferdinand“ gezwungen, der 1526 Böhmen, Mähren und Schlesien an sich gebracht hatte und damit zum wichtigsten europäischen Widersacher der Osmanen aufgerückt war.
Suleiman schloss 1528 ein Militärbündnis mit dem Nachfolger Ludwigs, „Janos I.“, den die ungarische Ständeversammlung zum König von Ungarn ausgerufen hatte.
Bereits im September des folgenden Jahres stand der Sultan mit einem gewaltigen Heer vor den Toren Wiens. Doch die mitgeführte leichte Artillerie reichte nicht aus, die Wälle sturmreif zu schießen. Drei große Attacken misslangen. Die Elitetruppe der Janitscharen lernte die deutschen Landsknechte als ebenbürtige Gegner kennen. Am 16. Oktober 1529 brach Suleiman die Belagerung ab. Dieser Rückzug war keine einmalige Schlappe, sondern der Anfang der Stagnation des osmanischen Eroberungslaufes in Europa. Immerhin: Mitte des 16. Jahrhunderts erstreckte sich das osmanische Imperium über ein Gebiet von etwa 2.250.000 Quadratkilometern. Das entspricht ungefähr der Fläche des heutigen Europas, wenn man Skandinavien, die Balkanländer und die ehemalige Sowjetunion nicht mitzählt. Hinzu kamen Territorien mit Vasallen- oder sonstigem Sonderstatus, wie das Khanat der Krimtataren, die Walachei, die Moldau und mehrere Fürstentümer im Nahen Osten.

Kummer bereiteten dem alternden Sultan seine Söhne. Der älteste, „Mohammed“, starb im jugendlichen Alter. Ein anderer Sohn, „Dschihandschir“, war ein Krüppel und starb ebenfalls früh. Mehr noch als der Tod zweier seiner Söhne plagte den um die Zukunft des Reiches bangenden Sultan die Rivalität dreier Söhne, die überlebten.
Die Historiker sind voll des Lobes über den ältesten, „Mustafa“, der die Begabung seines Vaters geerbt hatte und auch äußerlich der

majestätischen Gestalt Suleimans glich: Jeder Zoll eine Herrscherpersönlichkeit, war „Mustafa“ der viel versprechende Thronfolger und der Favorit der Janitscharen.
Sein Rivale „Selim“ war ihm als Trunkenbold zwar in keiner Beziehung gewachsen, doch erfreute er sich der Unterstützung einer überaus mächtigen Person, nämlich seiner Mutter: Es war „Khurrem“, die rothaarige Schönheit mit den grünen Augen. „Roxelane“ – die Russin – genannt, mit welcher der verliebte Suleiman trotz seines Harems in einer Art von Monogamie lebte. Sie, eine geübte Intrigantin, trachtete nach dem Leben des Prinzen Mustafa, des Sohnes einer anderen Frau, welcher der Thronfolge ihres Sohnes Selim im Wege stand.
Khurrem bezichtigte Mustafa des Verrats, der Anmaßung kaiserlicher Herrschaft. Der Prinz wurde ins Heerlager Suleimans befohlen und bei Betreten des väterlichen Zeltes erdrosselt. So kam Selim dem Thron um einen großen Schritt näher.
Doch noch lebte sein leiblicher Bruder „Bajasid“, ein talentierter junger Mann. Zwischen den Brüdern entbrannte noch zu Lebzeiten Suleimans in Westanatolien ein offener Krieg. „Bajasid „unterlag in einer Feldschlacht, zog sich zunächst nach Ostanatolien zurück und fand schließlich bei den Persern Zuflucht. Allerdings half ihm auch das nichts: Ein osmanisches Exekutionskommando durfte nach Persien reisen und Bajasid 1561 hinrichten.
Am 6. September 1566 starb Sultan Suleiman während der Belagerung der ungarischen Burg Szigetvár eines natürlichen Todes. Ein Jahr zuvor hatte er die größte Niederlage seines Lebens einstecken müssen: Bei dem Versuch, Malta zu erobern, das von den Johannitern verteidigt wurde, scheiterte er, trotz eines gigantischen Materialeinsatzes.
Was folgte, war eine Schwächung an der Spitze des Staates: Die Sultane „Selim II.“ und sein Sohn „Murad III“. waren Schwächlinge. Selim war dem Alkohol verfallen, Murad kümmerte sich nur um seinen Harem. Ein Glück für die Osmanen, dass Großwesir „Mehmed Sokollu Pascha“, ein besonders fähiger, weiser Staats-

mann, die Geschicke des Weltreiches von 1566 bis 1578 mit fester Hand lenkte. Allerdings nur solange, wie ihm die Sultane nicht ins Handwerk pfuschten. Als er die Politik bestimmte, entrissen die Osmanen dem Stadtstaat Venedig die wichtige Insel Zypern, gingen aber gegen eine vereinte Flotte der Christen in der berühmten Seeschlacht von Lepanto am 7. Oktober 1571 unter. Doch die christliche Koalition zerfiel und nutzte so diesen Sieg nicht. Die Türken behielten Zypern und Venedig zahlte sogar noch immense Summen an Reparationen.
Im Osten gewann das Osmanische Reich mit Unterstützung der Usbeken auch noch Georgien und Aserbeidschan hinzu. 1596 siegte der neue Sultan, „Mehmed III.“, bei dessen Thronbesteigung gleich 16 Brüder umgebracht wurden, gegen ein Heer der Habsburger bei Mezökeresztes. Das war der letzte Sieg der Osmanen auf einem ungarischen Kriegsschauplatz.
Die Zeit der Expansion waren nun endgültig vorbei.
Es kam aber noch schlimmer: Die Sultane von 1566 bis 1648 waren meistens schwach, geistesgestört, starben im Kindesalter oder wurden ermordet. Auch das Amt des Großwesirs verkümmerte in der ersten Hälfte des 17. Jahrhunderts. Im despotischen Osmanenstaat war die Macht auf eine Person an der Spitze zugeschnitten, von deren Fähigkeiten alles abhing.
Noch einmal wollten sich die Osmanen mit den verhassten Habsburgern im Norden messen. Am 1. Juli 1683 gab Sultan „Mehmed IV.“ seine Entscheidung bekannt, den Feldzug gegen den deutschen Kaiser und österreichischen König selbst anzuführen. Allerdings übertrug er ein Jahr später den Oberbefehl dem Großwesir „Kara Mustafa“ und blieb selbst in Belgrad zurück.
Das kaiserliche Heer, etwa 30.000 Mann, war den Osmanen mit etwa 120.000 Mann, hoffnungslos unterlegen. Am 14. Juli begann die Belagerung von Wien. Die Verteidiger schlugen sich tapfer. Ein Angriff nach dem anderen wurde abgewehrt. Trotz der heldenhaften Gegenwehr war sich der Großwesir Kara Mustafa seiner

Sache sicher. Er rechnete nicht mit einem christlichen Entsatzheer. Und so geschah das Unvermeidliche.
Am 31. März 1683 kam ein Militärbündnis zwischen dem polnischen König „Jan Sobieski" und dem Habsburger Kaiser „Leopold I." zustande. Am 12. September 1683 gerieten die türkischen Belagerer plötzlich zwischen zwei Feuer: Das mächtige Heer des Polen fiel ihnen in die Flanke und in den Rücken.
Kara Mustafa ereilte das osmanische Schicksal der Verlierer: Im November 1683 erschienen beim Großwesir, der sich nach Belgrad gerettet hatte, zwei Abgesandte der Pforte: Der eine forderte von ihm das Reichssiegel, der andere soll ihn, wie es Tradition war, mit einer grünen Kordel erwürgt haben. Nach anderen Berichten soll sich der glücklose Großwesir selbst erdrosselt haben.

Das Abendland setzte nach: 1686 wurde die Festung Buda genommen, vier Jahre später Belgrad. Doch die Osmanen eroberten die Stadt wieder zurück. Eine endgültige Wende brachte das Jahr 1697: Das militärische Genie des Prinzen „Eugen von Savoyen-Carignan", inzwischen Oberbefehlshaber der kaiserlichen Truppen in Ungarn, schlug die Türken in der Entscheidungsschlacht von Zenta vernichtend.
Am 26. Januar 1699 schloss das Osmanische Reich im serbischen Karlowitz Frieden mit seinen Feinden. Es verlor die ungarischen Territorien, ausgenommen den Banat, an Österreich, Teile Dalmatiens, Stützpunkte in Albanien und auf dem Peloponnes an Venedig, die Festung Asow an Russland.
Dennoch blieb das Osmanische Reich auf der diplomatischen Ebene eine geachtete und militärisch noch gefürchtete Großmacht. Das Imperium verharrte in der strategischen Defensive. Der formale Besitzstand des Osmanischen Reiches im Nahen Osten blieb bis zum 1. Weltkrieg erhalten.
Im 19. Jahrhundert war der Niedergang des Osmanischen Reiches dann alles andere als ein unaufhaltsamer, geradliniger Weg nach unten. Doch sprechen die Fakten eine klare Sprache, wenn man

die Lage des Landes an der Schwelle zum 1. Weltkrieg unter die Lupe nimmt. Das Reich wurde nicht so sehr auf den Schlachtfeldern besiegt als vielmehr zu Tode europäisiert. Reformen gingen freilich auch von der Erkenntnis aus, sich einer neuen Epoche anpassen zu müssen.

Die Staaten des modernen Europas mischten sich in die Innenpolitik des Osmanischen Reiches ein und gebärdeten sich als die Verfechter der Rechte der Christen unter osmanischer Herrschaft. Dabei ging es ihnen in Wirklichkeit nur darum, ihr eigenes machtpolitisches Süppchen zu kochen. Der Begriff vom „kranken Mann am Bosporus“ verhakte sich in der Geschichte. Die islamische Theokratie – und das sollte sich als verhängnisvoll erweisen – war letztendlich unfähig, sich auf moderne Zeiten einzustellen.

Serben, Griechen und Bulgaren erhoben sich gegen die Sultane. Die Russen brachen einen Streit nach dem anderen vom Zaun, um sich Gebietsgewinne zu sichern und ihren Einfluss auf dem Balkan zu stärken.

Neue Impulse für das Imperium kamen aus einer radikal oppositionellen Bewegung, die ihren Namen von einer in Paris erscheinenden Emigrantenzeitung, „La Jeune Turyuie“, die junge Türkei, erhielt. Diese „Jungtürken“ entwickelten eine Ideologie, die auf türkischem Nationalismus basierte. Studenten, junge Offiziere, Intellektuelle und Staatsbedienstete schlossen sich in diesem Bund zusammen. Nach der Jahrhundertwende erstarkte die Opposition in der Emigration und im Inland.

Sultan „Abdulhamid II.“ reagierte stets mit Gewalt, aber 1908 half ihm auch das nicht mehr. Von jungtürkischen Offizieren angeführte Militäreinheiten meuterten auf dem Balkan und drohten, gegen die Hauptstadt zu marschieren. So war Abdulhamid gezwungen, eine schon 1876 eingesetzte und dann von ihm wieder abgeschaffte Verfassung erneut in Kraft zu setzen. 1909 wollte der Monarch seine autoritäre Macht wieder herstellen, scheiterte aber.

Der radikale Flügel der Jungtürken, das Komitee „Einheit und Fortschritt“, dessen führende Köpfe „Enver Pascha“ und „Talat

Pascha“ waren, setzte nun im Gegenzug Abdulhamid ab und inthronisierte dessen Bruder, der als Sultan den Namen „Mehmed V.“ erhielt. Der neue Herrscher führte die Verfassung pro Forma wieder ein, aber die wirkliche Macht übten aus dem Hintergrund die Jungtürken aus. Sie schrieben der zivilen Regierung das Handeln vor. Der Sultan wurde endgültig zur Marionette degradiert.
Das Osmanische Reich hatte vor Ausbruch des 1. Weltkrieges keinem Militärbündnis angehört. Trotz der ausgeprägten Deutsch-Orientierung einer Mehrheit der jungtürkischen Politiker war der Anschluss an die Mittelmächte keine Selbstverständlichkeit.
Aber Deutschland war Russlands Gegner und Russland durfte nicht siegen, da es sonst seinen alten Traum des Griffes nach dem Bosporus realisiert hätte. Die türkischen Militärs sympathisierten offen mit den Deutschen, und öffneten für deren Kriegsschiffe den Hafen von Istanbul. Da erklärten die Alliierten Westmächte England und Frankreich im Oktober 1914 dem Osmanischen Reich offiziell den Krieg.
Die sich 1918 abzeichnende Niederlage der Mittelmächte rief Verbitterung gegen die Regierung der Jungtürken hervor. Kurz vor Kriegsende wurde sie von liberaldemokratischen Kräften abgesetzt. „Enger Pascha“, „Talar Pascha“ und ihre Anhänger gingen in die Emigration. „Talar“, der Hauptschuldige des Völkermordes an den Armeniern, wurde in Berlin von einem armenischen Rächer auf offener Straße erschossen.
Sultan „Mehmed V.“ starb im Juli 1918. „Mehmed VI.“ bestieg den Thron. Ehe es zum Friedensschluss mit den Siegermächten am 10. August 1920 in Sevres bei Paris kam, zerfiel das Reich unter der Einwirkung fremder Mächte, die die Überreste der Beute unter sich aufteilen wollten und auch vor dem anatolischen Kernland nicht halt machten.
Der Offizier „Mustafa Kemal“ wurde zum Retter der Türkei, bewahrte das Land vor der Zerstückelung. „Atatürk“, der Vater der Türken, formte den modernen türkischen Staat. Er organisierte nach der Kapitulation den nationalen Widerstand gegen die Ein-

dringlinge, vor allem gegen die Griechen, die von einer Auferstehung des untergegangenen Byzanz träumten. Drei Jahre dauerten die blutigen Kämpfe, dann mussten sich die Griechen geschlagen zurückziehen.
Die Hauptstadt der Türkei wurde nach Ankara verlegt. Mit der Ausrufung der Republik am 29. Oktober 1923 endete die Geschichte des Osmanischen Reiches. „Mehmed VI.“, der letzte Sultan und Nachfolger des Staatsgründer Osman, war bereits ein Jahr zuvor ins Exil gegangen.

Azteken-Reich

Um kaum ein Volk Südamerikas ranken sich derart viele Mythen wie um die Azteken. Bezeugt ist lediglich, dass sich im Jahre 1345 n. Chr. ein Nomadenstamm aus dem Nahuatl-Sprachraum am Ufer des Texcocosees, dort, wo sich heute Mexico-City ausbreitet, niederließ. Diese Leute bezeichneten sich selbst als „Mexica“ und gaben ihrer neu gegründeten Stadt den Namen „Mexico Tenochtitlán“.
Einer der Ursprungsmythen der Mexica berichtet von einem fiktionalen Herkunftsort namens „Chicomotzóc“, dem „Ort der Sieben Höhlen“. Einer noch interessanteren und geheimnisvolleren Erzählung zufolge begaben sich die Mexica von „Aztlán“, dem „Weißen Land inmitten des Wasser“, aus auf die Reise und erreichten nach langer Wanderung Mexiko. Von diesem Mythos leitet sich die von Europäern übernommene Benennung „Azteken“ ab.
Wenn der Mythos einen historischen Kern enthält, dann stammen die Azteken vermutlich von einer weit entfernten Insel. Jedenfalls lag am Endpunkt des Weges der Texcocosee. Hier stellten die Priester das Standbild des Stammesgottes „Huitzilopochtli“ auf.
Nach zahlreichen territorialen Kämpfen mit benachbarten Völkern, besonders mit den kriegerischen Tepaneken, empfingen die Mexica ein Zeichen der Götter und gründeten ihr Zentrum auf

einigen sumpfigen Inseln. Nach ihrem Oberpriester „Tenoch" nannten sie die Stadt „Tenochtitlán".
1428 besiegten die Azteken die Tepaneken endgültig und unternahmen ab diesem Zeitpunkt einen Feldzug, der zwei Ziele verfolgte: Die Azteken wollten zum einen neue Handelsstraßen erschließen, zum anderen Tributzahlungen erzwingen. Sie unterwarfen deshalb zunächst ihre Nachbarn und drangen dann immer weiter entlang der Küste des Golfs von Mexiko bis in das Gebiet des heutigen Veracruz vor. Ausgewählte Gruppen, die „pochteca", erhielten den Auftrag, Handel zu treiben und bereiteten so den Weg für die wirtschaftliche und militärische Expansion – die Voraussetzung für das Imperium der Azteken.
Im Laufe der Jahrzehnte nahm die Zahl der aztekischen Götter zu, da die Eroberer verschiedene Kulte der von ihnen unterworfenen Völker übernahmen. Hauptgott blieb jedoch „Huitzilopochtli", der mit dem Krieg und der Sonnenscheibe gleich gesetzte Stammesgott der Vorväter, von dem aber keine bildlichen Darstellungen überliefert wurden. Im heiligen Bezirk von Tenochtitlán errichteten die Azteken einen großen, pyramidenförmigen Tempel, den die Spanier später „Templo Mayor" nannten.
Die Hauptfassade des Tempels ruhte auf einer gewaltigen Plattform und war nach Westen ausgerichtet. Zwei Treppen führten zum oberen Teil, wo sich zwei wichtige Heiligtümer befanden: Die Stätte im Süden war Huitzilopochtli, die im Norden dem Regen- und Fruchtbarkeitsgott „Tlaloc" geweiht. Besiegte Feinde wurden „Huitzilopochtli" geopfert. Außerdem wurden für ihn so genannte „Blumenkriege" geführt. Ziel dieser Feldzüge war es nicht, neue Gebiete zu erobern, sondern möglichst viele Gefangene zu machen, die dann dem unstillbaren Blutdurst dieses grausamen Gottes zum Opfer fielen.
Zahlreiche Herrscher versuchten, das aztekische Reich weiter auszudehnen und immer mehr Völker zu unterjochen. Als im Jahre 1502 „Moctezuma II." den Thron bestieg, hatte das Reich gewal-

tige Ausmaße erreicht und umfasste Gebiete im heutigen Mexiko, Guatemala und Belize.

„Moctezuma II.“ konzentrierte die gesamte Macht auf seine Person und verwandelte Tenochtitlán in eine prunkvolle Hauptstadt. Das ursprüngliche Zentrum auf den sumpfigen Inseln des Texcocosees wandelte sich zu einer Märchenstadt, die sich über einem Netz von Kanälen, ähnlich dem von Venedig, erhob. Gärten und Parks voller exotischer Tiere erstreckten sich neben pompösen Palästen, Privathäusern, Pyramiden und Türmen.
Zur Zeit der spanischen Eroberung lebten über 250.000 Menschen in der Stadt. Ein großer steinerner Aquadukt versorgte die Bevölkerung mit Trinkwasser. „Moctezuma“ residierte in einem riesigen Palast inmitten von zahllosen Konkubinen, Würdenträgern, Dienern und Sklaven. Der Herrscher hatte für alle Knaben, ganz gleich, welcher sozialen Schicht sie angehörten, die Schulpflicht eingeführt. Lange, sehr lange bevor man in Europa auf diese Idee kam.
Einige Stadtviertel waren Fremden vorbehalten, von denen viele als Handwerker arbeiteten. Besonders die Mixteken galten als geschickte Goldschmiede und Juweliere. Zu den verbreiteten Gewächsen gehörten außer Mais und Tomaten, „tomatl“, verschiedene Bohnensorten, Kartoffeln, Kürbisse, Chili, Ananas, Kakao und Avocados. Die meisten dieser Pflanzen gelangten nach dem 16. Jahrhundert mit der Eroberung der Weißen nach Europa.

Das Imperium der Azteken brach auf dem Höhepunkt seiner Macht unter dem Ansturm der Konquistadoren zusammen. Die Spanier waren 1519 unter der Führung von „Hernán Cortés“ in Mexiko gelandet. Moctezuma hielt die bärtigen, hellhäutigen Fremden zunächst für Gesandte des vertriebenen Gottes „Quetzalcoatl“, der, einer Legende nach, feierlich seine Rückkehr angekündigt hatte. Der aztekische Herrscher empfing die Spanier zunächst mit allen Ehren.

Doch rasch schlug die Freundlichkeit in Feindschaft um, als sich die Spanier – entsetzt über die blutigen Menschenopfer – in religiöse Belange einmischten. Sie erschlugen Priester und Edelleute und ihre Gier nach Gold und Juwelen entlarvte sie zudem als gewöhnliche Räuber, denen nichts Göttliches anhaftete. Nach zweijährigen, erbittert geführten Kämpfen nahm Cortés Tenochtitlán ein und zerstörte die Stadt. Ein Großteil der Bevölkerung wurde hingerichtet und auch „Moctezuma II." entging seinem Schicksal nicht. Den Überlebenden zwangen die Sieger den katholischen Glauben auf und unterstellten sie der spanischen Krone.
Das riesige Aztekenreich hatte aufgehört zu existieren. Sein Gebiet bildete unter dem Namen „Neu-Spanien" nun eine Kolonie der Katholischen Könige. Bis heute rätseln Historiker darüber, wie einige hundert spanische Abenteurer das mächtige Azteken-Reich quasi im Handstreich erobern und vernichten konnten.

Das spanische Kolonial- und Weltreich

„König von Kastilien, Aragon, beider Sizilien, Jerusalem, Portugal, Navarra, Granada, Toledo, Valencia, Mallorca, Sardinien, Sevilla, Córdoba, Korsika, Murcia, Jaèn, der Algarven, Gibraltar, der Kanarischen Inseln, Ost- und Westindien, der atlantischen Inseln und der Tierra Ferma, Erzherzog von Österreich, Herzog von Burgund, Brabant und Mailand, Graf von Habsburg, Flandern, Tirol und Barcelona, Herr von Biscaya und Molina … ." so lauten die Titel am Beginn der letztwilligen Verfügung Philipps II..
Die Reihenfolge der verschiedenen Besitzungen ist keineswegs zufällig. Zuerst werden die Königreiche aufgezählt, danach die Herzogtümer schließlich die Grafschaften. Mit diesen stolzen Titeln zeichnet sich das Bild einer Monarchie mit offensichtlichen Weltmachtansprüchen ab. Das spanische Reich, wie es sich um 1600 darstellte, ähnelte auf der Landkarte einem Puzzle, das sich über vier Kontinente erstreckte.

Am Ende des 16. Jahrhunderts hatte Spanisch-Amerika eine beträchtliche Flächenausdehnung. Seit der Landung des Kolumbus im Jahre 1492 auf der Insel San Salvador bis zur Gründung der Stadt Buenos Aires durch „Juan de Garay" 1580 hatte es sich kontinuierlich vergrößert. Zudem nahmen die Spanier zwischen 1564 und 1572 die Philippinen in ihren Besitz. Im Gegensatz zu den Engländern und Portugiesen begnügten sich die Spanier nicht damit, nur Stützpunkte an den Küsten aufzubauen, sondern sie wollten das gesamte entdeckte Gebiet beherrschen. Das ging meist nur gegen den Widerstand der lokalen Bevölkerung.
In ganz Spanisch-Amerika lebten um 1600 – ein Jahrhundert nach ihrer Entdeckung – neun Millionen Indianer. Um 1650 waren es weniger als fünf Millionen. Die Zahl der Spanier und ihrer Nachkommen in der Neuen Welt stieg gleichzeitig ständig an. Noch bedeutend höher war die Zahl der schwarzen Sklaven, die aus Afrika verschleppt wurden: Um 1600 erreichte sie die Millionengrenze. Auf diesen Grundlagen wuchs das spanische Imperium in Amerika.
Das überseeische Kolonialreich war in einzelne Königreiche aufgeteilt: Der König wurde durch Vizekönige vertreten, die aus dem kastilischen Hochadel stammten. Der Vizekönig von Neuspanien residierte in der Stadt Mexico, der Vizekönig von Peru in Lima, einer der zahlreichen Städte, die von den Konquistadoren gegründet worden waren.
Trotz der großen Mengen an Gold und Silber, die Spanien aus den überseeischen Kolonien erbeutete, gelang es dem Reich nie, in Europa eine Vorherrschaft zu installieren. Zuviel Kriege, zu viel Korruption, zu viel Verschwendung. Dazu mehrere verheerende Pest-Epedemien, drei Staatsbankrotte sowie schwache Herrscher verhinderten das.
Seit der missglückten Landung der spanischen Armada in England hatte die Flotte der katholischen Majestäten in Madrid ihren Ruf der Unbesiegbarkeit verloren. Englische Freibeuter kaperten, wann immer sie konnten, spanische Schatzschiffe. Portugal

erkämpfte sich seine Unabhängigkeit zurück. Im Frieden zu Münster musste der spanische Monarch „Philipp IV." 1648 die Unabhängigkeit der Niederlande anerkennen, die fortan auf den Weltmeeren zu scharfen Konkurrenten wurden. In dem Reich, in dem die Sonne niemals unterging, waren die Auflösungserscheinungen unübersehbar geworden.

Mit der „Schlacht von Ayacucho" im Dezember 1824 endete nach drei Jahrhunderten auch das älteste Kolonialreich in Amerika. Nach mehrjährigen, blutigen Kämpfen hatte Hispano-Amerika seine Unabhängigkeit errungen. Die Nationen von Südamerika konstituierten sich aber erst nach langen weiteren Auseinandersetzungen der einzelnen Völker.

In einem in der Alten Welt bisher unvorstellbaren Maße hatte Spanien die mächtigsten Reiche des vorkolumbischen Amerikas zerschlagen und einige der schwächeren nahezu vernichtet. Mit Gewalt, Ausbeutung und Ausrottung hatte es den Boden für eine neue Gesellschaft geschaffen. Trotzdem oder deshalb war es Spanien auch nach über 150 Jahren der ersten Besiedlung nicht gelungen, sich seine amerikanischen Besitzungen einzuverleiben. Neu-Spanien war kein weiteres spanisches Königreich, keine Kopie Kastiliens geworden.

Stattdessen hatte die Eroberung eine ganz neue ethnische Struktur und eine eigenständige, wenn auch ihren Ursprung nicht verleugnende spanisch-amerikanische Kultur begründet: die neue kreolische Gesellschaft.

Es gelang den Kreolen, den in den Kolonien geborenen Weißen und reichen mestizischen Kaufleuten, den Handel zwischen dem Mutterland und den Kolonien weitgehend zu kontrollieren. Spanische Händler klagten immer wieder darüber, dass sie keinen Zugang zu den amerikanischen Märkten erlangen konnten. Der Spaltpilz zwischen dem Mutterland und den immer selbstbewusster auftretenden Kolonisten war gelegt.

Bereits im 17. Jahrhundert zeichneten sich in Hispanoamerika Entwicklungen ab, die spätere Konflikte ahnen ließen. Die geringe

Präsenz spanischer Verwaltungsbeamter und die zahlenmäßig schwachen Truppen förderten den Autonomieanspruch kolonialer Eliten geradezu. Unzufriedenheit verursachten aber vor allem Steuer- und Abgabenerhöhungen. So kam es in der zweiten Hälfte des 18. Jahrhunderts verstärkt zu Aufständen gegen die koloniale Administration, die nicht mehr ausschließlich von indianischen und mestizischen Gruppen getragen wurden, sondern auch von Kreolen.

Darüber hinaus erhöhte die Einführung eines flächendeckenden Milizsystems die Militarisierung Hispano-Amerikas und legte somit die Grundlage für die militärische Durchsetzung der Unabhängigkeit. Hinzu kam, dass sich in der zweiten Hälfte des 18. Jahrhunderts das Bewusstsein der amerikanischen Eigenständigkeit verstärkte.

Hierzu trugen besonders das Verbot des Jesuitenordens und die Ausweisung seiner Mitglieder aus Hispano-Amerika im Jahre 1767 bei. Da sich unter den Ausgewiesenen viele dort geborene Jesuiten befanden und der Orden wesentliche Teile des Bildungssystems kontrolliert hatte, wurde das Vorgehen der Krone als direkter Affront gegen die Kreolen empfunden. Zumal die Vertreter des Hohen Klerus nun fast ausnahmslos aus Spanien stammten. So ist es kein Zufall, dass die wichtigsten Führer der ersten Phase der Unabhängigkeitsbewegung in Mexiko, „Hidalgos" und „Morelos", kreolische Priester waren.

Die Entwicklungen in Amerika liefen eindeutig auf die Loslösung vom Mutterland hinaus. Zudem geriet Spanien in der zweiten Hälfte des 18. Jahrhunderts in eine fiskalische Krise, der die Regierung durch Kreditaufnahme und Steuererhöhung zu begegnen suchte. Dennoch war die Krone gegen Ende des Jahrhunderts gezwungen, ihre Militärausgaben, insbesondere das Flottenbauprogramm, einzuschränken. Im ausgehenden 18. Jahrhundert war das Königreich Spanien politisch und militärisch zu einer drittrangigen Macht abgesunken.

Als Auslöser der Unabhängigkeitsbewegungen in Hispanoamerika gilt die Absetzung und Gefangennahme des spanischen Königs „Ferdinand VII." durch „Napoleon Bonaparte". Das führte in den amerikanischen Kolonien zu einem Machtvakuum. Nach spanischem Vorbild bildeten sich zwischen 1808 und 1810 in den wichtigsten hispanoamerikanischen Städten Bürgerversammlungen, so genannte „Juntas", die Herrschaftsrechte über ausgedehnte Bezirke für sich reklamierten. Die Kolonialbehörden interpretierten die Juntabewegung als einen Angriff auf die bestehende Ordnung und lösten sie, teilweise mit militärischer Gewalt, wieder auf. Den Juntas in Caracas und Buenos Aires gelang es aber, die Angriffe abzuwehren und eine größere Autonomie gegenüber den Behörden zu gewinnen. So entstanden in den Peripherien des kolonialen Imperiums, in Venezuela und am Rio de la Plata, die ersten Zentren der Unabhängigkeitsbewegung.
Mit dem Verfassungskonflikt, der im Jahre 1808 ausgelöst worden war, setzte dann der endgültige Zerfallsprozess ein. Die Kolonialisten dachten nicht daran, zum Absolutismus zurück zu kehren, nachdem im spanischen Cádiz, unter der Herrschaft Napoleons, eine liberale Verfassung in Kraft gesetzt wurde. Dazu kamen die steigenden finanziellen Forderungen der Behörden, die den Widerstand gegen Napoleon und die Entsendung von Truppen nach Amerika finanzieren mussten.
Gleichzeitig sanken die Einnahmen der kreolischen Oligarchie, da der Handel durch die von Napoleon verhängte Kontinentalsperre stark beeinträchtigt wurde.
Politische und finanzielle Unterstützung erhielten die Unabhängigkeitsbewegungen Lateinamerikas durch die USA und England. Spanien hatte im 19. Jahrhundert nicht mehr die Kraft, dagegen zu halten.
Vor allem bei der Mittelschicht der Kolonialamerikaner fanden die Ideen der Aufklärung und liberales Gedankengut ein großes Echo. Freiheitskämpfer wie „Simon Bolivar" erhielten großen Zulauf. Seine zündenden Parolen entfachte das Feuer, um Altes und Mor-

sches aus der Kolonialzeit auf den Scheiterhaufen der Geschichte zu entsorgen.
Mit der „Schlacht von Ayacucho“ war die spanische Vorherrschaft auf dem südamerikanischen Kontinents beendet. Nur die spanische Sprache, der Glaube und einige Traditionen blieben dort zurück, wo einst ein „Cordes“ oder ein „Pizarro“ mit wenigen Getreuen mächtige Reiche erobert hatten.

Das Reich der Habsburger

Die Habsburger – ihr Name wurde Programm. Er steht für Kaisertum und Altes Reich, Österreich und Donaumonarchie, Autorität und Übernationalität. Eine Dynastie, die vom Mittelalter bis ins 20. Jahrhundert herrschte. Von Madeira bis Galizien und von Belgien bis Dalmatien.
Wie wurde aus einer Grafenfamilie eine Königsdynastie? Ermöglichten die sprichwörtlich bekannten glücklichen Ehen oder doch eher Kriege und geschickte politische Koalitionen ihren Aufstieg zur europäischen Großmacht? Wie konnte diese Familie als Herrscherdynastie so viele Jahrhunderte überdauern?
Der Weg der Habsburger führt aus kleinterritorialen Verhältnissen der Grafen von Habsburg am Oberrhein über das römisch-deutsche Königtum nach Österreich, nach Böhmen, Ungarn und Italien. Dann nach Burgund und Spanien, von wo aus sich der gesamte Mittelmeer-Raum erschließt, und – unter den spanischen Habsburgern – weiter in die transatlantische Welt. In ihren Reichen überschnitten sich die Kulturkreise des Orients und des Okzidents.
Erst mit dem Ende des 1. Weltkriegs ging die Habsburger Monarchie unter. Genauso wie die Hohenzollern und Romanows wurden sie gezwungen, ihre Herrschaft aufzugeben. Ihren Spuren begegnet man bis heute noch in vielen Teilen Europas, der Mythos dieser Dynastie lebt weiter. Schließlich regierten sie fast 700 Jahre in Europa, stellten 21 deutsche und römische Kaiser.

Die „Habsburg“ steht nicht in Wien und Österreicher waren die Habsburger auch nicht. Der Name des Adelsgeschlechts leitet sich ab von einer Burg im schweizerischen Aargau – heute eher eine Ruine als eine mächtige Burganlage. Daneben findet sich ein Dorf gleichen Namens zwischen den Flüssen Aare und Reuß. Im 11. und 12. Jahrhundert, als es im europäischen Adel üblich wurde, den Stammsitz einer Familie zum Leitnamen zu wählen, belegen Quellen erstmals einen „Grafen von Habsburg“. Dieser Name geht auf ältere Nennungen der Burganlage zurück: „Habichtsburg“.
Durch Beerbung vor allem schwäbischer Adelsfamilien dehnten die Habsburger in der Folgezeit ihre Güter weiter aus. Sie gewannen politisch wertvolle Rechte hinzu, insbesondere Grafschaftsrechte, im Zürichgau, im Aargau und im Thurgau. Weiterer Einfluss kam für die Habsburger über den Besitz größerer Klostervogteien, wie über das Benediktinerkloster Murbach im Oberelsass und ihr späteres Hauskloster „Muri“ im Aargau.
Kaiser „Friedrich II.“ verlieh ihnen 1218 die Reichsvogtei „Uri“. Dadurch hatten die Habsburger eine wichtige Kontrollposition über die kurz zuvor eröffnete Straße über den Gotthard-Pass. In der Folgezeit profitierten sie immer wieder vom Aussterben verwandter Familien. In der zweiten Hälfte des 13. Jahrhunderts gehörte „Graf Rudolf IV.“ bereits zu den erfolgreichsten Territorialherren im Gebiet zwischen den Vogesen und dem Bodensee. Wohl auch deshalb wählten die Großen des Reiches ihn am 1. Oktober 1273 zum römisch-deutschen König.
Rudolf versuchte seit seiner Krönung, die Übernahme des Erbes der 1246 ausgestorbenen Babenberger Herzöge in Österreich durch den Böhmenkönig „Ottokar II.“ zu verhindern. 1278 ereilte Ottokar nach der „Schlacht bei Dürnkrut“ der Tod auf der Flucht. Aus den gegnerischen Häusern wurden nun Verbündete: Rudolf band die Erben des böhmischen Königs durch eine Doppelheirat an seine Familie. Dadurch wurde der Rechtsfrieden zwischen dem Reich und dem Königreich Böhmen neu begründet. „Wenzel II.“, Ottokars Sohn, heiratete nun Rudolfs Tochter „Gutta“, und Rudolfs

gleichnamiger Sohn heiratete „Agnes von Böhmen“, die Schwester Wenzels. Ohne dass es die Zeitgenossen ahnen konnten, sollte diese Verbindung den Weg der Habsburger auf den böhmischen Thron ebnen.

Erfolglos dagegen blieb sein Bemühen, die Kaiserkrone zu erlangen. Da half auch die Ehe seines Sohnes Hartmann mit einer Tochter des englischen Königs wenig. Die Stoßrichtung war zu offensichtlich: Rudolf wollte im Kreis der europäischen Königsdynastien als gleichberechtigt anerkannt werden und über die eigene Kaiserkrönung seinem Sohn den Weg ins Königtum eröffnen, ja möglichst ein erbliches Königtum begründen.

Mehr Glück hatte Rudolf als Territorialherr. Nach dem Tod Ottokars setzte er seine Söhne in den rechtlich unstrittigen Besitz des ehemals babenbergischen Herzogtums Österreich ein. Aus den Grafen waren über Nacht Herzöge geworden. Zum Landgewinn kam der beträchtliche Prestigezuwachs für die Familie. Da sich das Gemeinschaftsregiment seiner Söhne nicht aufrecht erhalten ließ, definierte Rudolf im Wege seiner so genannten „Hausordnung“ die Erbfolge seiner Söhne und bestellte schließlich Albrecht zum alleinigen Regenten. Mit dieser Maßnahme übten die Habsburger seit 1282 uneingeschränkt die Herrschaft im Herzogtum Österreich aus.

König Rudolf und seine Gemahlin „Gertrud Anna von Hohenberg“ wurden damit zu Stammeltern einer neuen europäischen Königsdynastie, die ihren Herrschaftsmittelpunkt kontinuierlich in Österreich und seinen Nachbarländern fand. Doch trotz verschiedener Initiativen gelang es Rudolf nicht, den einzigen überlebenden Sohn, Albrecht, zu seinem Nachfolger wählen zu lassen. Gewählt wurde Adolf von Nassau. Der Habsburger nahm die Wahl nach dem Tod Rudolfs nur widerwillig hin. Der neue König überwarf sich sehr schnell mit den mächtigen deutschen Bischöfen. Die erklärten König Adolf für abgesetzt und wählten 1298 nun doch Albrecht zum neuen Reichsoberhaupt. In der anschließenden Schlacht beider Könige und Parteien verlor Adolf bei Göllheim

sein Leben. In den Augen der Zeitgenossen ein Gottesurteil zugunsten der Habsburger.
Albrecht betrieb zielgerichtet, begünstigt durch eine große Kinderzahl, die Verbindung seiner Familie mit europäischen Königshäusern und führenden Adelsfamilien im Reich. 1306 wurde sein Sohn Rudolf, verheiratet mit der Witwe des letzten Prsemyslidenkönigs, als König von Böhmen anerkannt, was ihm das Recht gab, an der römisch-deutschen Königswahl mitzuwirken. Der mögliche Zugriff auf das Königreich Ungarn bot weiter Aussicht auf Erfolg, ebenso die anderen Ehen seiner Kinder. Doch 1307/1308 brachen alle Hoffnungen zusammen.
Rudolf von Böhmen verstarb unerwartet früh, und Albrecht selbst fiel am 1. Mai 1308 dem Mordanschlag seines Neffen Johann zum Opfer, dem Albrecht sein Erbe wiederholt versagt hatte. Der neue König, Heinrich von Luxemburg, bestätigte den Habsburgern sogleich ihre österreichischen Besitzungen, um so seine eigene Stellung im Reich zu festigen. Aber damit wurden die Habsburger auf ihre eigene Territorialherrschaft zurück geworfen, wo sie ohnehin immer wieder durch Aufstände heraus gefordert waren. Es sollte mehr als 100 Jahre dauern, bis wieder einer der ihren die Königskrone im Reich erlangte.
Der Weg der Habsburger zurück auf den römisch-deutschen Königsthron führte 1438 über das Erbe der Luxemburger Dynastie in Böhmen und Ungarn. Herzog „Albrecht V.“ gewann 1437 durch seine Ehe mit „Elisabeth von Luxemburg“, der einzigen Erbtochter König und Kaisers Sigismunds, erbrechtlich den Anspruch auf Böhmen und Ungarn und behauptete sich dort gegen Konkurrenten. Ein Jahr später wurde ihm als „Albrecht II.“ auch die Königswürde des Heiligen Römischen Reichs zuteil.
Obgleich er kaum zwei Jahre regierte – er starb auf einem Kriegszug gegen die Türken 1439 an der Ruhr – waren durch ihn mit dem Erbe der Luxemburger in Böhmen und Ungarn für das Haus Habsburg neue politische Horizonte an der östlichen und südöstlichen Peripherie des Reichsgebietes eröffnet worden. Doch vorläufig

blieb die Herrschaft über das Erbe in Böhmen und Ungarn bis zum Tod von „Ladislaus Postumus“, dem Sohn König Albrechts II., eine Episode. Es entstanden nationale Königreiche, womit die Ansprüche der Habsburger für Jahrzehnte verdrängt wurden.
Die Zeit um 1500 gehört zu den faszinierendsten Abschnitten der deutschen und europäischen Geschichte. Die Ausbildung nationaler Staaten und Reiche beschleunigte sich. Die Epoche der Vorherrschaft europäischer Mächte und Monopole in der Welt begann. Dynastien setzten neue Zeichen. Den Grundstein für ein „habsburgisches“ Weltreich legte „Friedrich III.“, die dynastische Ausweitung von Ungarn bis Spanien leitete „Maximilian I.“ ein und die imperiale Ausdehnung des Reichs leistete schließlich Karl V., in dessen Reich die Sonne niemals unterging, wie Zeitgenossen rühmten.
Die Kurfürsten des Reiches wählten 1440 den 20jährigen Erzherzog „Friedrich von Steiermark und Kärnten“ zum römischen König. Als „Friedrich III.“ setzte er seine königlichen Einflussmöglichkeiten zum Nutzen des Hauses Österreich ein. Am 19. März 1452 wurde er in Rom von Papst „Nikolaus V.“ prunkvoll zum Kaiser gekrönt. Die Krönungszeremonie nutzte Friedrich zugleich für die Schaffung familiärer Bindungen. In Rom wurde er mit „Eleonore von Portugal“ vermählt, um damit ein europäisches, weit gespanntes dynastisches Familienimperium endgültig abzuschließen, nachdem im August 1451 die Trauung des Paares bereits symbolisch durch Vertreter vorgenommen worden war.
Friedrich degradierte seine Kinder zu Instrumenten einer Brautbettpolitik im Sinne dynastischer Raison und Prestigesteigerung. „Bella gerant alii! Tu Felix Austria, nube!“. Seinen Sohn und Nachfolger Maximilian verheiratete er mit der einzigen Tochter des mächtigen Herzogs von Burgund. Die Tochter Kunigunde wurde ins bayerische Haus Wittelsbach verehelicht.
Kaiserin Eleonore, die zu den Kindern ein innigeres Verhältnis als ihr Gemahl hatte, legte großen Wert auf gute Bildung des Nachwuchses. Nicht nur dadurch war sie am Aufstieg des Hauses Habs-

burg beteiligt, verfügte sie doch selbst über ihre Herkunft Zugang zum erfolgreichen Netzwerk west- und südwesteuropäischer Dynastien mit Verbindungen nach England, Burgund, Frankreich und Italien.
So sehr sich Maximilian in seinem persönlichen, politischen Stil von dem eher trägen Vater, der am liebsten politische Probleme aussaß, unterschied, so sehr hielt auch er an dessen Maxime fest, Ansehen und Vorrang der Habsburger unter allen Umständen zu bewahren. Maximilian erweiterte sein Herrschaftsgebiet im Westen und Südosten. Kriege von den Niederlanden über Italien bis Ungarn wurden zum Zeitzeichen seiner energischen Politik für das Reich und das Haus Österreich.
Diese Eroberungen und unvorhersehbare, genealogische Zufälle ließen die Habsburger zu einer dominierenden Großdynastie in Europa werden. 1519 leitete Maximilian die Wahl seines Enkels Karl, seit 1516 König von Spanien, zum römisch-deutschen König ein. Das Reich war damit faktisch zu einer Erbmonarchie der Habsburger geworden.
Die habsburgische Heiratspolitik an der Wende von Mittelalter zur Neuzeit hatte sich zu einer beispiellosen Erfolgsgeschichte entwickelt. Für den stets um die Finanzen ringenden Maximilian war es nicht unbedeutend, dass dieser Aufstieg und die territoriale Erweiterung seiner Hausmacht nahezu ein Nullsummenspiel von gegeneinander aufgerechneten Mitgiften bedeutete.
Binnen einer Generation hatten die Habsburger dank des Erbes der spanischen und polnisch-jagiellonischen Reiche eine politisch-geographische Ausweitung ihres bisherigen Herrschaftsgebietes sowohl nach Westen als auch nach Osten erreicht. Als der Kaiser am 12. Januar 1519 nach einem Schlaganfall starb, eröffnete sich für seine Erben die Chance, aus dem erreichten europaweiten Besitz ein einheitliches Weltreich zu begründen.
Kennzeichen der Epochenschwelle der Neuzeit ist auch ein Generationenwechsel in den europäischen Monarchien. Mit 17 Jahren wurde „Heinrich VIII.“ König von England, mit 20 Jahren „Franz

I.“ König von Frankreich und mit 19 Jahren wurde Maximilians Enkel Karl zum römisch-deutschen König gewählt, nachdem er bereits drei Jahre als „Karl I.“ in Spanien regiert hatte.
Damit trat ein junger Mann in das Königs- und Kaiseramt ein und erbte gleich den seit Maximilian schwelenden Konflikt zwischen Habsburg und Frankreich. Auch in Zukunft blieb diese Konfrontation ein Merkmal der europäischen Mächtepolitik, die man wohl zu recht als „Erbfeindschaft“ bezeichnen kann. Geprägt von der Erziehung am burgundischen Hof, gebildet in französischer Sprache und Kultur und mit massiver Kapitalunterstützung der Augsburger Handelsdynastie der Fugger, schuf Kaiser „Karl V.“ ein habsburgisches Reich mit einer bis dahin nicht vorstellbaren Ausdehnung. Erstmals in der Geschichte herrschte ein Kaiser in einem Reich über mehrere Kontinente. Er machte Brüssel zu seiner eigentlichen Hauptstadt, ohne dort jedoch heimisch zu werden. Stets war er unterwegs, zumeist im Sattel von Streitrössern. So blieb er eigentlich Zeit seines Lebens heimatlos. Ein letzter Dienstreisender in Sachen mittelalterliches Kaisertum. Als er das Scheitern seiner Mission, der Einheit der europäischen Christenheit, zur Kenntnis nehmen musste, resignierte er.
Im Januar 1556 dankte er als spanischer König ab, im August als Kaiser des Heiligen Römischen Reiches. Deprimiert und gesundheitlich angeschlagen zog er sich ins Kloster „San Jeronimo de Yuste“ in der spanischen Stadt Estremadura zurück, wo er am 21. September 1558 starb. Sein Bruder „Ferdinand I.“ bestieg den Kaiserthron, sein Sohn „Philipp II.“ wurde spanischer König.

Mit dem Tod „Karls V.“ wurde die Teilung der Dynastie endgültig: Von da an regierten zwei Linien das habsburgische Gesamtreich. Angeführt auf der einen Seite von Kaiser „Ferdinand I.“ und auf der anderen Seite von König „Philipp II.“ von Spanien. Um den Rechtscharakter der Dynastie trotz der Teilung als den eines Gesamthauses zu sichern, mussten die Mitglieder beider Linien diese Einheit in innerfamiliären Verbindungen dokumentieren und

untermauern. Die österreichische Seite verselbständigte sich in weiteren Haus- und Landesteilungen für einige Jahrzehnte.
Zunächst die österreichische Seite: Kaiser „Ferdinand I.", 1503 geboren, seit 1531 römisch-deutscher König, erbte gemäß den Eheverträgen von 1515 nach dem Tod „Ludwigs des Frommen" dessen ungarisches Königreich und wurde anschließend auch zum böhmischen König gewählt. Er starb, nachdem er die letzte Beichte abgelegt hatte, am 25. Juli 1564.
Die Bindung der Habsburger an die erneuerte Katholische Kirche gründete in der Tradition des Kaisertums und dessen dauerhafter Vereinnahmung für das Herrschergeschlecht. Nach dem Kaisertum Maximilians II. wuchsen sich dann die grundsätzlichen Rivalitäten zwischen Kaiser „Rudolf II." und seinem Bruder, Erzherzog „Matthias", auch im Reich zu einer offenen Krise aus. Dieser Bruderzwist gehört zur Vorgeschichte des 30jährigen Krieges.
Durch die von Rom aus energisch betriebene Gegenreformation geriet Kaiser Rudolf auch aufgrund seiner persönlichen Schwächen in Opposition zu seinem rational ausgerichteten Bruder. Im Zentrum stand Böhmen. Rudolf, der inzwischen mit dem kaiserlichen Hof von Wien nach Prag übergesiedelt war, hatte die Stadt an der Moldau als europäische Metropole mit berühmten kunsthistorischen und wissenschaftlichen Sammlungen glanzvoll ausgebaut. Er zeigte sich zunehmend weltabgewandt, bis bei ihm schließlich eine Geisteskrankheit diagnostiziert wurde. So erlangte Matthias die Statthalterschaft über Rudolf.
Nach 1600 eskalierte der Konflikt, als Matthias sich zunächst zum Oberhaupt der habsburgischen Familie erklären ließ und bald darauf den politisch isolierten Rudolf demütigte und ihn zwang, auch seine Herrschaft in Böhmen und Österreich an ihn abzutreten. 1608 verbündeten sich die österreichischen, ungarischen und mährischen Stände mit Matthias gegen Rudolf. Im Gegenzug bekamen sie dafür ihre freiheitlichen Konfessionsrechte erneut bestätigt.

Doch Rudolf war nicht bereit, seine Entmachtung über den für Böhmen wesentlichen Majestätsbrief von 1609 zu akzeptieren. Allein war er allerdings zu schwach und musste sich der militärischen Überlegenheit seines Bruders im Reich und in Böhmen beugen. Wenig später, am 20. Januar 1612, verstarb Rudolf II. verbittert.
Noch im gleichen Jahr wurde Matthias, seit 1608 auch ungarischer König, zum Kaiser gewählt. Die Kaiserkrone verdankte Matthias dem Verhandlungsgeschick seines Hauptratgebers, Kardinal „Melchior Khlesl“, der auch künftig die kaiserlichen Staatsgeschäfte stark beeinflussen sollte. Zusammen mit ihm forcierte der Kaiser eine deutlichere Re-Katholisierungspolitik im Reich sowie in Böhmen, wo sich die konfessionellen Gegensätze daraufhin verschärften. Schließlich leitete Matthias auch die Rückverlegung des Hofes von Prag nach Wien als Hauptresidenz ein.
1619 verstarb Kaiser Matthias, ohne männliche Erben zu hinterlassen. Damit erlosch diese österreichische habsburgische Linie, deren Länder an die steierische Linie fielen, aus der dann auch der nächste Kaiser hervor ging. Als Erzherzog „Ferdinand“ 1619 zum Kaiser gewählt wurde, nun „Ferdinand II.“, bedeutete das einen hausinternen Linien- und Generationswechsel im Kaisertum. Ferdinand agierte konfessionell entschieden gegenreformatorisch und vertrat sehr konsequent das Anliegen der katholischen Kirche im Reich sowie in Österreich und Böhmen. Im Gegensatz zu seinem Vorgänger schreckte er dabei auch vor militärischen Aktionen nicht zurück.

In Böhmen kam es zu einer protestantischen Ständerevolution, deren Niederschlagung das Habsburger Reich zeitweilig in seinen Grundfesten erschütterte. Erst in der Schlacht am „Weißen Berg“ vor den Toren Prags gelang es dem Habsburger mit Hilfe bayerischer Truppen die Aufständischen zu besiegen. Damit aber verschärften sich zugleich die großen konfessionellen Lagerbildungen unter den europäischen Mächten, so dass der Konflikt auf

anderer Ebene im 30jährigen Krieg weiterging. Seinem gleichnamigen Sohn und Nachfolger hinterließ Ferdinand bei seinem Tod 1637 eine schwierige politische Lage, in der der Krieg den Krieg ernährte und das Reichsoberhaupt zusehends gegen die europäischen Konkurrenten an Boden verlor.
Nach dem Ende des 30jährigen Krieges änderten sich die Machtverhältnisse Europas zugunsten Frankreichs. Jetzt kam es auch zur ersten Staatsheirat zwischen dem französischen und dem spanischen Königshaus. Der französische König gewann direkte Erbansprüche auf das spanische Königreich, als der letzte spanische Habsburger starb, ohne männliche Erben zu hinterlassen. Am Ende des 17. Jahrhunderts fochten dann österreichische Habsburger und französische Bourbonen aus erbrechtlichen Ansprüchen in dem so genannten „Spanischen Erbfolgekrieg“ gegeneinander.

Am 1. November 1700 starb mit „Karl II.“ der letzte König aus der spanischen Linie des Hauses Habsburg. Auf Grund der zwischen der spanischen und österreichischen Linie des Gesamthauses geltenden Familien- und Erbverträge reklamierten die österreichischen Habsburger die Erbschaft uneingeschränkt für sich. Doch gleichfalls aus dynastischen Rechten machte das französische Königshaus seinerseits Ansprüche auf das Erbe geltend. Der sterbende König hatte noch kurz vor seinem Tod den Enkel des französischen Königs, „Philipp von Anjou“, testamentarisch zu seinem Nachfolger auf dem Thron bestimmt. Nach blutigen Kämpfen setzte sich in Spanien letztlich der Bourbone gegen den Thronanwärter der Habsburger, „Karl III.“, durch, der zeitweise Barcelona zu seiner Hauptstadt gemacht hatte. Doch Österreich konnte sich durchaus als Sieger fühlen.
Im Frieden von Rastatt, 1714, wurde das spanische Erbe geteilt. Die Bourbonen regierten in Spanien, die österreichischen Habsburger erhielten die italienischen und die nach dem 30jährigen Krieg übrig gebliebenen niederländischen Besitzungen der spanischen Habsburger.

Zu Beginn des 18. Jahrhunderts standen die österreichischen Habsburger glänzend da. Die Brüder Kaiser „Joseph I." und „Karl VI." verbanden außenpolitischen Erfolg und Herrschaftsideologie in einzigartiger Weise. Durch sie erhielt die Habsburger Monarchie buchstäblich ein neues Gesicht, wie es ihre Residenzen und ihre mehr denn je dynastiebezogene Hofkultur zeigen. Wien wurde von ihnen zu einer prunkvollen barocken Residenzstadt ausgebaut, deren Glanz noch heute beeindruckt.

Das Aussterben der spanischen Habsburger vor Augen, sah sich auch der österreichische Zweig mit der Zukunft ihrer Dynastie konfrontiert. Am 12. Oktober 1711 wurde „Karl VI." zum Kaiser gewählt. Sein einziger Sohn, „Leopold", war im Kindesalter fünf Jahre nach seiner Thronbesteigung gestorben. Künftig wurden dem Herrscher nur noch Töchter geboren. Also suchte der Kaiser nach rechtlichen Möglichkeiten, auch in weiblicher Linie die Herrschaft der Habsburger vererben zu können. Das Ergebnis dieser Suche hieß „Pragmatische Sanction", womit ein Gesetz von besonderer Bedeutung für den Staat bezeichnet wurde. Die Regelung wurde für die österreichischen Länder und die Habsburger Dynastie zum wohl wichtigsten Grundgesetz. Es behielt im Kern bis 1918 seine Gültigkeit und sicherte auch den Anspruch der Habsburger Dynastie auf fortgesetzte Herrschaft. In der „Pragmatischen Sanction" erklärte der Kaiser im Erbfall die habsburgischen Besitzungen für unteilbar und untrennbar. Dann bestimmte er, dass zunächst seine Töchter, dann die Töchter seines Bruders Joseph erbberechtigt sein sollten. Der Kaiser verkündete also – durchaus fortschrittlich – ein Erbfolgerecht in den weiblichen Linien.

Da „Karl VI." tatsächlich keine männlichen Erben gegeben waren, lief die Erbfolge nun auf seine 1717 geborene, älteste Tochter „Maria Theresia" zu. Um deren Nachfolge sicher zu stellen, erwirkte der Kaiser in den Jahren bis 1725 die Anerkennung dieses Erbfolgegesetzes in den Landtagen von Österreich, Ungarn und den Niederlanden. Doch das genügte dem Herrscher noch nicht.

Er suchte die Anerkennung der Erbrechte seiner Tochter auch bei den anderen europäischen Mächten. Doch die verweigerten sich.
Mit dem Tod des Kaisers am 20. Oktober 1740 wurde „Maria Theresia“ sogleich von ihren europäischen Konkurrenten heraus gefordert. Bayern, Sachsen und Spanien protestierten gegen ihre Thronfolge und erhoben Ansprüche auf Teile des habsburgischen Erbes. Im selben Moment überfiel der preußische König „Friedrich II.“ die zum Habsburger Reich gehörende Provinz Schlesien, womit er ein allgemeines Zeichen zum Krieg gegen Maria Theresia gab.
Die willensstarke Frau aber wusste sich zu behaupten. Zwar musste sie zunächst den Verlust Schlesiens verkraften, im Reich aber setzte sie gegen den Willen der bayerischen Wittelsbacher die Krönung ihres Gemahls „Franz Stephan von Lothringen“ zum neuen Kaiser, „Franz I. Stephan“, durch.
Der Krieg mit Preußen legte eklatante Schwächen der Habsburger Monarchie offen. Maria Theresia leitete Reformen ein. Für die Stärkung der Finanzen führte sie neue Staatsmonopole ein und schmälerte die Land-Besitzrechte des Adels. Das wirkte sich auf die Sozial- und Wirtschaftsverfassung insgesamt aus. Sie veranlasste die Öffnung der österreichischen Armee für Nichtadelige bis in die höheren Ränge. Schlesien blieb allerdings verloren, daran änderten auch zwei weitere Kriege gegen die Preußen nichts.
Dynastisch führte sie mit ihren 16 Söhnen und Töchtern das neue Haus Habsburg-Lothringen in eine sichere Zukunft. Am meisten bejubelt wurden die Geburten ihrer Söhne, „Joseph II.“ und „Leopold II.“, die beide nacheinander Kaiser wurden. Maria Theresias Sohn „Joseph II.“ übertraf seine Mutter nach ihrem Tod 1780 noch an Reformeifer. Kernstück seiner Umgestaltung bildeten die Untertanen- und Toleranzpatente der Jahre 1781/83. Er wollte den Staat in allen Bereichen so schnell wie möglich modernisieren. Damit stieß er allerdings auf massive Kritik. So lehnten die Ungarn, die 1784 erlassene Anordnung zum Gebrauch des Deutschen als Amtssprache ab. Zudem hatte sich der Kaiser bei den

Magyaren unbeliebt gemacht, weil er die im Land besonders verehrte heilige Stephanskrone nach Wien bringen ließ. Das provozierte Unruhen.

Massiver als in Ungarn waren vor dem Hintergrund der französischen Revolution die Aufstände in den südlichen Niederlanden, wo die habsburgischen Truppen im Oktober 1789 unterlagen. Daraufhin erklärten die Sieger das Land für unabhängig und das Haus Habsburg für abgesetzt. Sie riefen die Republik Belgien aus.
Als der Kaiser 1790 starb, folgte ihm im Reich und in Österreich sein Bruder Leopold. Die politische Offensive der Monarchien Europas gegen das revolutionäre Frankreich erlebte Leopold II. nicht mehr. Der Kaiser verstarb nach nur zweijähriger Regentschaft am 1. März 1792.
Auf Leopold folgte sein Sohn „Franz II.“. Seine Kaiserkrönung am 14. Juli 1792 war zweifellos eine provozierend terminierte Antwort auf die Pariser Ereignisse des Jahres 1789. Auf den Tag genau drei Jahre zuvor war der Sturz der Bourbonen-Herrschaft eingeläutet worden. Das Kaiser-Reich hatte sich aber überlebt. Zeitzeugen wie Johann Wolfgang von Goethe sahen in der Inthronisierung nur noch ein unzeitgemäßes Kostümfest. Die erfolgreichen Feldzüge Napoleon Bonapartes gegen Österreich bestärkten die Tendenzen zur Auflösung. Um aber zumindest die österreichische Herrschaft mit einem würdigen Titel zu schmücken und sich zugleich gegen Napoleon zu behaupten, verzichtete der Kaiser auf die Reichswürde. Am 6. August 1806 legte er als „Kaiser Franz II.“ förmlich die Reichskrone nieder und erklärte von sich aus die Auflösung des Heiligen Römischen Reiches deutscher Nation. Ein Großreich hatte sich ohne Gewalttätigkeiten aufgelöst. Ein Novum in der Weltgeschichte.
Im Unterschied zum aufgegebenen Kaisertum des Alten Reiches, wo der Herrscher stets gewählt werden musste, war das aus habsburgerischer Machtvollkommenheit heraus neu geschaffene österreichische Kaisertum erblich und direkt an die Kontinuität der

Familie gebunden. Die politischen Erwartungen, die man in Wien an die Neubegründung des Erbkaisertums geknüpft hatte, erfüllten sich jedoch nicht. Dem Kaiser war es darum gegangen, die Abwehr gegen Napoleon zu stärken und das Habsburger Reich zu erhalten. Der militärische Erfolg der Franzosen machte einen Strich durch die Rechnung: Wien wurde 1809 von französischen Truppen besetzt. Schloss Schönbrunn, einzigartiges Zeugnis habsburgischen Aufstiegs zur Großmacht, machte Napoleon für 156 Tage zu seiner Residenz. Im Frieden von Schönbrunn am 14. Oktober 1809 verlor Österreich beträchtliche Gebiete in Italien an Frankreich. Salzburg und das Innviertel gingen an Bayern, Krakau mit Westgalizien wurden dem neu gebildeten Großherzogtum Warschau angegliedert.

Aber Napoleon wollte mehr. Er strebte nach höherer adeliger Würde und Anerkennung, die ihm als Aufsteiger fehlten. Eine Verbindung mit der Kaiserfamilie versprach, die niedere Herkunft Bonapartes wett zu machen. Um dieses Ziel zu erreichen, beendete Napoleon seine Ehe mit „Josephine Beauharnais“ und heiratete im April 1810 in Paris „Marie Louise“, die älteste Tochter des österreichischen Kaisers. Insgesamt hatte sich Kaiser „Franz I.“ mehr oder weniger gegen Napoleon behauptet. Deshalb kam ihm nach dem Sturz des Franzosen in Europa auch eine formelle Führungsrolle zu: Der Ort und das Ereignis sind legendär: der „Wiener Kongress“ in den Jahren 1814 und 1815. Hier wurde die Großmacht Österreich wieder hergestellt und anerkannt.

Die restaurierte europäische Ordnung nach dem Ende der napoleonischen Herrschaft wurde ein Werk der Monarchen, insbesondere des österreichischen Kaisers und seines Kanzlers „Fürst von Metternich“, in Zusammenarbeit mit dem russischen Zaren und dem preußischen König. Die Zeit von etwa 1815 bis zur Revolution von 1848 wird deshalb auch allgemein als „Zeitalter der Restauration“ bezeichnet.

Dass einmal eine ganze Epoche österreichischer Geschichte seinen Namen tragen würde und die österreichisch-ungarische

Donaumonarchie schließlich mit ihm im 1. Weltkrieg untergehen würde, war nicht vorhersehbar, als der 1830 geborene Kaiser „Franz Joseph“ den Thron in Zeiten der Revolution bestieg. Mit der längsten Regentschaftsperiode aller Habsburger wurde er zum Symbol der herauf ziehenden Moderne in einem Vielvölkerreich, in dem national gesinnte Revolutionäre und Anarchisten nach Kräften zündelten. Die Vormachtstellung über Deutschland verlor Franz Joseph spätestens seit der verlorenen „Schlacht bei Königgrätz“ an die Preußen. Auch in Italien mussten die Habsburger auf beträchtliche Besitzungen verzichten. Forderungen nach nationaler Eigenständigkeit lebten auch in Prag und Budapest weiter. Ohne auf solche Tendenzen Rücksicht zu nehmen, blieb das Habsburgerreich ein zentral und absolutistisch geführter Staat.

Nachdem die Dynastie einen politischen und rechtlichen Ausgleich mit der ungarischen Nation erreichen konnte, wurde aus dem bis dahin bestehenden Erbkaisertum Österreich eine Doppelmonarchie mit parallelen Verwaltungen. Das Band zwischen beiden Staatskörpern bildete vorrangig der Kaiser und mit ihm die Dynastie. Die Parlamente tagten jeweils in Wien und in Budapest. Als äußeres Zeichen der Verbindung der Dynastie mit Ungarn wurde das österreichische Herrscherpaar am 8. Juni 1867 auch in Budapest gekrönt. Kaiser Franz Joseph erhielt die Krone des Hl. Stephan und führte den Titel „Kaiser von Österreich“ und „Apostolischer König von Ungarn“.

Der allmählich vergreisende Kaiser widersetzte sich beharrlich technischen Innovationen seiner Zeit. So dem Telefon, der Benutzung der Eisenbahnen, dem Auto, dem Einbau moderner Toiletten oder des elektrischen Lichts in der Hofburg. Diesem Kaiser, Erbe von mehr als 20 Herrschertiteln, sagte man zwar höchste Sorgfalt in der bürokratischen Verwaltung seines Amtes nach, aber wenig Ideenreichtum. Sein geringes Interesse an Kunst und den Wissenschaften unterschied Franz Joseph von vielen seiner Vorgänger in der Dynastie, unter denen sich begabte Komponisten, Musiker, Literaten und Maler finden. Seine Ehe mit „Elisabeth von Bay-

ern“, „Sisi“, aus der vier Kinder hervor gingen, war ein einziges Desaster und gewaltiges Missverständnis. Zu groß war der Charakterunterschied der Eheleute.
Die junge Kaiserin mied, auch wegen der strengen Schwiegermutter, den Hof in Wien und hielt sich mit ihren Kindern am liebsten im ungarischen Schloss „Gödöllö“ auf, wo sie auch den unkonventionellen Umgang mit adeligen Ungarn pflegte. Der Kaiser bevorzugte Bad Ischl, wo er nicht nur seiner Jagdleidenschaft frönte, sondern auch die Gegenwart der Burgschauspielerin „Katharina Schratt“ genoss. Sie war eine taktvolle Geliebte. Der schöne Schein der Repräsentation war die eine, die Tragödien der Familie die andere Geschichte.
„Erzherzog Maximilian“, der Bruder des Kaisers, der in Mexiko eine neue Monarchie begründen wollte, wurde dort 1867 von Revolutionstruppen hingerichtet. Im Januar 1889 beging Kronprinz Rudolf zusammen mit seiner Geliebten „Freiherrin Marie von Vetsera“ in einem Jagdschloss bei Wien Selbstmord. 1898 feierte Franz Joseph sein 50jähriges Herrscherjubiläum in Österreich. Noch im selben Jahr wurde die Kaiserin, die inkognito die Familie Rothschild in Genf besuchen wollte, durch das Attentat eines italienischen Anarchisten tödlich verletzt. Der Mordanschlag auf seinen Neffen „Franz Ferdinand“ und seiner Frau, einer geborenen Gräfin „Chotek“, 1914, löste den 1. Weltkrieg aus und läutete das Ende der Habsburgischen Monarchie ein.
Als der Kaiser am 21. November 1916 zu Grabe getragen wurde, ahnten manche Zeitgenossen, dass dieser Szene Symbolcharakter zukam. Der Trauerzug verabschiedete sich nicht nur von einem Kaiser, der fast 70 Jahre ununterbrochen regiert hatte, sondern auch von einer Dynastie.
Trotz des mörderischen, in Europa tobenden Krieges bewies die Familie noch einmal Handlungsfähigkeit. „Erzherzog Karl“, der Thronfolger, und seine Gemahlin „Zita von Bourbon-Parma“ ließen sich am 30. Dezember 1916 in Budapest die ungarischen Königszeichen anlegen. Die Doppelmonarchie sollte weiter leben.

Im Winter 1917/18 verschlechterte sich aber die Lage des Habsburger Reiches infolge von Streiks und militärischen Niederlagen deutlich.
In Rom trat zur selben Zeit ein Kongress der unterdrückten Völker Österreich-Ungarns mit der Forderung nach Eigenständigkeit gegen „das verräterische Haus Habsburg“ auf. Ein unübersehbares Alarmzeichen. Der Regent reagierte aber nicht.
Ende Oktober des Jahres 1918 bildete sich in Wien die provisorische Nationalversammlung für Deutsch-Österreich, nachdem der Kaiser schließlich doch eine Neugestaltung Österreichs angekündigt hatte. In Prag wurde die Tschechoslowakische Republik proklamiert, in Agram das Königreich der Serben, Kroaten und Slowenen. Herzegowina schloss sich Rumänien an und Ungarn rief seine Unabhängigkeit von Österreich aus. Am 3. November 1918 unterwarf sich Österreich in Padua den Waffenstillstandsbedingungen der Siegermächte. Am 12. November des gleichen Jahres wurde in Wien die Republik ausgerufen. Am Tag zuvor hatte der Kaiser eine Verzichtserklärung abgegeben, in der es wörtlich heißt: „Im Voraus erkenne ich die Entscheidung an, die Deutsch-Österreich über seine künftige Staatsform trifft. Das Volk hat durch seine Vertreter die Regierung übernommen. Ich verzichte auf jeden Anteil an den Staatsgeschäften.“
In weniger als drei Wochen war die ruhmreiche Habsburger Monarchie untergegangen.
Prinzipiell hielt Karl aber durchaus an seinen Rechten als Souverän fest. Jeden förmlichen Rücktritt lehnte er ab. Folglich blieben unter den Republikanern Zweifel über seine tatsächlichen Pläne. Um klare Verhältnisse für die Zukunft zu schaffen, diktierte ihm die Nationalversammlung die Alternative: Internierung oder Exil in der Schweiz. Im März 1919 musste Karl mit seiner Familie Österreich verlassen.
Den Versuch, in Ungarn das Königtum zurück zu gewinnen, nahmen die Siegermächte zum Anlass, den ehemaligen Kaiser und König in ein entlegenes Exil auf die unter englischem Mandat ste-

hende Atlantik-Insel Madeira zu führen. Dort starb Karl am 1. April 1922.
Das große Habsburger Reich, einst ein Welt umspannendes Imperium, war untergegangen.

Das britische Empire

Die Geschichte Englands begann eigentlich mit dem Übersetzen der Angelsachsen im 5. und 6. Jahrhundert n. Chr. über den Kanal von Dover als Teil der Völkerwanderung, die die Kräfteverhältnisse in Europa grundlegend veränderte. Unter „Alfred dem Großen", der von 871 bis 899 König von Wessex war, erfolgte dann durch den gemeinsamen Kampf gegen die plündernden Wikinger die Vereinigung von ganz England außerhalb des von den Dänen besetzten Gebietes im Nordosten.
Im England des 10. Jahrhunderts bildete sich eine königliche Autorität heraus, die umfassender und intensiver war als in irgendeinem anderen zeitgenössischen europäischen Land. Ein Grund dafür, dass die Zentralgewalt und das Königtum in England so stark wurden, ist in der Geographie zu suchen. Das Land war von seiner territorialen Größe her eher klein, so dass sein Zusammenschluss und Verwaltung die damals gegebenen Möglichkeiten nicht überstiegen. Obwohl die angelsächsischen Könige ihre Zeit zumeist im Süden des Landes verbrachten – Winchester und London wurden die wichtigsten Zentren des Landes – waren auch die anderen Landesteile für den König durchaus leicht erreichbar.
Die vergleichsweise machtvolle Stellung der englischen Monarchie wurde durch die normannische Eroberung im Jahre 1066 noch verstärkt. „Wilhelm der Eroberer" brachte aus der Normandie das Lehnswesen nach England und stärkte seine Königsherrschaft dadurch, dass er zugleich oberster Lehnsherr wurde.
Da sich die nachfolgenden Herrscher stark außerhalb Englands engagierten und ihre Stellung auf der Heimatinsel dadurch schwächten, mussten sie 1215 in die „Magna Charta" einwilligen.

In dieser Charta wurde festgelegt, dass keine Steuer ohne gemeinsame Beratung erhoben werden durfte.
Von allgemeiner Bedeutung war vor allem der Rechtsschutz, den die Artikel 39 und 40 gewährten: Jeder „liber homo“ konnte nur durch das rechtmäßige Urteil von seinesgleichen aufgrund des Gesetzes des Landes verhaftet, geächtet oder verbannt werden. Der König durfte niemanden die Gewährung von Recht und Gerechtigkeit versagen. Besonders diese beiden Artikel wurden zu unverrückbaren Bezugspunkten des englischen Freiheits- und Rechtsdenkens.
Obwohl Königin „Elizabeth I.“, Tochter des berüchtigten „Heinrichs VIII.“, ihr Parlament nicht schätzte und in ihrer 45jährigen Regierungszeit nur 13 Versammlungen einberief, konnte sie doch aus finanziellen Gründen nicht auf sie verzichten. Mit einer Ausnahme bat sie sämtliche von ihr einberufene Parlamente um Steuerbewilligungen. Es gehörte meist auch zur Taktik ihrer engsten Berater, die in entscheidenden Fragen oft schwankende oder störrische Königin mit Hilfe des Parlaments unter Druck zu setzen.
1558 ließ die englische Monarchin die damalige Welt aufhorchen, als ihre Flotte mit schnellen, kleinen Schiffen die spanische Armada besiegte und ihrem Günstling „Sir Francis Drake“ gestattete, spanische Gold- und Silber-Galeonen auszurauben. Das englische Königreich hatte seinen Anspruch als kommende Weltmacht angemeldet.
Nach den schwachen, wankelmütigen und unbeliebten Stuarts auf dem englischen Thron folgte mit der Thronbesteigung „Georgs I.“ im Jahre 1715 die Herrschaft der hannoverschen Dynastie der Welfen. Eine Herrschaft auf parlamentarischer Grundlage, denn das Parlament, das Georg berufen hatte, um den Königsthron einzunehmen, war mittlerweile ein unentbehrlicher Bestandteil des politischen Systems geworden.
Der Eintritt der Engländer in die Ära der kolonialen Expansion und der Aufbau ihres überseeischen Imperiums erfolgte erst relativ spät. An der Besitznahme Amerikas im ausgehenden 15. und

16. Jahrhunderts waren sie nicht beteiligt. An der Ausbeutung der amerikanischen Gold- und Silberschätze nahm England nur indirekt teil, als britische Freibeuter spanische Städte plünderten und spanische Schiffe kaperten.

Für die anfängliche Zurückhaltung des Insel-Reiches lassen sich vor allem zwei Gründe anführend: Einerseits hatten sie mit Irland eine Kolonie vor der eigenen Haustür. Die englischen Könige waren Ende des 16. Jahrhunderts vollauf damit beschäftigt, diese Nachbarinsel zu unterwerfen und zu kolonisieren. Andererseits reichten die Kräfte für weit gespannte überseeische Unternehmungen nicht aus. Insbesondere waren die Finanzmittel der Krone zu gering, um nach dem Vorbild der spanischen und portugiesischen Monarchen Kolonialunternehmungen in eigener Regie durchzuführen.

Trotz seiner anfänglichen Schwäche verfügte England jedoch über zwei Voraussetzungen, die auf längere Sicht seinen Aufstieg begünstigten und es spätestens nach dem Ende des „Siebenjährigen Krieges" 1756 bis 63 zur führenden See-, Kolonial- und Handelsmacht der Welt werden ließen.

Vor allem profitierte die Insel davon, dass sich nach der Entdeckung Amerikas das Schwergewicht in Europa vom Mittelmeer auf den Atlantik verlagerte. England rückte damit von der Peripherie ins Zentrum eines politisch-kommerziellen Beziehungsgeflechts.

Zudem ermöglichte es die Insellage, zur Abwehr von Invasionsversuchen sich überwiegend auf die Flotte zu konzentrieren, die zugleich das Instrument weltpolitischer Aktivität darstellte. Das Mittel zur Verteidigung war also gleichzeitig der machtvolle Arm zum Ausgreifen in die Welt.

Die Konkurrenten Englands – zuerst Spanien, dann die Niederlande, lange Zeit Frankreich und schließlich Deutschland – waren aufgrund ihrer geographischen Lage nicht nur strategisch benachteiligt, sondern sie konnten sich auch niemals so stark auf die Flotte konzentrieren wie die Engländer.

Nur wenn es einer Macht gelungen wäre, die völlige Hegemonie über den europäischen Kontinent zu errichten, hätten die freiwerdenden Ressourcen ganz in die Flottenrüstung gesteckt werden können. Nur so wäre die maritime Überlegenheit Englands zu brechen gewesen.

Die koloniale Expansion Englands begann in Nordamerika mit der Verleihung einer königlichen Charta an die „Virginia Company“ im Jahre 1607 und setzte sich auf den westindischen Inseln fort. Die 1600 gegründete „East India Company“, deren ursprüngliches Ziel der Handel mit Indonesien war, fasste auf dem indischen Subkontinent 1608 in „Surat“ Fuß. Dieser Hafen wurde jedoch zunächst nur als Zwischenstation für den Handel mit den Gewürzinseln betrachtet. Territoriale Herrschaft in größerem Umfang übte die East India Company in Indien erst seit den 1740er Jahren aus.

Die Handelsgesellschaft und die amerikanischen Kolonien waren private Initiativen und verfügten dementsprechend über eine weitgehende Autonomie. Eine straffere Regulierung und die finanzielle Nutzung wurden von Seiten der Regierung erst später übernommen.

Das geschah nach dem Siebenjährigen Krieg, als der britische Kolonialbesitz durch den Erwerb von Kanada, Florida und dem Gebiet westlich des Mississippi sowie mehrerer westindischer Inseln enorm gewachsen war. Bei den amerikanischen Kolonisten stieß allerdings der Versuch einer Besteuerung auf heftigen Widerstand. Im April 1775 kam es zu militärischen Konflikten zwischen der Miliz von Massachusetts und britischen Truppen und Anfang Juli 1776 kam es zur Unabhängigkeitserklärung der 13 nordamerikanischen Kolonien, die in ihrem Kampf gegen das Mutterland von Frankreich, Spanien und den Niederlanden unterstützt wurden.

Die Kriegführung in Amerika zeigte die Schwäche einer auf sich selbst gestellten Seemacht.

Die erzwungene Kapitulation britischer Truppen bei Yorktown im Oktober 1781 war eine Folge der Tatsache, dass die Briten vorübergehend sogar die Seeherrschaft in den nordamerikanischen Gewässern verloren hatten.

Für England bedeutete der 1783 mit dem „Frieden von Paris“ beendete amerikanische Unabhängigkeitskrieg einen erheblichen Verlust an Prestige und einen empfindlichen Rückschlag in der imperialen Entwicklung. Die nordamerikanischen Kolonien waren verloren, Menorca und Florida mussten an Spanien, einige westindische Inseln an Frankreich abgetreten werden. Ceylon, das heutige Sri Lanka, ging an die Niederlande.

Diese Scharte wurde dann jedoch bald durch die Kriege gegen das revolutionäre und napoleonische Frankreich wieder ausgewetzt. Fast alle überseeischen Besitzungen Frankreichs und der ihm angegliederten Staaten wurden von den Briten besetzt. Davon behielten sie nach einem Diktat-Frieden Malta, die Ionischen Inseln, Trinidad, Tobago, Santa Lucia, Guyana, die Kapkolonie und Mauritius.

Das britische Empire, das sich in Indien unter der nominellen Regierung der East India Company allein zwischen 1798 und 1805 zwei Drittel des Subkontinents einverleibte, verlor seinen maritim-kommerziellen Charakter und wurde in seiner territorialen Dimension „Bestandteil der nationalen Identität“. Darin unterschied es sich gewichtig von den Niederlanden, die weiterhin überwiegend kommerziell orientiert blieben.

Am Ende der napoleonischen Kriege hatte das britische Imperium eine vorher nicht gekannte Ausdehnung erreicht. Um 1820 lebten in diesem Weltreich mehr als 200 Millionen Menschen, etwa ein Viertel der Erdbevölkerung. Das Kolonialreich war fünfzigmal so groß wie das Mutterland selbst. Das konnte auf Dauer nicht gut gehen.

Der schleichende Zerfall des britischen Weltreichs ergab sich nicht nur aus dem Verlust seines Industriemonopols und der in Europa entstehenden Nationalstaaten, sondern auch aus der Tatsache, dass

wegen der vor allem durch den Eisenbahnbau verbesserten Kommunikationswege die Seemacht Großbritannien gegenüber den Landmächten strategische Vorteile verlor. Schon 1914 sah sich England gezwungen, vom Grundsatz des „two-power-standards" abzugehen, wonach die britische Flotte stets doppelt so stark zu sein hatte als die beiden nächst größeren Flotten.
Nach dem 1. Weltkrieg musste sich das Empire damit abfinden, von den erstarkten Vereinigten Staaten von Amerika in den Schatten gestellt worden zu sein. Das wurde zunächst nicht so deutlich, weil das Land Siegermacht war und weil seine industriellen Schwächen zunächst nicht erkennbar waren. Die Liquidierung des Empire vollzog sich allmählich und in einer das britische Selbstbewusstsein schonenden Form der „Splendid Isolation".
Die in der Zwischenkriegszeit eingeleitete Umgestaltung des Empire zu einem „Commonwealth of Nations", bei der den Dominions 1931 im Statut von Westminster als „autonomen Gemeinschaften" Gleichrangigkeit mit dem Mutterland zugestanden worden war und man nur an der Krone als übergeordneter Institution festgehalten hatte, wurde fortgeführt. Neben den weißen Dominions wie Australien und Kanada traten später, nach dem 2. Weltkrieg, auch asiatische Mitgliedstaaten wie Indien und Pakistan bei, denen afrikanische Staaten wie Ghana und Kenia folgten. Nationalistische Führer mit großem Charisma wie „Mahatma Gandhi" erzwangen – zum Glück für die Briten, die der militärischen Belastung gewaltsamer Aufstände niemals standgehalten hätten – gewaltlos die Unabhängigkeit.
Das ganze Ausmaß der politischen Schwäche Britanniens ist wohl erst durch das Suez-Abenteuer von 1956 und das Nachgeben der Regierung unter massivem Druck der Vereinigten Staaten klar geworden. Die wirtschaftliche Schwäche des Landes ist dagegen vor allem durch die Zahlungsbilanzkrise von 1964 sowie die Pfundabwertung im Jahre 1967 ins allgemeine Bewusstsein gedrungen.

Der Niedergang der britischen Industrie – und damit auch der Untergang des britischen Weltreiches – ist durchaus mit der Logik eines Systems vereinbar, das grundsätzlich nicht an der Produktion, sondern an der Profitmaximierung interessiert ist. Ein ähnliches Szenario zeichnet sich jetzt auch im 21. Jahrhundert im Rahmen der sich immer stärker zusammen schließenden „Europäischen Union“ auf dem Festland ab. Diese Länder ziehen ihre Stärke aus der Industrie – England aus seinen Banken.
Charakteristisch für das Großbritannien der 1980er Jahre, das von der konservativen Premierministerin „Margaret Thatcher“ geprägt wurde, war die Abkehr von allem, was für schädliche Sentimentalitäten gehalten wurde. Dazu gehörte die Distanzierung vom Commonwealth und das geringe Interesse der Premierministerin für die verbliebenen kolonialen Besitzungen Großbritanniens.
Heute ist Großbritannien ein Land unter vielen in der Europäischen Union, das in Brüssel um eine nostalgisch unterfütterte Sonderrolle kämpft und dabei bemüht sein muss, den Anschluss an moderne, global ausgerichtete High-Tech-Staaten nicht zu verlieren. Das Commonwealth ist nur noch ein Nachhall des einstigen Empire, ohne jeglichen wirtschaftlichen oder auch politisch, strategischen Wert.
Im Mittelalter nahm England so viel von der Moderne vorweg, dass es ihr auf eigentümliche Weise später fern bleiben konnte. Es scheint, als hätte es sich den Weg in die Zukunft selbst mit seinem starren gesellschaftlichen Kasten-System der Eliten verbaut. Eigenwillig traditionell mit Linksverkehr, Yards, Pennies und Pints, Lords und darüber thronend eine Monarchie der glühenden Herzen.
Die einst so stolze Nation muss sich auch mit den Folgen der früher so erfolgreichen Kolonialpolitik herum schlagen: Schlecht ausgebildete Einwanderer aus aller Welt strömen in das Inselreich und liegen dem ohnehin nicht stark ausgeprägtem Sozialsystem empfindlich auf der Tasche. Soziale Unruhen in den Großstädten sind die Folge.

Will man die Entwicklung eines Reiches an seinen Schätzen ablesen, so befand sich Großbritannien zum Zeitpunkt der Königin „Victoria", die auch zur „Kaiserin von Indien" ausgerufen wurde, sicherlich im Zenit. Der Tiefpunkt kam zu Beginn des 2. Weltkrieges, als das Land allein gegen Hitler-Deutschland stand. Die Königsfamilie versteckte ihre kostbaren Juwelen in Marmeladen-Gläsern und ließ sie in einem Kartoffel-Acker in der Nähe des Schlosses Windsor vergraben. Die Kronen wurden in alte Hutschachteln gelegt und in einem Geheimgang des Schlosses versteckt.
Die Kronjuwelen waren zwar in Sicherheit, doch der größte Schatz Englands, das Empire, war schon lange verloren.

Russland und die Sowjetunion

Die Sowjetunion war eine Weltmacht und ein Vielvölkerimperium. Von ihrem ideologischen Anspruch her ein Universalreich, dass mit der Ideologie des Sozialismus die ganze Welt erobern wollte und letztlich grandios scheiterte.
Am Ende des 1. Weltkrieges begann der Zerfall des zaristischen, russischen Reiches. Der Krieg hatte das riesige Land zermürbt, Hungersnöte breiteten sich aus, dringende Reformen wurden nicht durchgeführt. Zar „Nikolaus II." war aber nicht gewillt, die absolute Herrschaft abzutreten.
Von Natur aus mit mäßiger Intelligenz ausgestattet, war der schwache Zar nicht in der Lage, die Zeichen der Zeit zu erkennen. In dieser Situation gelang es den revolutionären „Bolschewiki", die vor allem in den Petersburger Waffenfabriken agitierten und die Macht in den Händen von Soldaten, Arbeitern und Bauern sehen wollten, mit Hilfe aufrührerischer Truppen zu putschen und die Regierung zu übernehmen. Nach einem blutigen Bürgerkrieg gegen konterrevolutionäre Truppen, der mit dem Sieg der „Roten" endete, gründeten sie im Dezember 1922 unter ihrem Führer

„Wladimir Illjitsch Lenin“ die UdSSR, die „Union der sozialistischen Staaten Russlands“.
Im Osten und Süden waren die Grenzen weitgehend identisch mit denen des alten „Russischen Reiches“. Im Westen mussten allerdings zunächst Abstriche hingenommen werden. Finnland, die baltischen Staaten, Polen und Moldawien blieben außerhalb. Die polnisch-sowjetische Grenze verlief weit östlich der polnisch-weißrussischen und polnisch-ukrainischen Volkstumsgrenzen.
In der europäischen Geschichte war die bolschewistische Partei ohne Vorbild. Die Partei Lenins unterwarf den Staat mit all seinen Institutionen wie Armee und Polizei, sowie die Wirtschaft, Verwaltung und Wissenschaft und setzte sich als eine Art Überstaat und oberstes Führungsorgan an die Spitze des Gemeinwesens. Die Gebiete des Russischen Reiches, die sich für autonom oder unabhängig erklärt hatten, wurden durch die „Rote Armee“ im Zuge des Bürgerkrieges zurückerobert, die Nationalbewegungen gewaltsam zerschlagen und ihre Überreste in die Partei- und Sowjetorgane ko-optiert.
Eigenständige nationale Organisationen wurden nirgends zugelassen. Allerdings genossen Angehörige der nichtrussischen Völker innerhalb bestimmter Grenzen einige Vorteile: ihre Sprache und ihr Volkstum wurden gefördert und sie bekamen Aufstiegs-Chancen. Ja, sie wurden sogar als neue Eliten gefördert. Das geschah natürlich nur unter dem Vorbehalt und der Voraussetzung uneingeschränkter Loyalität gegenüber der Sowjetmacht.
Die Bolschewiki waren davon überzeugt, dass sich der Nationalismus nur in der bürgerlich-kapitalistischen Gesellschaft entwickeln könne, und dass sie auch hier den Schlüssel für eine bessere und universale Zukunft gefunden hätten. Die „sozialistischen Nationen“ würden sich „entfalten“ und in der kommunistischen Endgesellschaft sogar miteinander „verschmelzen“. Separatismus und Eigenstaatlichkeit würden sie nicht anstreben, sie würden sich vielmehr konfliktfrei in die immer homogener werdende Sowjetgesellschaft einfügen.

Erstaunlich, dass die kommunistische Partei unter diesen utopischen Vorgaben jahrzehntelang eine den Umständen der Zeit nach ganz erfolgreiche Politik gemacht hat. Einer der Gründe liegt vermutlich darin, dass die Parteiführung nicht zögerte, ihre Ideologie auch mit Gewalt durchzusetzen, wenn sich diese „Realität" nicht von alleine einstellen wollte. Das war die Dialektik der Revolution, verbunden mit der normativen Kraft des Faktischen.
Auch im Bereich des Staatsrechts entwickelten die Bolschewiki ein eigenes Instrument, um den Vielvölkerstaat zusammen zu halten: den Sowjetföderalismus. Dies war ein kompliziertes System abgestufter administrativ-territorialer Autonomien. Dessen Hierarchie stattete die großen und viele kleine Nationen und Völkerschaften mit Symbolen nationaler Eigenständigkeit aus, ohne ihnen jedoch tatsächlich Selbstverwaltung und Selbstbestimmung zu gewähren. Der gefeierte Sowjetföderalismus war eine Chimäre, und in der realen Politik durch einen rigorosen Zentralismus innerhalb der KPdSU außer Kraft gesetzt. Eine Föderalisierung der Partei kam nicht in Frage.
Die Bolschewiki verhinderten, dass das Russische Reich nach 1917 den gleichen Weg ging wie die Donaumonarchie. Sie koppelten den Vielvölkerstaat Sowjetunion von der europäischen Entwicklung ab und verschoben den Prozess der Bildung von Nationalstaaten vor allem in Zentralasien und im Baltikum auf das Ende des vergangenen Jahrhunderts.
Der Diktator „Josef Stalin" – geboren in Georgien – war ein grausamer und menschenverachtender Tyrann. Er trug die Verantwortung dafür, dass die Russen zu Beginn der 30er Jahre in diesem Vielvölkerstaat die entscheidende Kernbevölkerung wurden. Russische Zuwanderer, russische Führungskader, die russische Sprache und die Assimilation an das Russentum galten jetzt als die natürliche und notwendige Klammer für den kommunistischen Riesenstaat.

Ein Großteil der nichtrussischen Eliten, einschließlich der neuen Führungskader aus bolschewistischer Zeit, wurden in den 1930er Jahren als „bourgeoise Nationalisten“ entlarvt und liquidiert. Der Totalitarismus fürchtete mit Recht die Konkurrenz der Nationen als Organisationsprinzip des Gemeinwesens. Russen galten nun als die natürlichen Agenten des Zentrums an der Peripherie. Denn es galt zu verteidigen, was sich die russischen Revolutionäre auf ihre Fahnen geschrieben hatten: Sie waren angetreten, um den Sozialismus aufzubauen, Gerechtigkeit und Gleichheit in der Gesellschaft durchzusetzen, Ausbeutung zu beseitigen und die Geschichte an ihr Ziel zu bringen. Um diese von Marx in seinem Buch „Das Kapital“ vorgedachten, von Lenin mit politischem Instrumentarium ausgestatteten Ziele zu erreichen, war kein Opfer zu groß, kein Blutzoll zu hoch und kein Repressionsmittel zu infam. Der Sozialismus als das höchste Gut und Ersatz für die verlorene religiöse Welt hat im 20. Jahrhundert nicht nur die russische Intelligenz fasziniert, sondern er hat auch in der westlichen Welt viele Anhänger gefunden. Sie waren blind und taub für die ungeheure Brutalität, mit der Lenin und später Stalin versuchten die „Ziele der Geschichte“ durch zu setzten.
Das Machtmonopol der kommunistischen Partei war nur ideologisch begründbar, eine demokratische Legitimation wurde zu keiner Zeit angestrebt. Parlamentarische Demokratie und politischer Pluralismus galten vielmehr als reaktionär und als Instrumente des Kapitalismus zur Ausbeutung der werktätigen Massen.
Die kommunistische Partei sollte eine fortschrittliche, höhere Form der Demokratie im Interesse des ausgebeuteten Proletariats und der mit ihm verbundenen Bauernschaft in der UdSSR darstellen. An die Stelle der im Grundsatz unbeschränkten zaristischen Monarchie trat die unbeschränkte Macht der kommunistischen Partei. Das Prinzip der Autokratie war in der russischen, politischen Kultur fest verwurzelt. Dies trug zur Stabilität der neuen Ordnung bei.

Durch die entschädigungslose Enteignung des Privateigentums in der Wirtschaft und die Verstaatlichung aller Produktionsmittel wurde die staatliche Verwaltung im Wesentlichen identisch mit der Wirtschaftsverwaltung – soweit sie nicht Polizeiaufgaben hatte. Die Planwirtschaft war ein zentrales Instrument der Herrschaft der Partei über die Gesellschaft. Die Ausschaltung des Marktes, des Profits und des Eigeninteresses an der Wirtschaftstätigkeit, des individuellen und kollektiven Egoismus, hatte zur Folge, dass die Menschen Nischen suchten, um sich Vorteile zu verschaffen. Korruption, Diebstahl und Schlampigkeit in der Produktion waren die Folgen.

Der revolutionäre Sozialismus enthielt das Versprechen, mit der ewigen Rückständigkeit Russlands gegenüber Europa endlich Schluss zu machen und das Reich aus der Nachhut der Geschichte mit einem Schlag in die Avantgarde zu katapultieren. Für alle Patrioten war das eine faszinierende Perspektive. Die Bolschewiki waren fest entschlossen, den Weg in das goldene Zeitalter inmitten einer Welt von Feinden mit rücksichtsloser Gewalt durchzusetzen. Josef Stalin, der nach dem Tod Lenins die alleinige Macht an sich gerissen hatte, rechtfertigte seine „Revolution von oben" seit Ende der 1920er Jahre unter anderem mit der kapitalistischen Einkreisung und der angeblichen drohenden Kriegsgefahr. Als die Feinde von außen nicht losschlugen, wurden wie im Fieberwahn immer neue Feinde im Inneren der Sowjetunion gefunden: Kulaken, Trotzkisten, Nationalisten, Spione, Saboteure, Volksfeinde … ..die viele Millionen zählenden Häftlinge und Toten des Gulag. Inmitten des Massenterrors erklärte Stalin 1936 den Aufbau des Sozialismus für „im Wesentlichen" abgeschlossen. Die ursprüngliche revolutionäre Ideologie hatte sich erschöpft, jetzt sollte der Terror die Stabilität der Sowjetunion sichern.
Der Angriff Hitler-Deutschlands auf die Sowjetunion und der Sieg im „Großen Vaterländischen Krieg" hat der Sowjetmacht wie kein anderes Ereignis neue Legitimität verliehen. Sie genoss bei den

westlichen Alliierten hohes Ansehen, sogar manche antikommunistischen Emigranten machten ihren Frieden mit Stalin. Krieg und Sieg ließen für einige Jahre die Konflikte zwischen den Völkern der Sowjetunion und die Spannung zwischen der Staatsmacht und den Menschen in den Hintergrund treten.

Der Sieg im 2. Weltkrieg veränderte das globale Machtgleichgewicht zugunsten der UdSSR und schuf die Voraussetzungen für den Status der Supermacht und die annährende militärische Parität mit den USA, hauptsächlich gestützt auf die atomare Bewaffnung. Zudem stieg seit Mitte der 1950er Jahr der Lebensstandard der Bevölkerung, besonders in den rasch wachsenden Großstädten. Die Erhöhung der landwirtschaftlichen Erträge, Wohnungsbau und die steigende Produktion von Waren des alltäglichen Bedarfs trugen entscheidend zur inneren Stabilität in den Jahren nach Stalins Tod bei. Außerdem kam es zu einer umfangreichen Ausweitung des Bildungsangebots. Die Sowjetunion überholte dabei manche Staaten Südeuropas und ganz sicher die rückständigen Südstaaten der USA.

Die Partei wollte allerdings nur eine Pseudomodernisierung: Industrialisierung ohne Parlament, Bildung unter den Bedingungen der Zensur, Wissenschaft ohne Informationsfreiheit, ohne Öffnung zum Westen. Auf längere Sicht ließ sich diese halbherzige Modernisierung nicht durchhalten.

Der Zusammenbruch der Sowjetunion erfolgte rasch und erstaunlich unblutig. Auch die meisten Akteure rechneten in der ersten Hälfte des Jahres 1991 kaum damit. Im Dezember 1991 wurde die rote Fahne über dem Kreml eingezogen. Die Idee eines Staates, in dem Arbeiter und Bauern die Macht ausüben, von Karl Marx und Friedrich Engels geboren, von Lenin und Stalin umgesetzt, war gescheitert.

In der DDR, ein Satellitenstaat der Sowjetunion, glaubte ein Staatsratvorsitzender Honecker noch im Herbst 1989 unbeirrbar, sein Land befinde sich unumkehrbar auf dem Weg des Sozialismus.

Die Sowjetführer reagierten auf die wachsende Notwendigkeit innerer Reformen mit untauglichen Mitteln. Entscheidend war hier die wirtschaftliche Schwäche des Sowjetsystems. Nach 1970 konnte das rasche Wachstum der voran gegangenen Jahrzehnte nicht aufrecht gehalten werden. Die staatlichen Planer schafften es nicht mehr, die zusätzliche Produktion zu gewährleisten, die nötig gewesen wäre, um den Lebensstandard der Bevölkerung zu erhöhen und zugleich den gewaltigen Militärhaushalt zu finanzieren. Es fehlte ein Preismechanismus, der die Investitionen sinnvoll gelenkt und zu Innovationen geführt hätte.

Gorbatschows „Perestroika" war ein letzter, verzweifelter Versuch des neuen sowjetischen Führers, das riesige Reich doch noch zu reformieren. Das Hauptziel war die „Verwestlichung" der Wirtschaft. Verbraucherwünsche sollten berücksichtigt, neue Technologien entwickelt werden. Dafür hätte man aber die Herrschaft der Parteibürokratie beenden müssen. Außerdem wäre es nötig gewesen, Ressourcen umzuleiten, die bisher der unersättliche, ständig in Konkurrenz zu den mit viel größeren Finanzmitteln ausgestatteten Amerikanern stehende Militärapparat verschlang. Darüber hinaus musste man sich durch Verhandlungen Zugang zu westlichen Investitionen und neuen Technologien verschaffen.

Da all' dies ohne den Abbau der Spannungen zwischen den Machtblöcken des „Kalten Krieges" nicht möglich gewesen wäre, musste die sowjetische Militärpräsenz in Ost- und Mitteleuropa, in den Interventionssphären in Asien und Afrika und vor allem in Afghanistan verkleinert oder gänzlich abbaut werden.

Es ist höchst unwahrscheinlich, dass Gorbatschow den Weltmachtanspruch der Sowjetunion aufgeben wollte. Zumindest nicht nach außen. Das wäre politischer Harikiri gewesen. Zumindest die zweite Großmacht wollten die Führer im Kreml bleiben. Tatsächlich wollten sich Gorbatschow und seine Berater vermutlich eine Atempause verschaffen. Milliardenkredite aus dem Westen sollten das Überleben der Sowjets sichern. Das rote Imperium sollte sich

unter den Augen des Westens in einem Klima der „kooperativen Koexistenz“ modernisieren. Das schlug fehl.
Moskau hatte im Gegensatz zum Westen kaum wirtschaftliche Anreize für seine Satelliten-Staaten zu bieten. Nicht zuletzt deshalb lockerte sich in den 1980er Jahren der sowjetische Zugriff auf Polen. Mit unglaublicher Geschwindigkeit wurde dann aus der osteuropäischen Reformbewegung ein osteuropäischer Aufstand. Im November 1989 fiel die Berliner Mauer, die pro-sowjetischen Regierungen brachen wie Kartenhäuser zusammen und das osteuropäische „äußere Imperium“ zerfiel. Diese Katastrophe zerstörte die Autorität und Legitimität des Sowjetregimes. Auch in der UdSSR brach nun die Kommandowirtschaft zusammen. Bereits 1990 griff der Aufstand auf das „innere Imperium“ der Sowjetunion über.
Die Sowjetrepubliken, selbst das von „Boris Jelzin“ geführte Russland, forderten jetzt ihre Unabhängigkeit. Der vergebliche Versuch von Hardlinern, die politische Katastrophe durch einen Militärputsch und durch Ausrufung des Ausnahmezustands aufzuhalten, brachte dann das rasche Ende. Der Mann der Stunde war der russische Präsident Boris Jelzin. Für den Präsidenten der UdSSR, Michail Gorbatschow, fand sich keine Verwendung mehr. Er trat am 25. Dezember 1991 zurück. Im „Vertrag von Alma Ata“ wurde die Sowjetunion formell aufgelöst. Von den 15 neuen Staaten traten dabei zwölf der neuen GUS (Gemeinschaft der Unabhängigen Staaten) bei.
Am 31. Dezember 1991 hörte die Sowjetunion auf zu bestehen. Am einschneidensten war wohl, dass sich die Ukraine, die seit den 1650er Jahren für die imperiale Macht Russlands unverzichtbar gewesen war, für die vollständige Unabhängigkeit entschied.
Die Russische Föderation nahm die Rechtsnachfolge der Sowjetunion für sich in Anspruch und betrachtete sich sehr bald politisch als der einzige Nachfolgestaat der UdSSR. Bei der Mehrzahl der russischen Bevölkerung hinterließ die Auflösung der Sowjetunion einen bitteren Geschmack. Sie interpretieren den Zusammenbruch

der UdSSR als einen Irrtum der Geschichte und leiden noch heute unter einem Verlust-Trauma. Eine geschichtliche Revision ist trotzdem unwahrscheinlich. Sicher sind die GUS-Staaten an engen wirtschaftlichen Kontakten interessiert. Sie werden es aber kaum akzeptieren, dass politische Entscheidungen über ihr Gemeinwesen wieder ausschließlich in Moskau gefällt werden.

China – der wieder erstarkte Drache

Am 8. September 1793 bot sich in „Jehol“, der kaiserlichen Sommerresidenz in der Nähe von Peking, ein prächtiges Schauspiel. Der Sonder-Botschafter seiner Majestät König „Georgs III..“ von Großbritannien, „Lord George Macartney“, kam mit einem Gefolge von 100 Gesandtschaftsmitgliedern und 600 Kisten voller Geschenke. Er sollte dem Kaiser des großen chinesischen Reiches die Glückwünsche seines Königs zum 80. Geburtstag übermitteln. Zu diesem Zeitpunkt stand China in Asien auf dem Höhepunkt seiner Macht. Die Weiten der Mongolei, Ostturkestans und Tibets waren dem Reich der Mitte als Militärprotektorate angegliedert und wurden von einheimischen Herrschern nur verwaltet.
China war mit 12,5 Millionen Quadratkilometern größer als jedes chinesische Reich zuvor, doppelt so groß wie das Ming-Reich und weit größer als das Territorium der heutigen Volksrepublik.
2000 Jahre lang hatten Reiterhorden aus dem Nordosten das riesige Agrarland bedroht. Nomadenstämme verwüsteten Teile des Reiches oder sogar ganz China. Nun war die Gefahr endgültig gebannt: China und Innerasien waren unter der Herrschaft der Mandschus, einem kriegerischen Stamm aus dem Norden, zu einem Großreich vereint. Die Macht dieses riesigen Reiches strahlte auch auf die umliegenden Länder aus: auf Korea, ganz Indochina, Bhutan, Nepal, Afghanistan, die zentralasiatischen Khanate Kokand und Buchara und auf Kasachstan. Sie alle schickten Tribute nach Peking. China zählte 330 Millionen Einwohner. Eine Bevölkerung, zweieinhalb Mal so groß wie in allen europäi-

schen Staaten der damaligen Zeit zusammen genommen. Doch das Fundament des Reiches war brüchig geworden. China ignorierte die wissenschaftliche Revolution, die im Westen ein neues Denken schuf, den technischen Fortschritt, der in Europa im 17. Jahrhundert begonnen hatte und ganz neue, bisher unbekannte Industrien schuf. China sah sich als unerschütterlichen Macht-Monolithen und verharrte in seinen Traditionen.
Offenkundig wurde die tödliche Gefahr für China, als das aggressive Großbritannien, inzwischen längst Herr der Weltmeere, 57 Jahre nach dem Empfang von Kaiser „Qianlong“ einen ersten Krieg mit den Mandschus vom Zaun brach: Der „Opiumkrieg“ sollte der Anfang vom Ende der kaiserlichen Macht sein. Es wurde ein Absturz, der das einst größte und fortschrittlichste Reich der Erde innerhalb eines einzigen Jahrhunderts in ein armes, verelendetes Land verwandelte. In den 20er Jahren des 19. Jahrhunderts hatten die Briten ein Mittel gefunden, um ihr Dauerhandelsdefizit mit China zu beseitigen: das Opium.
Sie gewannen die Droge, die seit 1800 in China verboten war, aus dem Mohnanbau in Bengalen, verschifften sie nach Kanton und sorgten dafür, dass sie über ein Netzwerk von Händlern im ganzen Land verbreitet wurde. Das Gift verseuchte in wenigen Jahren die Bevölkerung, zerrüttete das Heer, korrumpierte die Verwaltung und ruinierte auch finanziell das chinesische Kaiserreich. Dessen Wirtschaft versank in Deflation und Rezession.
1838 beschloss die chinesische Regierung, energisch gegen den Opiumschmuggel vorzugehen. 1.400 Tonnen Opium wurden beschlagnahmt und verbrannt. Die britischen Kaufleute mussten sich schriftlich verpflichten, künftig auf jeglichen Handel mit dem Rauschmittel zu verzichten.
London nahm dies zum Anlass, China den Krieg zu erklären. Die hochgerüstete englische Flotte hatte mit den hoffnungslos unterlegenen Chinesen leichtes Spiel. Im August 1842 kapitulierte die chinesische Regierung und unterschrieb den Vertrag von Nanjing, der demütigende Bedingungen enthielt: China musste fünf Küs-

tenstädte für ausländische Konsulate, für Kaufleute und Missionare öffnen. Die ausländischen Konzessions-Gebiete sollten exterritorial sein und unterstanden nicht der chinesischen Jurisdiktion. China trat zudem die Insel Hongkong an das Empire ab, zahlte als Kriegsentschädigung 21 Millionen Silber-Dollar und hob das Monopol der chinesischen Handelshäuser auf.
Der „Vertrag von Nanjing“ war der erste vieler folgender „ungleicher Verträge“. Er legte die Grundlage für einen neuen, von Europa diktierten Außenhandel. In diesem Machtpoker waren auch alle anderen europäischen Mächte sowie die USA, Russland und später auch Japan mit beteiligt. Und natürlich nahm der Opium-Handel wieder an Fahrt auf, blieb das Hauptexportgut der meisten westlichen Händler.
Die Niederlage erschütterte das Ansehen des Mandschu-Kaisers in der Beamtenschaft, im Heer und im Volk.
Der Hass auf die Fremden verband sich mit dem latenten Hass auf die Dynastie. Der Aufruhr im Inneren und die Invasion von außen trieben sich nun gegenseitig an. Nach der Jahrhundertmitte folgten Massenaufstände in immer kürzeren Abständen.
Diese Schwäche nutzten wiederum die Europäer. 1860 marschierten englische und französische Truppen in Peking ein, Kaiser „Xianfeng“ musste fliehen und starb ein Jahr später. Sein Sohn und Nachfolger war erst fünf Jahre alt. Seiner Mutter „Cixi“, einer Konkubine des Herrschers, gelang es, sich die Regentschaft zu sichern. Die Kaiserinwitwe, die als extrem verschwendungssüchtig galt, beherrschte von nun an das Reich fast ein halbes Jahrhundert.
Die Macht, die China über seine Anrainer-Staaten über Jahrhunderte ausgeübt hatte, schwand. Russland, das sich große chinesische Gebiete nördlich des Amur und östlich des Ussuri angeeignet hatte, expandierte in Zentralasien und brachte die einstigen chinesischen Vasallenstaaten, wie die Khanate Buchara und Kokand unter seine Herrschaft.

Auch Vietnam, Burma und Korea schickten schon längst keine Tribute mehr nach Peking. Briten, Franzosen und Japaner hatten die Vorherrschaft über diese Länder übernommen. Vor allem die Niederlage gegen den Konkurrenten Japan fügte der Qing-Dynastie einen nicht wieder gut zu machenden Gesichtsverlust zu. Die Tage der Mandschu-Herrschaft waren gezählt.
Es waren die so genannten „Boxer" – der Name rührte von ihren Kampfsport-Übungen her – die schließlich im Winter 1900 gegen die Fremden und gegen die Regierung los schlugen. Kirchen wurden nieder gebrannt, Missionare gefoltert und getötet, zum Christentum übergetretene Chinesen als Freiwild gejagt.
Die westlichen Mächte stellten daraufhin eine Expeditions-Armee auf, die das Gesandtschafts-Viertel in Peking aus einer fast zweimonatigen Belagerung befreite. Die Kaiserinwitwe und der Hof flohen nach Xian. Die imperialistischen Mächte übten furchtbare Rache an den Boxern.
Zuvor hatte „Kaiser Wilhelm II." seine Truppen in Wilhelmshaven mit einer markigen Ansprache verabschiedet, die als so genannte „Hunnenrede" in die Geschichte einging und im In- und Ausland für viel Aufsehen und Empörung sorgte:

„Ihr wisst es wohl, ihr sollt fechten gegen einen verschlagenen, tapferen, gut bewaffneten, grausamen Feind. Kommt ihr an ihn, so wisst: Pardon wird nicht gegeben, Gefangene nicht gemacht. Führt eure Waffen so, dass auf 1000 Jahre hinaus kein Chinese es mehr wagt, einen Deutschen nur scheel anzusehen".
Nach der Niederschlagung des Aufstandes hatte das Kaiserhaus nicht mehr die Kraft, Chinas Würde und Souveränität zu schützen. Es dauerte nur noch ein Jahrzehnt, bis das morsche Staatsgebäude restlos in sich zusammen stürzte.
1905 kam es zum Krieg zwischen Japan und Russland. Die Japaner schlugen die Russen vernichtend. Zum ersten Mal hatte eine

asiatische Nation eine europäische Großmacht gedemütigt. Ganz Asien triumphierte.
Die chinesische Reformpartei sah diesen Sieg als Ermunterung für ihre revolutionären Bemühungen an. Kopf und treibende Kraft dieser Bewegung war „Dr. Sun Yat Sen", der aus einer Bauernfamilie in der Nähe von Kanton stammte und im japanischen Exil lebte. Ihm folgten viele junge Chinesen, die sich zum Studium in der aufstrebenden Macht Japan entschlossen hatten. Tokio entwickelte sich zur Hauptstadt der chinesischen Opposition. Im August 1905 gelang es „Dr. Sun Yat Sen", die revolutionären Gruppen zur „Liga der Verbündeten" zusammen zu führen. Zwischen 1906 und 1911 organisierte die Liga gemeinsam mit revolutionären Gruppen acht Aufstände in China. Alle scheiterten.
Doch dann meuterte die Militärgarnison in Wuhan, die mit Anhängern der Liga durchsetzt war und übernahm die Macht. „Dr. Sun Yat Sen" wurde zum vorläufigen Präsidenten gewählt und rief am 1. Januar 1912 in Nanjing, das die neue Hauptstadt werden sollte und wo er 15 Jahre später auch beigesetzt wurde, die Republik aus.
Es begann nun eine mehr als ein Jahrzehnt dauernde Periode der Herrschaft von Warlords. China zersplitterte in eine Vielzahl von Territorien, über die selbst ernannte Militärbefehlshaber mit ihren Truppen herrschten und sich gegenseitig bekämpften. Die Republik, die „Dr. Sun Yat Sen" ausgerufen hatte, wurde niemals Wirklichkeit.
Schließlich kristallisierten sich zwei Parteien heraus, die das Ringen um die Macht unter sich ausmachen sollten. Auf der einen Seite die Kommunisten, die sich 1921 in Shanghai konstituiert hatten, auf der anderen Seite die „Kuomintang" unter der Führung des jungen Generals „Chiang Kaishek". Bald sollten sich die beiden Parteien einen Kampf auf Leben und Tod liefern.
Zunächst jedoch schlossen sie sich zu einer Einheitsfront gegen die Warlords und die herrschenden Imperialisten zusammen. Doch dann schlug „Chiang Kaishek" gegen die Kommunisten los. Am

12. April 1927 ließ er in einem Überraschungscoup die Kommunisten und die Mitglieder der Arbeiterbewegung erbarmungslos niedermachen. Angeblich starben an diesem Tag 5000 Menschen. Die Kommunisten gingen nach dem katastrophalen Ende ihrer Allianz mit der Kuomintang in den Untergrund. Viele wurden aufgespürt und hingerichtet. Zwischen 1927 und 1937 sollen eine Million Mitglieder der Kommunistischen Partei Chinas getötet worden sein.
Die Führer der Kommunisten, „Mao Zedong“, „Zhou Enlai“ und der spätere Reformer „Deng Xiaoping“ mobilisierten nun die Bauern Chinas. Sie zogen sich in die „Jinggang-Berge“ an der Grenze zur Provinz Hunan zurück. Dort schufen sich die Kommunisten eine Basis, die sie später in den Südosten nach Ruijin verlegten. Schon bald hoben sie die Räterepublik „Jiangxi“ aus der Taufe und schufen, 1930, die erste „Rote Armee“ aus Bauernmilizen mit 25.000 Mann.
Chiang Kaisheks Truppen unternahmen mehrere Angriffe gegen Jiangxi, wurden jedoch jedes Mal zurück geschlagen. 1934 gelang die Einkesselung der „Roten“ durch die Kuomintang-Soldaten. Mao beschloss, mit 85.000 Soldaten und 15.000 Partei- und Regierungsangehörigen auszubrechen. Es begann der legendäre „Lange Marsch“ über 10.000 Kilometer, den nur 8000 Menschen überlebten, darunter auch die Führer Mao, Zhou und Deng.
Chiang Kaishek konnte sich zunächst als Sieger fühlen. In den Städten war die kommunistische Bewegung ausgerottet, auf dem Land gab es nur noch einige, wenig bedeutende Rest-Regionen. Alles schien nach den Vorstellungen des Generals abzulaufen, wenn da nicht die zunehmende Aggression der Japaner gewesen wäre. Schon 1931 hatten sie die Mandschurei erobert und 1934 den letzten Kaiser der Qing-Dynastie, den schwachen „Pu Yi“, als Marionette auf den Thron gesetzt. Ihre weitere Strategie sah vor, ganz Nordchina vom Reich abzuspalten und unter japanische Kontrolle zu bringen. Der Hass auf die Okkupanten trieb die Tod-

feinde Chiang und Mao noch einmal zu einer Einheitsfront zusammen.
Doch die Japaner waren nicht zu stoppen. Im Dezember 1937 richteten sie ein grauenvolles Blutbad in Nanjing an, dem 300.000 Menschen, auch Alte, Frauen und Kinder, zum Opfer fielen.
Am 7. Dezember 1941 brach mit dem japanischen Überraschungsangriff auf „Pearl Harbour“ der japanisch-amerikanische Krieg aus. Die Kuomintang und die Kommunisten überließen daraufhin den Kampf gegen Japan den Amerikanern und konzentrierten sich wieder auf das Ringen gegeneinander.
Am 14. August 1945 kapitulierte Japan. Die Kuomintang-Truppen und die Rote Armee versuchten nun, die von den Japanern besetzten Gebiete zu übernehmen und ihre Waffen zu erbeuten. Im Juli 1946 begann der offene Bürgerkrieg um die Macht in China.
Zunächst eilten die Truppen der Kuomintang von Erfolg zu Erfolg. Doch im November 1948 kam es in der Mandschurei zu einer großen Kesselschlacht: „Chiang Kaishek“ verlor dabei 470.000 Mann seiner besten Truppen. Zur selben Zeit mussten sie sich mit ihrer Hauptarmee in Mittelchina „Deng Xiao-ping“ ergeben. Daraufhin kapitulierten auch die Garnisonen von Peking und Tianjin.
Im Dezember 1949 floh „Chiang Kaishek“ mit dem Rest seiner Truppen und dem chinesischen Staatsschatz von Kanton nach Taiwan. Die Amerikaner unterstützten ihn mit Waffen und erkannten sein Regime als das einzig rechtmäßige Chinas an.
Die Massen der Chinesen allerdings feierten die kommunistischen Führer als nationale Befreier, die China nach 100 Jahren der Demütigung seine Unabhängigkeit, Einheit und Würde zurückgegeben hatten. Das Herrschaftssystem, das Mao und seine Mitstreiter in den ersten Jahren der neu gegründeten Volksrepublik überstülpten, bestand aus drei landesweiten Hierarchien: Partei, Regierung, Militär.
Schon bald zeigte die Kommunistische Partei ihre grausame Seite. Es begannen Massenkampagnen, die während der gesamten Mao-Ära anhielten. Die erste war die Landreform, die viele Opfer kos-

tete. Nach vorsichtigen Schätzungen wurden damals mindestens eine Million Landbesitzer getötet. Es folgten eine Reihe von gesellschaftlichen und ökonomischen Experimenten, die das Riesenreich an den Rand des Abgrunds führten und Millionen an Menschenopfern forderten.

Mit der „Kulturrevolution", die der alternde, große Vorsitzende entfesselt hatte, um sich an der Macht zu halten, vernichtete „Mao Zedong" viele der alten Baudenkmäler und Kunstgegenstände. Bildungsbürger, Lehrer, Professoren, Künstler, Ärzte wurden zur Umerziehung aufs Land geschickt, Millionen Menschen starben durch die entfesselten roten Garden und an Hunger.

Es schien, als wolle der greise Revolutionär am Ende seines Lebens mit Gewalt das zerstören, was er über Jahrzehnte in mühevollen Kämpfen aufgebaut hatte. Am 9. September 1976 starb Mao Zedong, zweifellos einer der größten Massenmörder des Jahrhunderts. Er hat den Tod von 30 bis 40 Millionen Bauern zu verantworten und ebenso den Tod von weiteren Millionen Menschen während der andauernden Kampagnen.

Die Vollversammlung des Zentralkomitees bestimmte im Dezember 1978 „Deng Xiao-ping" zum neuen Vorsitzenden. 20 Jahre lang war er der überragende Führer Chinas und setzte unter dem bescheidenen Namen „Reform" eine erneute Revolution in Gang, die das Leben vieler Chinesen grundlegend veränderte und unter Mao niemals möglich gewesen wäre. Unter seiner Ägide begann Chinas phänomenaler Aufstieg. Er legte den Grundstein dafür, dass China heute die zweit wichtigste Wirtschaftsmacht der Erde ist und vermutlich die Nummer eins, die USA, ablösen wird.

Chinas Satelliten, mit chinesischen Raketen in den Orbit geschossen, umkreisen die Erde. Chinas Exporte, längst nicht mehr Billig-Ramsch, sondern vor allem elektronische High-Tech-Spitzenprodukte, überschwemmen den Weltmarkt. Chinesische Studenten belegen die Spitzenränge an den ausländischen Universitäten, täglich steigt die Zahl der Millionäre und Milliardäre.

Keine Entscheidung von weltpolitischer Bedeutung wird künftig ohne einen fragenden Blick nach Peking fallen. Dafür hat dieser zierliche, kaum 1.50 Meter kleine „Deng Xiao-ping“ gesorgt, der mit den zwei Wörtern: „Bereichert Euch“ das geistige Erbe des großen „Mao Zedong“ zertrümmerte und den Rest der Welt in Erstaunen setzte.
Der gelbe Drache, einst stark und mächtig, dann zwei Jahrhunderte von fremden Mächten mit dem Nasenring durch die Manege der Weltgeschichte geführt, hat sich befreit und hebt erneut sein stolzes Haupt.

Die USA – der imperiale Riese

Die Rivalität zwischen Frankreich und Großbritannien hatte Mitte des 17. Jahrhunderts einen Höhepunkt erreicht. In Europa ging es um Machtsicherung, um Einfluss und um Religion. In den Kolonien ging es vor allem um Handel, Rohstoffe und um Landbesitz. Nicht nur am Ärmelkanal standen sich daher die beiden damals mächtigsten Staaten Europas gegenüber. Sie trafen auch in der Karibik, in Afrika, Indien und vor allem in Nordamerika aufeinander.
Als 1763 der „Siebenjährige Krieg“ in Europa beendet wurde, enthielt der in Paris unterzeichnete Friedensvertrag auch mehrere Klauseln zur Regelung der Verhältnisse jenseits des Atlantiks. Das geschlagene Frankreich willigte ein, alle Ansprüche auf dem nordamerikanischen Kontinent aufzugeben und erhielt als Gegenleistung die florierenden Inseln Guadeloupe und Martinique in der Karibik zurück, die Großbritannien 1759 erobert hatte. Damit hatten sich die Briten in Nordamerika endgültig behauptet. Der aggressiven Landnahme der englischen Siedler stand nichts mehr im Wege.
Allerdings hatte der Krieg auch die britische Staatskasse geleert. Die Bevölkerung ächzte unter der Steuerlast. Da lag es nahe, einen Teil dieser Bürde auf die amerikanischen Kolonien abzuwälzen,

die ja davon profitierten, dass die Franzosen den nordamerikanischen Kontinent hatten räumen müssen. Die Amerikaner indes sahen das anders. In ihren Augen hatten sie bereits während des Krieges so hohe Opfer gebracht, dass sie nicht gewillt waren, nun auch noch für die Folgen zu zahlen.

In Boston begann sich eine Vereinigung zu formieren, die zu einer treibenden Kraft des revolutionären Prozesses werden sollte. Sie ging aus einem Zusammenschluss gut verdienender Handwerker und Kaufleute hervor, die „Sons of Liberty". Sie waren es, die, als Indianer verkleidet, an der Spitze der Menge standen, die in der Nacht zum 13. Dezember 1773 drei mit Tee beladende Schiffe der „East India Company" enterten und die Ladung – Tee im Wert von 10.000 britischen Pfund, nach heutigem Wert etwa 700.000 Euro – ins Meer warfen, um gegen britische Zollgesetze zu protestieren. Als „Bostoner Tea-Party" ging die Aktion in die Geschichtsbücher ein. Daraufhin begann die britische Regierung militärische Schritte einzuleiten, um die amerikanischen Kolonisten zur Räson zu bringen.

Der Krieg gegen das britische Mutterland hatte – wenn auch nicht offiziell erklärt – begonnen. Im Juni 1775 ernannten die Führer der 13 aufsässigen Kolonialstaaten, die sich in Philadelphia zu einem „Kongress" zusammen gefunden hatten, den 43jährigen Farmer „George Washington" zum Kommandeur der neu zu gründenden „Grand American Army". Er gehörte zu einer der reichsten Familien Virginias und war auf keinen hohen Sold angewiesen. Vielleicht fiel die Wahl auch deshalb auf ihn.

Am 4. Juli 1776 erklärten die vereinigten Kolonien ihre Unabhängigkeit von Großbritannien, nachdem der englische Monarch „Georg III." sich geweigert hatte, ein Verhandlungsangebot der Rebellen überhaupt entgegen zu nehmen. Nach anfänglichen Misserfolgen gelang es George Washington die Briten, die ihr Heer mit 30.000 zwangsverpflichteten deutschen Söldnern aufgestockt hatten, endgültig zu besiegen. Am 3. September 1783 wurde in Paris der Friedensvertrag zwischen den Vereinigten Staaten von Amerika und dem Britischen Empire unterzeichnet. Der inzwischen populär gewordene Befehlshaber George Washington wurde der erste Präsident der United States of Amerika, kurz USA. Als in den ersten Jahren nach der Staatsgründung die Differenzen zwischen den Einzelstaaten wieder stärker hervor traten, erhielt auch die Problematik der Sklaverei neue Brisanz. Im Norden waren die meisten Schwarzen befreit, auch wenn sie noch immer zur ärmsten Schicht der Gesellschaft gehörten. Die Südstaaten allerdings sahen durch die Forderung nach der Abschaffung der Sklaverei die Grundlage ihrer wirtschaftlichen Prosperität gefährdet. Ihr vehementes Pochen auf die Rechte der Einzelstaaten hing vor allem damit zusammen, dass sie den lokalen Regierungen die Autorität in der Sklavenfrage erhalten wollten.

Schon als der Verfassungskonvent 1787 zusammen getreten war, beschäftigte das Thema der Sklaverei die Delegierten in langen Diskussionen. South Carolina und Georgia hatten gedroht, sich aus der Föderation zurück zu ziehen, sollte diese versuchen, ihnen die Befreiung aller Schwarzen zur Auflage zu machen. Vor allem der Konflikt um die Regelung der Sklavenfrage in den neuen Staatsgebieten im Westen der USA dominierte die Politik der jungen Republik während der gesamten ersten Hälfte des 19. Jahrhunderts. Er war der Hauptauslöser für den später ausbrechenden Bürgerkrieg.
Der historische Zufall fügte es, dass ausgerechnet am 4. Juli 1826 binnen weniger Stunden der zweite und der dritte Präsident der Vereinigten Staaten von Amerika, „Thomas Jefferson“ und „John Adams“, starben. Mit ihnen verließen zwei Heroen der Revolutionszeit die politische Bühne. Die Gründerzeit der USA ging für jeden sichtbar zu Ende. Aber hatten die Revolutionäre von 1776 wirklich ein gut bestelltes Haus hinterlassen? Eher nicht. Denn die Sklavenfrage drückte der jungen Demokratie noch immer ihren unübersehbaren, bedrohlichen Stempel auf.

1850 lebten rund 3,6 Millionen Schwarze in den USA. Sie machten 15,7 Prozent der Gesamtbevölkerung aus. Der ganz überwiegende Teil davon waren Sklaven, die im Süden der USA lebten. Nur New York, New Jersey und Ohio verfügten über einen größeren Anteil freier Schwarzer. Die politische Lage erforderte eine Entscheidung. Die sollte mit den Präsidentschaftswahlen 1860 fallen. Allgemein wurde erwartet, dass die Demokraten und ihr Kandidat, der Senator „Stephen Douglas“, einen sicheren Sieg einfahren würden. Doch es kam anders.
Auf einem stürmischen Parteitag spaltete sich die Partei. Die Südstaaten nominierten einen gewissen „John C. Breckinridge“ als Präsidentschaftskandidaten. Die Republikaner, ausgewiesene Gegner der Sklaverei, stellten den Anwalt Abraham Lincoln auf. Douglas erhielt die Stimmen von 29,5 Prozent der Wähler, Breckinridge 18,1 Prozent und Lincoln konnte 39,8 Prozent auf sich vereinigen. Für den Süden war das ein herber Schlag, zumal Lincoln sofort deutlich machte, dass, obwohl er nichts gegen die Existenz der Sklaverei im Süden einzuwenden hätte, er auf alle Fälle einer weiteren Expansion der Sklaverei mit aller Schärfe entgegen treten würde. Jetzt schien ein Bürgerkrieg unausweichlich.
Am 20. Dezember 1860 war es dann so weit: South Carolina erklärte sich für unabhängig. Die Radikalen in den Staaten Mississippi, Florida, Alabama, Georgia, Louisiana und Texas schafften es, ihre politischen Führer dazu zu bringen, sich South Carolina anzuschließen. Der komplette Süden, mit Ausnahme von Arkansas, war damit aus der Union ausgetreten. Die Unabhängigkeitserklärungen der neuen Staaten ließen in ihren Begründungen an Deutlichkeit nichts zu wünschen übrig. Den Sezessionisten ging es vorrangig um den Erhalt der Sklaverei und ihres traditionellen Lebensstils. Als erster Präsident der Konföderation wurde der Politiker „Jefferson Davis“ gewählt.
Im Norden wurde der Abfall der Südstaaten als Verrat aufgefasst. Am 12. April 1861 beschossen Truppen der Konföderations-Staaten das von Unionssoldaten gehaltene Fort Summer. Der Bürger-

krieg hatte begonnen. Exakt vier Jahre später kapitulierte der Süden, Hunderttausende hatten ihr Leben auf den Schlachtfeldern Nordamerikas gelassen. Wenige Stunden, nachdem im Hafen von Charleston Kanonenschüsse die Wiedervereinigung der Union als Nation unterstrichen, starb Abraham Lincoln nach einem Attentat im „Ford Theater" in Washington. Er war der erste Präsident der USA, der ermordet wurde. Andere sollten noch folgen.

Im Westen, jenseits des Mississippi, in den Prärien und dem Felsengebirge, hielt die Gewalt an. In über 40 lokalen Kleinkriegen von Montana bis New Mexico rangen republikanische Großgrundbesitzer, demokratische Kleinfarmer und Rancher, Gesetzlose, Gewerkschafter und Minenbesitzer in einer nicht enden wollenden Spirale der Gewalt um die Aufteilung des Landes. Sogar eine völlige Besetzung des schwachen Nachbarn im Süden, Mexiko, dem die USA in einem kurzen Krieg die riesigen Gebiete von Kalifornien, Arizona, Texas und New Mexico abgenommen hatten, wurde in Erwägung gezogen.

Diese im Westen Amerikas angewandte Aggressivität wurde bald auch in der Außenpolitik der USA sichtbar. Die Vereinigten Staaten bedienten sich einer ganzen Reihe von Methoden, um sich andere Länder gefügig zu machen. In vielen Fällen griffen sie auf altehrwürdige diplomatische Taktiken zurück, indem sie Regierungen, die Amerika unterstützten, Belohnungen in Aussicht stellten. Denen aber, die nicht kuschten, drohten sie mit Vergeltung. Mitunter verteidigten sie befreundete Regime sogar gegen den Widerstand des betreffenden Volkes. In einer Vielzahl von Fällen haben sie stillschweigend Staatsstreiche oder Revolutionen unterstützt, wenn es ihren Zwecken diente. Südamerika verkam so zum „Hinterhof der USA".

Das lange „Regimewechsel"-Jahrhundert Amerikas nahm 1893 mit dem Sturz der hawaiianischen Monarchie seinen Anfang, als amerikanische Truppen zur Unterstützung der amerikanischen Pflanzer auf dem paradiesischen Eiland landeten und den Rücktritt der hawaiianischen Herrscherin „Liliuokalani" erzwangen.

1898 halfen amerikanische Truppen, Kuba von der spanischen Herrschaft zu befreien und erklärten Spanien den Krieg. Doch der Preis, den die Kubaner für diese Hilfe zu zahlen hatten, war hoch. Der neue Zwingherr bediente sich der verschiedensten Mittel, einschließlich der Einsetzung von Despoten, um auf der Zucker-Insel entscheidenden Einfluss auszuüben. Dabei hatten sie sich eigentlich verpflichtet, „die Regierung und Herrschaft über die Insel ihren Bewohnern zu überlassen.“ Sie taten genau das Gegenteil.

Die Nachbarinsel von Kuba, Puerto Rico, erhielt von Spanien die Autonomie, ohne dass auch nur ein einziger Schuss gefallen wäre. Am 27. März 1898 fanden die ersten freien Wahlen statt. Die Selbstverwaltung hatte ihr Amt noch nicht angetreten, als am 12. Mai 1898 eine Flotte von sieben amerikanischen Kriegsschiffen vor San Juan, der Inselhauptstadt, Position bezog und auf spanische Stellungen feuerte. Nach einer zweimonatigen Blockade gingen Marinesoldaten an Land und hissten über dem Zollhaus die amerikanischen „Stars und Stripes“. Damit übernahmen die Vereinigten Staaten faktisch die Macht in Puerto Rico. Sämtliche Einrichtungen aus der Zeit der spanischen Herrschaft, die autonome Regierung eingeschlossen, verschwanden rasch von der Bildfläche.

Kaum ein Amerikaner hatte eine Ahnung davon, wo sich die Philippinen befanden. Auch diese Inselgruppe wurde den Spaniern 1898 abgenommen. Die ehemaligen Kolonisten wurden selbst Kolonialherren. Sie zahlten den Spaniern lächerliche 20 Millionen Dollar für das Insel-Archipel und betrachteten fortan die Philippinen als ihr Eigentum. Ein Aufstand der Bevölkerung, die sich selbst verwalten wollte, wurde in einem vier Jahre dauernden Guerilla-Krieg brutal und blutig nieder geschlagen.

Territoriale Ausdehnung war für Amerikaner nichts Neues. Schließlich hatten ihre Siedler einen ganzen Kontinent besetzt und die einheimischen Bewohner fast ausgerottet. Um den Bau des Panama-Kanals durchzusetzen, wurde Kolumbien 1903 gezwungen, eigenes Territorium abzugeben. Der Staat „Panama“, der vor-

her gar nicht existierte, wurde aus der Taufe gehoben. Paten und Schutzherren waren die Amerikaner.
1909 befahl Präsident „William Howard Taft“, den Präsidenten von Nicaragua, „José Santos Zelia“, aus seinem Amt zu vertreiben. Sein Vorgehen diene zum Schutz Amerikas und der Durchsetzung demokratischer Prinzipien, behauptete Taft. In Wahrheit verfolgte er den Zweck, amerikanischen Firmen uneingeschränkte Handlungsfreiheit in Nicaragua zu sichern.
Der historische Zufall wollte es, dass sich der Aufstieg der Vereinigten Staaten zur Weltmacht parallel zu der Entwicklung vollzog, in deren Verlauf multinationale Konzerne zu einem maßgebenden Faktor im Weltgeschehen wurden. Diese Konzerne erwarteten von der Regierung, dass sie sich im Ausland für ihre Interessen engagierte und notfalls ausländische Staatsführer, die sich nicht kooperativ zeigten, aus dem Weg räumte.
Der Kurs, den die Vereinigten Staaten eingeschlagen hatten, brachte ihnen gewaltige Macht und ungeheuren Reichtum. Sie entschieden letztlich den Ausgang des 1. Weltkrieges, als sie dem Deutschen Reich den Krieg erklärten und den Heeren der „Entente“ auf den französischen Schlachtfeldern zur Hilfe eilten. Das britische Empire war nach diesem Kräftemessen zu erschöpft, um noch Weltmacht-Ambitionen hegen zu können. Das Ende des britischen Kolonialreiches war nur noch eine Frage der Zeit.
Ohne das Eingreifen der Amerikaner – nach der Kriegserklärung Hitler-Deutschlands – hätte sich der 2. Weltkrieg noch um einiges länger hingezogen, wäre Europa noch mehr zur Ruinen-Landschaft geworden. Nach Kriegsende stoppten amerikanische Politiker den kommunistischen Vormarsch auf allen Kontinenten und schreckten auch vor einer bewaffneten Auseinandersetzung mit dem kommunistischen Nordkorea und später mit den Chinesen nicht zurück. Zum ersten Mal in ihrer Geschichte machten sie den Anspruch eines „Weltpolizisten“ deutlich.
Es ging um Öl und Kapital, als sie Mitte der Fünfziger Jahre den rechtmäßig gewählten iranischen Ministerpräsidenten

„Mohammad Mossadegh“ stürzten, um westliche Pfründe zu retten. Washington verlor spätestens durch diese Aktion seine demokratische Glaubwürdigkeit, und setzte zudem den autoritären Marionetten-Herrscher Schah „Reza Pahlewi“ auf den Pfauenthron.

Noch zu Beginn der Sechziger Jahre schienen die Vereinigten Staaten nach Belieben in der Welt Regie führen zu können. Sie waren die stärkste Wirtschaftsmacht auf Erden, verfügten über schier unerschöpfliche Ressourcen, und besaßen die am besten ausgerüsteten Streitkräfte zu Lande, zu Wasser und in der Luft. Der Rückschlag, vielleicht sogar die weltpolitische Wende, die dem amerikanischen Imperialismus ein für alle Mal Einhalt gebot, erfolgte ausgerechnet in Vietnam. In schwarze Pyjamas gekleidete Kämpfer, angeführt durch ihren charismatischen Führer „Ho Chi Minh“, der schon die französische Kolonialmacht vertrieben hatte, lehrten der Atom-Macht das Fürchten. Nach jahrelangen, verlustreichen Kämpfen mussten die Amerikaner geschlagen aus Südost-Asien abziehen. In den Augen der Asiaten ein ungeheurer, nicht mehr zu reparierender Gesichtsverlust der Großmacht.

Der von Präsident George W. Bush leichtfertig vom Zaun gebrochene Krieg im Irak, der die USA vor allem finanziell ausblutete, der Rachefeldzug gegen die Terror-Organisation „Al-Quida“ in Afghanistan, waren und sind Rückzugsgefechte einer Weltmacht, die ihre imperialen Ansprüche längst nicht mehr beliebig durchsetzen kann. Schlimmer noch: Durch den Anschlag auf das „World Trade Center“, dem „pochendem Herzen der amerikanischen Nation“ in New York, war das so unangreifbar erscheinende Amerika zutiefst gedemütigt worden. Ähnliches hatten nur die Japaner 1942 in Pearl Harbour gewagt.

Dazu wird die ungeheure Staatsverschuldung eines Landes, das über Jahrzehnte weit über seine Verhältnisse gelebt hat, immer dramatischer. Dringend notwendige Infrastruktur-Programme können mangels Finanzierung nicht mehr umgesetzt werden. Die USA gleichen an vielen Orten einem Entwicklungsland.

Die Finanzkrise von 2008 machte in erschreckender Weise deutlich, dass die Vereinigten Staaten von Amerika nur noch ein Koloss auf tönernen Füßen sind. Im Nacken den heißen Atem des wieder erstarkten gelben Drachens, eines allein schon durch seine Bevölkerungszahl erdrückenden Rivalen, der sich anschickt, den Vereinigten Staaten den Rang streitig zu machen: Das neu erstarkte China, das sich zudem noch in der Rolle des Bankiers der verschuldeten USA sieht. Dazu kommt: Das Ungleichgewicht zwischen Arm und Reich in den USA ist erschreckend und verheißt für die Zukunft nichts Gutes: Die 400 reichsten Amerikaner besitzen inzwischen mehr als die „unteren" 150 Millionen Amerikaner zusammen. Fast zwei Drittel des privaten Nettovermögens konzentrieren sich in den Händen von fünf Prozent der Amerikaner.
Eine gespaltene Nation, fast so wie zu Beginn des 20. Jahrhunderts, als Industriemagnaten wie John D. Rockefeller, Andrew Carnegie und J.P. Morgan das Land fest im Griff hatten. Eine „Ein-Prozent-Partei" der Reichen kontrolliert inzwischen mehr als die Hälfte aller Aktien und Wertpapiere im Land. Die USA, einst das freieste Land auf der Erde, Bewahrer der Menschenrechte und Hort der Demokratie, drohen zu einer kapitalistischen Oligarchie ähnlich wie in Russland, Brasilien oder Mexiko abzugleiten. Schon das „Imperium Romanum" ist unter ähnlichen Vorzeichen zerbrochen.
Und als ob das nicht schon schlimm genug wäre, neutralisieren sich die beiden staatstragenden Parteien der USA, die Demokraten und Republikaner, gegenseitig und verhindern so einen Ausweg aus der Misere. Die jeweiligen Parteigänger sind in inniger Feindschaft miteinander verbunden. Von einem Neuanfang, von Versöhnung und gemeinsamen Problembewusstsein kann weniger denn je die Rede sein. Gegenseitige Blockade ist angesagt – auch wenn das Land vor die Hunde geht. Zu allem Übel werden die USA von der Völkerfamilie auch noch als größter Umweltverschmutzer der Welt – vor China und Indien – an den Pranger gestellt.

„God bless America“, singen die Patrioten im Lande. Sie werden Gottes Hilfe brauchen können, wenn es besser werden soll. Wohin die Vereinigten Staaten driften, mag niemand voraus zu sagen. Die Nation ist „to big, to fail“ – zu groß, um zu stürzen. Dass sie aber noch einmal zur alten Größe zurückkehren wird, ist im Augenblick mehr als unwahrscheinlich. „To big to fail“ – aber auch zu schwach, um der Welt noch einmal das Fürchten zu lehren oder den Frieden zu sichern.

WISSEN

BBC
DVD VIDEO
STEPHEN HAWKING'S UNIVERSUM
1
BIG BANG - AM ANFANG VON ZEIT UND RAUM

DVD VIDEO
UNENDLICH GEKRÜMMT
die Grundlagen der modernen Physik

PLANET OZEAN
DVD VIDEO
1

DVD VIDEO
DIE INDIANER NORDAMERIKAS

WISSEN

ROAD UNIVERSITY
WISSEN IN HÖCHSTEN TÖNEN

VORLESUNGEN

REISEN

GOLDEN
GLOBE
JETZT MIT
NEU
BONUS-FILMEN
Nepal
Ewiges Eis über Shivas Tempeln

GOLDEN
GLOBE
JETZT MIT
NEU
BONUS-FILMEN
Ägypten
der Glanz der Pharaonen

welt weit
LUST AUF REISEN
USA HIGHLIGHTS 1
MIT EXTRA
LAS VEGAS
BONUSFILM
DVD
VIDEO

welt weit
LUST AUF REISEN
NEUSEELAND
MIT EXTRA
FIDSCHI
BONUSFILM
DVD
VIDEO